はじめてのケア論

A GUIDE TO STUDIES IN CARE

著・三井さよ

有斐閣ストゥディア

はじめに

　本書は，地域包括ケア化の時代において，求められる新たなケアシステムの構築のために，基礎的な論点を整理したものである。

　本書でいうところの地域包括ケアとは，人びとが，自分たちの生活の場である地域で，包括的な（保健・医療・福祉だけでなく，保育・教育や労働，司法なども含めて）ケアを受けられるような仕組みである。このような地域包括ケアが求められるようになったのは，人びとが疾患の治癒よりも生活の質に価値を置くようになった（生活モデル化）ためである。価値そのものが変わったがゆえに，根底からシステムを変えていくことが求められている。

　そして，地域包括ケア化という新しい時代において，肝要な役割を果たすケア従事者たちは，従来の社会保障制度の枠内では捉えきれない。とくに，介助・介護など日常生活を支える人たちや，日常的な相談にのり，ちょっとしたことを手助けするような人たちが，何をしており，どのような存在といえるのか，これらの点はまだ十分に議論されているとは言い難い。これからの地域包括ケアシステムを，まさに生活モデルに依拠したものとしてつくりあげていくためには，この点が議論されていく必要があるだろう。

　たとえばケア従事者をどのように養成し，どのように給与を支払い，どのように労働環境を整え，どのように働き続ける仕組みにしていけばいいのか。これらを考えるためには，ケア従事者がどのような存在として位置づけられるのかを考えておく必要がある。いまある図式のほとんどは，家政婦やハウスキーパーのようなサービス業としての雇用形態か，看護職などの専門職に準じた養成・雇用形態を前提としているが，それだけではこれからのケア従事者を捉えきれないのではないか。

　また，地域包括ケア化という新しい時代においては，ケアや支援の位置づけそのものが変わってくる。病院の中であれば利用者はとにかく「助けられる」側の人であり，ケア従事者は「助ける」側の人だった。だが，病院の外へ出たときには，それほど単純ではなくなる。ケアや支援を必要とする人たちは，往々にして社会の中で排除されがちな人たちでもある。ケア従事者は，自らの

● i

ふるまいや取組みが誰の何を「助ける」ことになるのか，そのつど見極めていかなければ，知らず知らずのうちに排除に加担し，排除を助長する役回りを担ってしまいかねない。

　本書は，こうした問題関心に基づいて書かれている。

　もともと編集者の松井智恵子さんからの依頼（2013年）は，ケアについての社会学の「教科書」を書いてほしい，というものだった。そのため最初は，従来の社会保障制度の解説などをたくさん盛り込んだ「教科書」をつくろうとしていた。だが，細部を詰めていこうとすると徐々に，さまざまなほころびが見えてきた。数年かけるうちに，従来の枠組みでは議論しきれないことがたくさんあることを認めざるをえなくなっていった。

　そのため本書は，すでにわかっていることを整理した「教科書」というよりも，「これからを考えるための材料」を私なりに用意したものとなっている。新たなケアシステムを構想していくという事業そのものは，私の手に余る。だが，そのために必要な材料くらいは提供できるはずである。とくに，生活モデルに基づくのであれば考えざるをえない論点というのはあり，それを整理することで，新たなケアシステム構想のために踏まえるべき事柄が見えてくるだろう。それが，本書が持ち込むいくつかの論点——たとえばケアサービスの位置づけや，社会環境や地域との関係，ケアに従事するということが持つ意味，ケアの質評価など——である。

　これらの論点について論じるにあたって，本書の議論の基礎となっているのは，実際に東京都郊外で実践されている，知的障害の人たちの自立生活支援である。私は，もともと日本の看護職の労働問題や准看護師制度の存廃の議論から社会学の研究を始めており，震災ボランティアの調査研究などにかかわったのち，2007年4月からは，主に多摩市を中心として知的障害者の自立生活を支援している「たこの木クラブ」の活動にかかわってきた。ここでの経験が，本書の議論の基礎となっている。

　たこの木クラブは1987年に創設された任意団体で，現在はスタッフ3名の小さな団体である。創設当初は，どんなに重い障害を持つ子どもであっても同じ学級に通えるのがあたりまえだと考える運動の中から，子ども会活動など子

どもたちが実際に人間関係を育むその場にかかわり，「子どもたち同士の関係づくり」をめざす団体として生まれた。最初のうちは子ども会を開こうとしても「障害児」と呼ばれる子どもたちだけが集まりがちだったが，地域の公園に皆で出かけることで，地域の子どもたちと「障害児」が一緒になって遊ぶ機会をつくってきたそうである。それは，大人たちにとってはなかなか越えられない排除／包摂の壁を，子どもたちがいとも軽々と乗り越えていくことに感動させられる日々でもあったようである。

　ただ，子どもたちは成長し，徐々に大人になっていく。そうすると，働く場をどうするのか，親とともに暮らし続けていていいのか，といった，新たな課題が出てくる。そうした中でたこの木クラブは 2000 年から活動の方針を変え，成長して大人になった人たちの自立生活支援というテーマに取り組むようになった。この場合「自立生活」といわれているのは，主に介助つきの一人暮らしであり，多摩市近辺では，重度と呼ばれる知的障害と自閉の人たちが何人も介助つきの一人暮らしをしている。また，重度の知的障害や自閉の人たちと，「健常者」とされる人たちとが，分けられることなく「ともに」働く場もつくられていった。のちに，たこの木クラブから生まれた働く場やヘルパー派遣事業所は株分けされて独立し，現在は少人数のスタッフによって，事業では手が届きにくい部分を担う場として活動が続けられている。

　たこの木クラブは単独で支援活動を行っているわけではなく，活動は多摩市や近隣地域のさまざまな団体との連携の中で行われている。多摩市およびその近隣地域では，多摩ニュータウン開発初期から，障害を持つ人と「ともに生きる」ことをめざした人たちがそれぞれにさまざまな事業所や団体をつくってきており，その間には緩やかなネットワークがある。個々の障害者たちはそれらとさまざまにかかわりながら生活している。たとえば，ある団体がつくったグループホームに暮らす人が，またさらに別の団体で働き，また仕事帰りにはたこの木クラブを訪れる，といった姿がよく見られる。

　本書はこうしたたこの木クラブや，たこの木クラブを介して知るようになった，多摩市や近隣地域，あるいは東京の知的障害の人たちの自立生活を支援する活動などから，多くの示唆を受けている。とくに後述するベースの支援については，これらの活動にかかわる介助者・介護者たちやコーディネーターたち

はじめに　● iii

とかかわる中で，論点を整理してきた。

　といってもこれらの団体は，もちろんまずは知的障害の人たちを主に念頭に置いている。それも，とくに1970年代以降の障害者運動の影響を色濃く受けており，事業化は運動のあとについてきたものという位置づけで，最初から事業所としてスタートした団体とは大きく異なる性格を持つ。その意味では，本書の議論が依拠しているのは，かなり「偏った」事例である。ケアや支援を必要とする人たちはほかにもたくさんおり，それぞれが抱える事情はさまざまである。また，ケア従事者と一言でいってもさまざまな立場や考え方の人たちがいる。またたとえば，過疎化が進んだ地域など，東京近隣とは状況が大きく異なるところもあるだろう。私が依拠している事例の「偏り」は否めない。

　だが，人の生活を支えようとすることには，それなりの共通性があるはずだと私は思う。それに，後述するような「ともに生きる」という観点そのものはおそらく（用いられる言葉に違いはあるが），ほかの草の根でつくられてきた支援やケアの場の多くと共通していると私は感じている。制度ありきではなく，目の前にいる人とどう付き合い続けるかを考えるがゆえに生まれてきたケアや支援の運動は，実に多様ではあるのだが，ある程度共通した枠組みや姿勢をつくってきているのではないだろうか。

　そのため，本書では可能な限り，共通性に目を向けられるよう，具体的な事例の細部に立ち入るよりも，そこから見える要素や一般化可能な論点を抽出するように試みた。あまり抽象的な議論になりすぎないように事例も挙げているが，なるべく他の事例にも共通しそうなものを挙げるように心がけている。

　本書の主要な論点は次の2つである。第1に，ケアや支援という「その人のため」になされる試みは，実はそれとはかなり論理の異なる，排除／包摂の問題と深くかかわっていることである。これは利用者を社会関係の中に生きる人と捉えるかどうかということと不可分である。ケアや支援というと，どうしても単独者としての利用者に向けたものになりがちだが，本人の生活や暮らしという観点からすれば，本人とほかの人たちとの関係にも同時に目を向けざるをえない。本書では繰り返し，この点に立ち返り，本人とほかの人たちとの関係に目を向けることが持つ意味を訴える。

　第2に，ケア従事者を一律的に捉えるのではなく，その担っている内容から，

専門職のケアとベースの支援とに区分したことである。どうしてもケアや支援が論じられる際には，従来の社会保障制度の考え方に基づいて，専門職が主たる担い手として想定されがちである。もちろん，専門職のケアは今日においてもますます重要性を増している。だが，ある人の暮らし全体がどう支えられるかという観点からすると，専門職のケアとは別種のケアや支援が必要である。本書ではそれをベースの支援と名づけ，その性格の一部をあぶりだそうとした。

　最後に，本書が想定する読者層と本書のスタンスについて述べておこう。先に述べたように，本書は「これからを考えるための材料」を多くの人たちと共有することをめざして書かれている。それもできれば一部の専門家だけではなく，また医療や福祉に現在かかわっている人たち以外にも読んでもらえるものを，と願っている。これからかかわる人，あるいは直接には接点を持たない人にも，できれば手にとってほしい。その意味ではやはり，「教科書」ではないが，「入門書」をめざしてはいる。わかっていることを教える「入門」ではないが，私たちがともに考えるための「入門」の材料を，可能な限りそろえたつもりである。ケアや支援は一部の専門家だけのテーマではない。私たちの多くがともに考えていかなくてはならないテーマである。

　本書をたたき台として次の議論が育まれていくことがあるのなら，私にとっては望外の喜びである。

はじめに　● v

目　次

はじめに …………………………………………………………… i

CHAPTER 1　ケアシステム　　　　　　　　　　　　　1
何がどう変わりつつあるのか

1 生活モデルへの転換 ……………………………………… 2

転換期にあるケアと支援（2）　生活モデル化（4）　構想する主体としての私たち（6）

2 「生活の質」とは何か ……………………………………… 8

「参加」こそが肝要——社会関係と当人の意思（8）　本人の意思——とても重要だが，それだけではないもの（11）　「生活の質」を誰が定義するのか（13）

3 排除という問題 …………………………………………… 14

参加を決めるもうひとつの要素——障害の社会モデル（14）　排除の複数性／複層性——社会的排除論（16）

4 ニーズ論を超えて ………………………………………… 19

従来の社会保障制度の考え方とその限界（19）　すでに満たされているニーズがある——合理的配慮の前提（21）　それは誰のニーズなのか（22）　ニーズは所与のものではない（24）

5 ケアや支援と，排除／包摂 ……………………………… 26

「その人のため」と「私たちと同じ」（26）　異なる論理の交差（28）　常に絡み合う2つの論理（29）

CHAPTER 2　ケア従事者（1）　　　　　　　　　　　31
専門職のケアとベースの支援

1 専門職のケアとベースの支援 …………………………… 32

従来型専門職とその限界（32）　これからの専門職のケア（34）　ベースの支援（36）

2 ベースの支援とは ………………………………………… 39

介護・介助（40）　相談・コーディネート（41）　見守り（43）

3 「ともに生きる」という原像 …………………………… 44

vi

障害者運動（44）　草の根の介護運動（46）　「ともに生きる」
（49）

4 「ともに生きる」から仕事としてのベースの支援へ ……………… 51

仕事としてのベースの支援（51）　業務とベースの支援（52）
ベースの支援と専門職のケア（55）　「専門性」と専門職性（56）

CHAPTER 3　ケア従事者（2）　61
日常に埋め込まれているということ

1 「ともに生きる」と仕事の間で ……………………………………… 62

2 なじみがあることは「能力」のうち ……………………………… 64

理想としてのベースの支援──「うまく」つながる（64）　「失
敗」があたりまえ──異なる身体と脳の間で（66）　使いこなし
てくれてこそ（67）　なじみのある関係になることの意味（69）

3 日常という時間のありよう ………………………………………… 71

人生は変化があたりまえ（71）　日常は変化と不測の事態の連続
でもある（73）　日常の生活には緩急がある──無意味な時間の
意味と意義（75）　「いい加減」の効用（77）

4 感情をどこまで出すのか ……………………………………………… 78

ケア・支援と感情労働（78）　ベースの支援と感情の揺れ動き
（80）　揺り動かされるのも仕事のうち（82）　感情管理という課
題（83）　「見たくなかった自分を見る」（84）　管理できればそ
れでいいのか（86）　感情をむしろ出す（87）

5 インフォーマルでいい，わけではない ………………………… 88

フォーマルとインフォーマルという分け方があまり意味をなさな
い（88）　それぞれの線引き（90）　雇用としての安定（91）

CHAPTER 4　ケアの質　95
質を問うとはどういうことか

1 ケアの質を問うということ──「質」という問いへの切実な思い … 96

2 専門職のケアと質 …………………………………………………… 97

従来型専門職における質評価（97）　これからの専門職のケアに
おける質評価（98）

3 ベースの支援と質 …………………………………………………… 100

自己評価とのズレ（100）　事前教育の限界（100）　消費者主義
による質管理の困難（103）　ピア・レビューの困難（104）

目　次　● vii

4 質を考える視点を変えてみる ……………………………… 106
　　利用者に世界はどう見えているか（106）　ケア従事者の質の異なる見え方（107）

5 権力を「薄める」というやり方──「虐待」をどう考えるか …… 109
　　ケアや支援と「虐待」（109）　権力を「薄める」（110）

6 開かれた可能性へ ………………………………………… 112
　　意味は変わりうる（112）　日常性のディレンマ（114）　それでも質を考えるなら（116）　ケア従事者自身にとって（118）

CHAPTER 5　地域（1）　　　　　　　　　　　　　　　121
学校を例に排除／包摂を考える

1 古典的な排除のその先に ………………………………… 122

2 包摂と排除の関係 ………………………………………… 124
　　意味的排除（124）　「人」であればいい，わけではない（126）

3 学校におけるインクルージョンをめぐって──排除／包摂を考える
　　……………………………………………………………… 130
　　学校と包摂（130）　発達保障派と共生共育派（131）　包摂の進展は排除の進展でもあった（134）　何を包摂と考えるか（1）──原学級への所属（135）　何を包摂と考えるか（2）──「理解」の両義性（136）　包摂／排除のダイナミズム──教室で起きていること（139）　「そこにいる」ということ（143）

4 包摂の向こう側──それは「参加」なのか ……………… 145
　　不登校と包摂（145）　ある場を選ばなくとも──排除の「蓄積」を避ける（146）　それでも問いは残される（148）

5 包摂／排除と「生活の質」 ………………………………… 149
　　「本人のため」と「私たちのひとりとみなすかどうか」（149）　排除とニーズ（151）　ニーズという以前に（153）　包摂／排除を揺るがしていく（155）　古典的排除が覆されつつあるからこそ（156）

CHAPTER 6　地域（2）　　　　　　　　　　　　　　　159
ケア従事者と地域

1 地域をどう考えればいいのか …………………………… 160
　　それでは「ない」場としての地域（160）　ファースト・プレイス（161）　セカンド・プレイス（163）　サード・プレイス

（166）　ちょっとしたかかわり（167）

2　人それぞれ，なのだけど ……………………………… 168

人それぞれ／そのときどき，があたりまえ（168）　多様性と可
変性を担保するために──かたくなさも必要（171）

3　利用者と周囲との関係にどうかかわるか ……………… 174

トラブルをどう考えるか（174）　「間に入る」のではなく（176）
思わぬものが生まれる（179）　広げたり閉じたり（180）

4　連携を考える ……………………………………………… 181

地域での連携（181）　連携の困難（183）

5　「地域」の向こうにあるもの──行政や社会規範 ……… 186

法制度と行政による裁量（187）　社会規範（188）　「いまここで
何が起きているのか」を読み解く（190）

CHAPTER 7 新たなケアと支援のしくみをつくるために 193

1　2つの論点 ………………………………………………… 194

本書で述べてきたこと（194）　ベースの支援と専門職のケア
（194）　ニーズ論と排除／包摂論（196）

2　ベースの支援と排除／包摂 …………………………… 197

排除／包摂と専門職のケア（197）　巻き込まれるベースの支援
の担い手（199）　巻き込まれているがゆえに（202）

ブックガイド ………………………………………………………… 207

あ と が き ………………………………………………………… 213

文　　献 ………………………………………………………… 217

索　　引 ………………………………………………………… 223

目　次　● ix

本書のコピー，スキャン，デジタル化等の無断複製は著作権法上での例外を除き禁じられています。本書を代行業者等の第三者に依頼してスキャンやデジタル化することは，たとえ個人や家庭内での利用でも著作権法違反です。

CHAPTER

第**1**章

ケアシステム

何がどう変わりつつあるのか

INTRODUCTION

　この章では，まず現在，ケアや支援についての考え方と仕組みが大きく変わる転換期を迎えているということを踏まえ，従来型の医療制度や社会保障制度の枠組みがどのように通用しなくなってきているのか，新たに考えなくてはならない論点とは何かを整理したい。なかでも重要な論点であるケア従事者については次章に譲り，この章ではケア従事者と利用者を取り巻く状況の変化を明らかにしよう。

1 生活モデルへの転換

転換期にあるケアと支援

　本書でのケアや支援とは何かを考えるにあたって，まず踏まえておきたいのは，今日の私たちは，ケアや支援についての考え方が根底から変わり，仕組みが変わるという，変化の只中にあるということである。

　日本を含め先進国の多くが，20世紀の終わりに，それまでの病院や施設入所が中心だった時代から，地域包括ケアの時代へと大きく舵を切っている。

　20世紀の主な医療のありようは，具合が悪くなったら，本人がまず病院に行って治療を受け，治ってから退院するというものだった。病院での治療，そして治癒することこそが重要だとみなされてきていた。それが，20世紀が終わる頃には，多くの先進国の国々で，人びとが地域で包括的な（公衆衛生・医療・社会福祉が統合された）ケアを受けられる仕組みづくりが試みられるようになった。

　また，日本の戦後の社会保障は，貧困対策という経済的な側面に重きを置いてきた。それ以外については，特定の社会問題として抽出された問題別に対処する傾向にあった。たとえば障害者や高齢者については家族による世話を中心として，それが困難なケースについては施設入所という選択肢を用意してきた。いいかえれば，個人ではなく同じ問題を抱えた集団を対象としてきている（猪飼 2016b）。それに対して，20世紀が終わる頃には，一部ではあるが，障害者や高齢者についても，家族だけによる世話を受けるのではなく，職業的なケア従事者に支えられながらの地域生活が構想されるようになってきた。それと同時に，同じ問題を抱えた集団というより，人びとが困難な状況に陥る契機が複層的にあることを踏まえ，一人ひとりへの包括的な支援が訴えられるようになってきている。

　たとえば，1990年代後半から始まった社会福祉基礎構造改革がその象徴的な変化のひとつだろう。高齢者の在宅ケア化はすでに1990年代初頭から始ま

っていたが，さらにこの改革に基づいて，地域で多様な供給主体と契約することで福祉サービスを利用する仕組みがとられた。具体的には，介護保険制度や支援費制度（現在は障害者総合支援法へ移行）が始まった。これらによって高齢者や障害者，病人たちを取り巻く環境は，大きく変わった。たとえば高齢者が病気になれば，あるいは介護や介助が必要になれば，入院あるいは老人ホーム[1]への入居，さもなければ家族による介護や介助が中心だったのに対して，家にいながらにして家族以外の第三者からの介護や介助を受けるという形が可能になった。それも，集団としての対処というより，個々の人に応じたケアや支援が重視されるようになってきた。もちろん仕組みとしてまだまだ不十分なのは確かなのだが，そのような形が実際に可能だという認識が，以前に比べればはるかに広く，人びとの間に根づいている。

　このことは，言葉の使い方の変化にも示されている。たとえば，日本で「ケア」という言葉が単独で独特な意味を込めて用いられるようになったのは，1970年代後半からであり，頻繁に使われるようになったのは1990年前後である。その頃にはまだ「キュアからケアへ」という形で「キュア」と対比的に用いられていた。内容としては主に，医師が行う侵襲的な治療を中心とするのではなく，看護職を含むさまざまな職種が患者の「生」を包括的に支えることを中心としていくべきだというものだった。

　だが，21世紀に入って20年弱が過ぎた今日では，もはや「ケア」が主に論じられるのは病院という場ではないし，看護職でもない。入所施設や地域などの生活の場における介護や介助を念頭に置く人が多いだろう。そして，今日では「ケア」が論じられるときに「キュア」と対比されることはほとんどない。そうではなく，生活モデルに基づいたケアのありようが，それ自体としてテーマとなっている。

───note

1) 本書では「介護」という表現と「介助」という表現を併記することが多い。「介護」のほうが一般的によく用いられ，高齢者や障害者などの身の回りの世話をすることを指すことが多い。「介助」という表現は，障害者の自立生活運動の中から，「介護」が利用者を「護る（まもる）」というニュアンスを持つのに対して，もっとシンプルな手助けというニュアンスを出すために使われるようになった表現である。ただ，障害者の自立生活運動も中では多様な立場があり，「介助」といわず「介護」という人もいる。このように言葉の用い方には背景があり，指す内容も微妙に変わってくるのだが，本書は利用者の属性などによって区別するのではなく，多くのケアや支援の現場で見出されたことをなるべく普遍的な形で抽出したいと考えており，あえて併記することとした。

1 生活モデルへの転換 ● 3

また，「支援」という言葉が積極的に用いられるようになったのも，1990年代頃である。それまでは「援助」という言葉のほうが一般的だったのだが，それが援助者側の一方的な働きかけを指すとして批判的に捉えかえされ，本人の主体性に基づいたものとして「支援」という言葉が多用されるようになった。この変化は，狭義の社会福祉だけでなく，国際援助やマイノリティへのかかわりなど，多岐にわたる領域において同時に起きてきた。

いいかえれば，ケアや支援を問うということは，新たな時代の医療・福祉，あるいはそれだけにはとどまらないケアや支援の仕組みを問うということでもある。これらの言葉そのものに，いまという時代の転換期が刻印されているのである。

┃生活モデル化┃

では，いま私たちが直面している時代の変化とは，何なのだろうか。ここで参考にしたいのは，猪飼周平の議論である。

一般に，こうした地域包括ケアへの転換は，高齢化が進展したため，あるいは「疾病構造の変化」（慢性疾患が中心になること）のためだといわれる。また，これまでの医療・福祉のように入院／施設中心ではお金がかかりすぎるため，もっと効率のよい仕組みをつくるためだといわれることもある。それに対して猪飼は，これらの理由づけでは現在の変化を十分に説明できないという。むしろ背景にあるのは，私たち自身が抱く価値の転換だというのである（猪飼 2010: 217-222）。

私たちは20世紀の始まり，近代医学が実際に効力を発揮するようになった頃は，疾患が治癒することにもっとも高い価値を置いていた。疾患の治癒に重きを置くのであれば，病院にいかにアクセスできるかということが重要になり，医療の中心は病院となる。また，サービス提供者にしても，疾患の治癒については医師がもっとも詳しいはずであり，医師の判断や決定がもっとも重視される。そして，障害者や高齢者は治癒を想定しにくいという意味では，制度やサービスの中心からは外される傾向にあった。従来の医療が，病院で医師を中心としたヒエラルヒーのもと提供され，障害者や高齢者には主に家族が，そうでなければ施設入所という選択肢しか残されていなかった背景には，私たちが疾

患の治癒にこそ価値を置いていたことがかかわっている。

　だがその後，1970 年代頃から徐々に，ただ疾患が治癒することというより，その人がいまをどのように生きられるのか——QOL（Quality of Life）が価値の中心を占めるようになった。QOL は「生活の質」と訳されるのが一般的だが，Life は「人生」と考えることもできるし，「生命」と考えることもできる。ここではそれらの多義的な意味を込めて「生活の質」と呼んでおくことにしたい[2]。

　このように，疾患の治癒に価値が置かれていた時代から，「生活の質」に価値が置かれる時代に変化したことを，猪飼にならって，「生活モデル化」と呼ぶことにしよう。私たちは，生活モデルへと価値が転換し，それに応じたケアや支援の仕組みが模索される時代の只中を生きている。

　根底に置かれる価値が「生活の質」に変わると，そこで求められるシステムも当然変わってくる。人びとの「生活の質」は，一般的に考えれば，病院のように治療に特化した特殊な空間よりは，普通の暮らしがある場——これは一般に「地域」という曖昧な呼称で呼ばれている——のほうがいい。人によっては，もともと居住していた地域での「生活の質」があまりに低いために，病院のほうが「生活の質」が高いというケースもあるだろうが，一般論としては（集団生活を強いられ治療行為が優先されがちな）病院での生活が，生活として質が高いとは言い難いだろう。そのため，「地域」が求められるようになる。

　それと同時に，ケア従事者たちの位置づけも変化する。「生活の質」について，猪飼は原則として「不可知」だと表現している（猪飼 2010: 218）（この点については第 2 節で詳述する）。ある人の生活がどうなれば望ましいのか，そのために何が必要なのかは，いかに高度な専門的知識を持つ医師や弁護士でも判断しきれない。本人であっても実は判断しきれない——ほかの生活のあり方を知らないこともあるし，人生を二度生きてどちらがいいか選ぶということはできないからである。だとすれば，誰かが「生活の質」を判断するうえで特権的な位置に立てるわけではなくなる。サービス提供者たちは，本人とともに，「生

───note
2)　QOL という言葉が出された当初は，「生命の尊厳（Sanctity of Life: SOL）」との対比で用いられることも多かった。だが，ここでいう「QOL」にそのような意味合いはない。質が問われるようになったというだけであり，尊厳（当時は実質的には余命を延ばすこととされた）が否定されなくてはならないということではないからである。

活の質」を高めるとはどのようなことか，そのために何が必要なのかを模索するしかないことになる（猪飼 2016a）。

　そして，疾患が治らないことが以前のように強いマイナスの意味を持たなくなる。たとえば認知症が少しずつ進行していくとしても，それでも「生活の質」を向上させることは可能である。重度といわれる障害があり，それが改善されることはなかったとしても，それでも「生活の質」を向上させることは可能である。障害者や高齢者は，以前のように残余カテゴリーのように扱われるというより，ほかの人たちと同じように中心的なカテゴリーとなる。それと同時に，家族だけが世話を担う，あるいは施設に入所することが前提となるというより，地域でさまざまなサービス提供者とともに暮らすという像が生まれてくる（猪飼 2010: 221–222）。

　そのため，猪飼のいう「地域包括ケア化」は，たとえば厚生労働省が 2009 年から課題としてきた「地域包括ケア化」よりもかなり幅広い射程を持っている。厚生労働省が「地域包括ケア」と呼んできたのは，主に対象者を高齢者に限定し，「包括」といっても医療と福祉を結びつけた程度のものだった。それに対して生活モデルに基づいてケアのありようを構想しようとするなら，対象者は高齢者に限定される必要はなく，生きていくうえでの困難を抱える人たちすべてと考えたほうがいい。さらにいうなら，「包括」というときに想定されるべき機関や領域は，医療と福祉にとどまるものではなく，学校や職場，さまざまな消費の場，司法や法律相談，地域社会など，幅広く考えられる。

　なお，厚生労働省も，2016 年から共生社会論（「我が事・丸ごと」）を打ち出しており，生活に困る人全般への支援の方向性を指し示している。これは，地域包括ケア化政策において高齢者に対象を限定してきたことの弊害と限界を踏まえ，生活モデル化に応じた政策になりうる要素を持つだろう（猪飼 2017）。ただ，「我が事・丸ごと」が，行政の果たす役割を一方的に縮小し，地域社会に丸投げする形であれば，地域包括ケア化と実は逆行してしまう可能性もあるだろう。

構想する主体としての私たち

　このように，猪飼の議論によれば，いま私たちが直面している変化は，私た

ちの価値観そのものが変化したため生じたものである。私たちは，疾患の治癒というよりも，一人ひとりの暮らしや生活，人生のありようが，その人なりに何とかなっていくことに価値を置くようになった。その人にとっての幸せや，その人のいまを支えることが大切だと思うようになった。それが，いま起きている変化の背景にある。

これを踏まえることで，いま起きている変化に対して，私たちは，単に受動的に変化を受け入れ「振り回される」のではなく，新たな仕組みをつくり確立していくという，主体的な姿勢をとることが可能になる。

現在の多くのケアや支援の現場は，国や市町村の制度に強く影響を受けており，いささか語弊のある表現になるが，それら制度の変化や行政の意向に「振り回され」がちである。細かなケアや支援が，「これは良い」が「これはダメ」と，金銭的評価をつけられたり，つけられなかったりして，そのことによって現場の仕事のまわし方や人びとの思いも左右されてしまう。しかもそれが「昨日はよかった」が「今日はダメ」という目まぐるしい変化をするのだから，現場が「振り回されて」いるという感覚を持つのは当然である。だが，制度に「振り回されて」いるという感覚は，現場を荒らす。そうではなく，制度を構想し，使いこなす側にまわることによって，ケアや支援の現場はより持久力や柔軟性を持つことができるだろう。

猪飼の議論にのっとるなら，いまの地域包括ケア化の動きは，厚生労働省によって強制されるものでもなければ，財源削減と必ず結びつかなくてはならないものでもない。人口構造の変化からどうしようもなく被っているものでもない。そうではなく，「生活の質」という私たちが価値の中心に置き始めたものに即した仕組みをつくろうとする動きなのである。もちろん，現状としては，必ずしもそうなっていないところ，変な方向に向かってしまっているところはあるだろう。それは修正していけばいい。いやむしろ，積極的に修正していかなくてはならない。

「生活の質」を上げていくようなケアシステムとは何か，私たち自身が構想していけばいいのである。「振り回される」のではなく，制度を構想し，使いこなす側にまわろう。それでは，私たちはどのようなケアシステムを必要としているのか。私たちが価値の中心に置き始めた，「生活の質」とは何で，それ

を上げていくためには何が必要なのか。

2 「生活の質」とは何か

「参加」こそが肝要——社会関係と当人の意思

　それでは，生活モデルに基づくと，ケアサービスは何を志向し，具体的にどこに働きかけるものとなるだろうか。

　従来の病院医療を中心とした医学モデルの発想からすると，疾患の治癒にもっとも大きな価値が置かれていた。本人の身体に働きかけるのがもっとも重要なテーマであり，それ以外のことは副次的な扱いでしかなかった。

　それに対して，「生活の質」に重きを置くのであれば，話は大きく変わってくる。身体的には壮健であっても，親しい人たちから拒絶され暴力を受ける日々であるなら，「生活の質」は著しく低いということになるだろう。どのように重い障害があろうとも，その人なりに制度や介助者を使いこなし，さまざまな人たちとかかわりながら生活を形づくっているのであれば，「生活の質」は決して低くはないはずである。いいかえれば，「生活の質」には，その人が周囲との間で育んでいる関係や，社会的な活動（就労はもちろん，趣味や友人関係の維持など）が大きくかかわってくる。

　ここで，「生活の質」という発想を日本の医療に持ち込んだ医師のひとりである，上田敏の議論を取り上げよう。神経内科の医師だった上田は，診断名は出せても患者を「治せる」わけではない現状に苦しんでいたそうだが，「治せる」わけではなくとも生活の状況や社会的活動という面で「よくする」ことはできるということに気づき，リハビリテーション医学を立ち上げたひとりとなった（上田 2013）。

　上田によれば，リハビリテーションとは「全人間的復権」である（上田 1983）。アメリカで発展したリハビリテーションは，主に ADL（日常生活動作）を向上させることに注力されていたが，日本に導入し独自に育てた上田は，当初から ADL だけの問題ではないと主張していた。重要なのは QOL であり

8 ● CHAPTER 1 ケアシステム

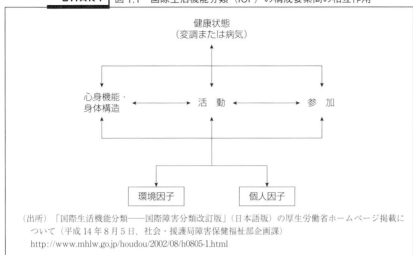

CHART 図1.1 国際生活機能分類（ICF）の構成要素間の相互作用

（出所）「国際生活機能分類――国際障害分類改訂版」（日本語版）の厚生労働省ホームページ掲載について（平成14年8月5日，社会・援護局障害保健福祉部企画課）
http://www.mhlw.go.jp/houdou/2002/08/h0805-1.html

（上田はこれを「人生の質」と訳す），障害によって損なわれたものを，マイナスを減らしプラスを増やすことによって取り戻していくのが，彼のいうリハビリテーションである。

　国際生活機能分類（ICF）では，障害をいくつかの水準に分けて捉えている。ひとつには「心身機能」の状態があり，それとまた異なるものとして「活動」が挙げられる。この2つが区別されるのは，心身機能が回復しないままであっても，日常生活上の動作は可能になることがあるからである。たとえば上田の挙げる例によれば，ある高校の物理教員（48歳）は右半身が麻痺し，右手が以前のように動くことはありえない状態だった。そのため黒板に字を書けなくなるので，教員に復帰することは難しいと本人は思い込み，何とかして右手が動くようにしてほしいと切望していたという。だが，結局その教員は，左手を効果的に訓練することによって，「字を書く」ことは可能になった。最終的に復職し，定年まで勤め上げたのだが，最後まで右手は満足に動かないままだったという。この場合，「心身機能」としての障害には変化がないのだが，隠れていたプラス（左手で字を書くという可能性）を発掘し育てることによって，「活動」は取り戻せたということになる（上田 2001: 36-39）。

　そして最後に挙げられるのが「参加」である。これは「社会参加」と呼ばれることもあるが，もっと広い意味を持っており，就労や家事をはじめとして，

趣味の活動や友人と出かけること，交流することなどを含め，広い意味で社会関係を取り結び，そこで一定の役割を果たしたり，自分なりにやりたいことができたりすることを指す。「活動」や「心身機能」に影響を受けるのは確かだが，それらにとどまるものではない。先に挙げた教師の例でいえば，（黒板に）「字を書く」ことができなければ，一般に小学校教師は務まらないとされるし，上田の時代にはそうだったろう。だが今日では，状況によってはパソコンの使用などによって補うことが可能になるかもしれない（実際には多くの小中学校が板書を前提としているようだが）。逆に，「参加」が可能になることによって，「活動」の幅が広がったり，「心身機能」が改善したりすることも，実にしばしば見られることである。

こうした 3 つの水準に分けて障害は捉えられたわけだが，上田によれば，もっとも重要な障害は，「参加」だという（上田 1983: 82）[3]。確かに，私たちが自分の人生や生活の質を考えるときに，鍵になるのは必ずしも「心身機能」そのものでもなければ，「活動」でもないだろう。それらを介して自分にどのような社会的な関係が持てるのか，何に参加できるのか，である。

そして，上田の議論で重要なことは，「参加」という課題が，支援やケアの具体的な諸相を決定するということである。たとえば上田は，ある日常生活作ができるようになったら次に社会参加を考えよう，といった段階を踏むような議論はおかしいという（上田 1992: 207-209）。どのような社会生活を想定するかに基づいて活動訓練も決まってくるのであり，勝手に医療者が段階論を立てるべきではないというのである。

このように，「生活の質」に注目すると，身体の状態やそれによって可能になる活動そのものよりも，それらに基づいてどのような社会関係に「参加」できるのか，ということが何よりも鍵になる。病気や障害を「治す」「改善する」[4]

note

3) 実際には，この本（『リハビリテーションを考える』1983，青木書店）は ICF が出るまでに書かれているため，国際障害分類（ICIDH，1983 年）の表現である「社会的不利」という言葉が用いられている。ただ，上田は初期から ICIDH の限界について指摘しており，ICF 作成にも深くかかわっている。上田の思想や理論のエッセンスは『リハビリテーションを考える』の時点ですでにほぼ現在のものとなっており，むしろ ICF があとからついてきたのだといってもいいだろう。

4) 考えてみれば，私たちにとって病気が問題だと感じられるのも，病気そのものが契機ではなく，参加ができなくなったときである。アメリカの社会学者である T・パーソンズは，「病人役割」という議論によって，医療に関するはじめての本格的な社会学的考察を提供したといわれている。パーソンズは，病人

ことそのものが重要なのではない。いま現在どのような「活動」が可能になっているかということが重要なのですらない。重要なのは，その人がどのような社会関係に「参加」できるのか，どのように他者とかかわり，どのような関係を育むことができるのか，そこなのである。

本人の意思——とても重要だが，それだけではないもの

そして「参加」に注目すると，いくつかのことが同時に見えてくる。ひとつには，本人の意思である（もうひとつの点については次節で述べる）。「参加」という言葉には，本人が希望するというニュアンスがあり，そうでない社会的活動を課せられたとしたら，それは「強制」になるだろう。「生活の質」に注目するということは，本人が何を意思するのかということに必然的に注目することを意味する。

この20年ばかりの間に，日本でも医療をめぐる環境は大きく変化し，医師という専門職に治療方針をすべて判断してもらうというイメージ（「お医者さまにお任せします」）は，過去のものとなった。その代わりに重視されるようになったのは，医師による十分な情報提供と本人による選択（この過程をインフォームド・コンセントと呼ぶ）である。医療だけではなく，生活のさまざまな面において，自由や平等を実現するためにも，本人が自分で進路を決め，生活をともにする相手を決め，生活スタイルを決めていくということが重視される傾向にある。自分自身の最期の過ごし方についても，本人の「自己決定」がもっとも重要だといわれることがある。

実際，その人の人生はその人のものであり，ある決定から生じる結果をもっとも引き受けていかなくてはならないのはその人自身である。そして，自分で悩んで出した結論であるなら，たとえ望んでいたのとは異なる結果が得られたとしても，その人なりに何がどう起きたのかを理解し受け止めることができるだろう（納得したり受容したりするかどうかはまた別の問題だが）。だとしたら，本

---
note

であるということは，社会的役割にともなうタスクを遂行できないということだと捉える。意図的に遂行しないのではなく（意図的にやらないのは「サボリ」とみなされる），「できない」とみなされたとき，その人は「病人」と呼ばれるのだという（Parsons 1951＝1974）。社会的に見れば，ある人が病人とみなされるのは，その人が果たすべきとみなされるタスクを遂行できないときであり，まさに「参加」こそが問題になっているということが示されていたのである。

人の「自己決定」は大切にされなくてはならないだろう。

　ただ，とくにケアや支援という文脈においては，「自己決定」に頼りすぎては立ち行かないという面がある。正確にいうなら，「自己決定」の前提になっているのは何かという点に立ち返らなければ，ケアや支援のつもりがケアや支援にならないことがある。

　まず，自分なりに決めるといっても，選択肢として何があるのかを私たちは十全に把握できていないことが多い。たとえば，高度に専門的な知識を要することについてはそうだろう。専門的知識は，素人には想像もできなかった可能性を生むという意味で力を持っている。また，極度に社会生活を制限された状態が続いていると，いまとは異なる生活をしたいと思っても，具体的にどのような生活や暮らしがありうるのか，想像することも難しくなりがちである。

　そして，ケアや支援が必要で，さらにいえば何らかの選択を迫られているようなケースでは，平常の精神状態ではいられないこともある。たとえば弁護士であっても，自分が民事裁判で起訴されたり，自分が離婚に至る紛争の中に身を置いたりすると，本来業務としてならできるような冷静な判断の数々ができなくなることが多いという。たとえば高齢者介護に従事している人が，高齢者介護で働いているときには保てる冷静さや判断力を，自身の親が認知症になってその症状を目の当たりにしたときには保てなくなる，ということも珍しくない。それだけ，自分の生活が危機にあるということは，その本人から判断能力を奪うことが多いのだろう。

　これらのことからすると，本人に「自己決定」させればいいということには到底ならない。本人の意思は，確かに重要なのだが，それさえあればいいといえるわけではない。

　ただ，逆にいえば，上記2つの条件には相当しないのであれば，ケアや支援を必要とする人たちは，従来考えられているよりもはるかに，「自己決定」で問題はないのだという言い方も可能である。たとえば長らく身体障害とともに生きてきた人が，日常生活を自分なりにつくってきたとき，その日常生活のルーティンを続けるのに際して，他人の助言は必ずしも必要ないことが多いだろ
5)
う。本人の意思は，それさえあればいいといえるわけではないのだが，それでもやはり，重要なものであるのも確かである。

「生活の質」を誰が定義するのか

このことは，いいかえれば，「生活の質」とは何か，何をすれば上がるのかは，実は誰にもわからないものだということでもある。疾患については医師がわかるだろうし，法律については弁護士ら法曹家がわかるだろう。だが，それらにともなう「生活の質」とは何かは，それらの専門職にもわからない。本人が一番わかるといえばわかるのだろうが，先述したように，本人の意思は大切だが，それに頼っていいといえるほど問題は単純ではない。

先に挙げたように，猪飼はこのことをもって「生活の質」は「不可知」だと述べている（猪飼 2010: 218）。これは何も，私たちが日常的な経験として「生活の質が上がった」「下がった」と感じることそのものを否定しているわけではない。そうではなく，「生活の質」を何らかの判断主体や何らかの条件が特権的に定義できるわけではないという意味である。

これはいいかえれば，「生活の質」が多様なものだという前提が，私たちには共有されているということでもある。少なくとも「生活の質」とは何か，という問いが，それ自体論争的なものとなりうることを，私たちはすでに知っている。もちろん，「このような暮らし方が良い暮らし方だ」という言い方は，確かに社会生活のあちこちで耳にすることではある。たとえば結婚して子どもをつくり，夫＝父親は賃労働に従事し，妻＝母親は家事や子どもの世話を担うことが，「良い暮らし方」だという人はいる。だが，それに対する反論があることについては，その人たちも知っているだろう。つまり，「生活の質」について，ひとつの形で定義できると思っているか思っていないかは別としても，多くの人たちが一致した見解にあるというわけではないことについては，私たちはすでに知っているのである。

これらの意味において，「生活の質」は常に「わからない」ものを残す。つまり，生活モデル化とは，ケアや支援が何をめざすのかについて，ある程度の

---

note

5) ただ，自立生活においても「自己決定」の範囲はかなり曖昧なことはこれまでにも何度も指摘されている。「指示に基づいて介助がなされる」のが基本形としても，実際には指示に先立って介助が進められることもあるし，介助者が誘導することもある（前田 2009: 140-198）。これは理念の不徹底というよりは，生活というのがそういうものだといったほうが正確なのだろう。

共有された感覚はあるにしても、それ以上のところについては論争的であるという状態が常態化することを意味する。

　それはすなわち、何がケアで何が支援か、それ自体が常に問われるということでもある（少なくとも問われる可能性が前提となる）。いいかえれば、ケアや支援をどう考えるか、何が必要で何をすべきだと考えるのか、それを考えること自体が、いまの社会においては、既存の社会規範を問うたり、あえてそれに従ったりと、きわめて社会的な意味を持つ。そうした時代に、私たちは生きているのである。

 排除という問題

参加を決めるもうひとつの要素――障害の社会モデル

　さてここで、「参加」を成立させるもうひとつの要素という論点に立ち戻りたい。ある人が、ある社会的活動に「参加」できるかどうかを決めるのは、何だろうか。

　単純に考えても2通りある。ひとつには、参加する主体の側の問題（たとえばできることの幅や本人の意思など）であり、もうひとつには社会的活動の側の問題である。たとえば車椅子ユーザーが移動することが困難なとき、それはその人が車椅子を使わなければ移動できないからでもあるが、その人の行動範囲内に車椅子では移動できないような物理的・社会的障壁が多々存在するからでもある。前者に主に注目するのであれば、「参加」が可能かどうかは本人やその人をサポートする専門家たちの課題だが、後者に主に注目することになると、ここで起きている事態は、車椅子ユーザーへの排除だ、ということになる。

　このように、「生活の質」に注目すると必然的に、排除してくる社会の側にどう対峙していくかという課題が出てくる。たとえば上田は、自身は医師でありながら、リハビリテーション医学という医療の範囲にとどまるのではなく、就労や教育などの重要性を、早くから指摘している。上田の挙げる例のひとつが、先にも挙げた例だが、右手がマヒで使えなくなった高校教師の事例である。

復職するためには黒板に字を書けるようになることが必須だったが，右利きの教師は右手が使えなければ書けない。そのため復職できないかに思えたが，上田は左手も訓練すれば2カ月ほどで同じようにきれいな字が書けるようになることを伝え，そのための方法も伝えた。そうして教師は左手で黒板に字が書けるようになり，授業に必要なだけ立つ姿勢を保つこともできるようになったのだが，それでも復職はできないという。なぜなら，教育委員会が拒否するからだという。そこで上田は教育委員会に連絡し，「前例がない」という先方の訴えに対して，さまざまな交渉を繰り返した。その結果，実際に復職は可能になったそうである（上田 2001: 118–123）。ここには，「生活の質」を考えるのであれば，主題として社会からの排除という問題が浮上してくることが示されている。

　この社会からの排除という問題を主にクローズアップしてきたのが，障害学（disability studies）の社会モデル（social model）だった。イギリスなどで1990年代に理論化されるようになった障害学は，1970年代から世界の各地で広まった障害者本人を中心とした運動を背景に，障害という問題を，障害者の側のことではなく，排除してくる社会の側の問題だと捉え返した。障害者がこの社会の中で障害者となっているのは，その人たちを「無力化（dis-able）」した社会があるからだ，それをまずやめるべきだ，と主張したのである（Oliver 1990＝2006；星加 2007）。

　ろうの人が，口話で話す講演会や講義に参加しても中身が理解できないのは，その人の耳が聞こえないからというより，手話通訳があたりまえに保障されていないからではないか。実際，一部地域ではろうの人たちが人口の3分の1近くを占めていたマーザス・ヴィンヤード島では，ろう者は「耳が聞こえない」ことは認識されていながら，とくに「ろう者」として意識されていなかったという（Groce 1985＝1991）。

　また，知的障害や発達障害が問題になるのは，現代の社会の雇用体制ゆえだともいえるかもしれない。現代社会では，身体障害よりも忌避されがちなのが知的障害や発達障害だが，おそらく前近代では，知的障害のある人たちも，（いささか「トロい」とはいわれていたかもしれないが）体力的に壮健であるなら，さほど問題とはされなかっただろう。発達障害が問題化されるようになったの

はこの数十年のことだが，その間に日本では第三次産業化が進み，サービス業が雇用の中心になった。第一次産業や第二次産業であればあまり問題視されなかった人たちも，サービス業でみれば対人コミュニケーションに問題があるとみなされるようになり，発達障害者として問題化されてきた可能性がある（立岩 2014）。

　障害学の社会モデルはこのように発想し，社会制度の変革を求める。公共交通機関にエレベーターの設置を求めるなどバリアフリー化を進めたり，口話で話す講演会や講義に手話通訳やノートテイクなどの情報保障を進めたりという試みが，まだまだ不十分ながらも進みつつあるが，それはこうした社会モデルに基づく障害者運動の成果でもある。

　なお，排除が問題になるからといって，個々人が幅広い人たちと付き合ったり，多くの場所に出入りしたり「しなくてはならない」というわけではない。人によっては，ごく限られた人間関係で，ごく狭い近所の中で暮らしを営むほうを好む人もいる。それぞれの暮らし方は，それぞれのものである。問題は，その可能性が奪われているかどうかである。可能性が与えられていたとしても選び取らない（「参加」しない）ことは本人の自由であり，先述したように，「参加」という言葉には，このような本人の意思が含意されている。

　ただ，排除のほうを問題にすると，本人の意思を形づくる前提条件がどうなっているか，という視点を持つことが可能になる。あまりにも多大な負担が自分や周囲にかかるのであれば，そこまでして「参加」したくはないと思う人も，その負担が実は減らせるのだと知れば，だったら「参加」したいと思うかもしれない。本人の意思は，当該の社会関係がどのように排除／包摂する仕組みとなっているかによって大きく左右される。排除が問題として見えてくるということは，こうした視点の転換を私たちにもたらすのである。

排除の複数性／複層性——社会的排除論

　このような排除という観点を持ち込むと，個々の人たちの身体的特徴や状況の特殊性に拘泥せず，問題をより一般化して捉えることができる。また同時に，「社会」といっても，あるいは「排除」といっても，決して一枚岩ではないことも見えてくる。これらのことを示したのが，1990 年代以降に盛んになった，

社会的排除論である。

　1990 年代のヨーロッパを中心に，社会政策に関する議論において，社会的排除 (social exclusion) という概念が重視されるようになった。それまでであれば「貧困」「差別」といった概念で捉えられてきた事象が，所得等という一次元的な要因だけでなく，多次元的な過程でなされていく「排除」として捉え返され，経済的次元のみならず，社会的・政治的次元でもなされる排除とその蓄積が問題化されたのである。基本的権利へのアクセスだけでなくその質が問題とされ，単にサービスがあるから良い，ではなく，そのサービスがどう使えるのかというところまで踏み込むことも含意された。さらにいえば，この社会的排除という概念は，貧困やエスニシティ（民族），女性，障害者など，それまでは個別に論じられてきた問題を，共通の水準で捉えることを可能にした (福原 2007: 12-21)。

　私たちは常に複数の社会関係の中で生きており，それらの社会関係は相対的に自律的である。私たちの生きる社会は高度に機能分化しており，たとえば学生であれば，学校，就職活動，アルバイト，サークル，高校の友だち，小中学校の友だち，家族，親戚など，実にさまざまな社会関係の中で生きている。ひとつの関係で排除されたとしても，他の関係ではそうではないこともある。たとえば経済的に豊かでないことによって排除されてしまう社会関係があったとしても，別の社会関係ではそうしたことにはならないかもしれない。そうした相対的に自律的な複数の社会関係の中で，個人は生きている。

　そして，その意味では私たちすべてが，何らかの形での排除を経験したことがあるはずである。このことは，いわゆる社会保障制度でニーズがあるとされる人たちと，それ以外の人たちが，とくに大きく異なるわけではないことを示している。障害や病いのある人たちが抱える問題というと，医学的に定義される特殊な状況ゆえに生じるものと思われがちであり，貧困というと，特殊な人たちに生じていることと思われがちである。だが実際には，特別なニーズを持たないとされている人たちとの境界線は常に流動的であり，両者の関係は連続

━━note
6) ただし，ヨーロッパを中心とした社会的排除／包摂に関する議論では，包摂の手がかりとして注目されるのは主に賃労働である。本書でケアサービスの利用者として念頭に置いている高齢者や重度障害者など，一般的な賃労働が前提となりにくい場合についてはそれとは少し異なる議論が必要である。

3　排除という問題　● 17

的である。

　ただ，ニーズがあるとされる人たちが，それ以外の人たちと質的に同じ状況に置かれているともいえない。連続的だからといって，そこに違いがないわけではない。

　なぜなら，社会関係は相互に影響を受ける相互依存的な関係にもあるからである。ひとつの排除は他の排除を誘発することもある。たとえば定住する家を持たない人はアルバイトを探したくてもなかなか見つけることができない。学校に通うことで身につけられる学歴や社会関係資本が，学校に通わないことで得られなかったとき，そのことがその後の雇用や人間関係に大きく影響を及ぼすこともある（Luhmann 2005 = 2007: 230-235）。

　これはいわば，排除の「蓄積」である。たとえば「貧困」というときには，単に一時期経済的に困難な状況にあることだけを指すわけではない。長期間にわたって経済的に困難であり，またしばしば同時に社会関係も困難になり，家族や友人とのつながりも断たれがちになっていくような状況を指して，私たちは「貧困」と呼んでいる。ひとつの困難が他の困難につながってしまうとき，単純な一時期の経済的な困難さとは意味が大きく異なってくる（岩田 2007: 75-78）。多くの障害者が置かれている状況は，一つひとつの排除を見れば他の人にも当てはまることだったとしても，それらが「蓄積」されることによって深刻な状況になっている（星加 2007: 197; 榊原 2016: 108-114）。

　すべての人が何らかの排除を経験したといっても，それが「蓄積」することによってもたらされるものは質的に異なる。複数の社会関係から相互依存的に排除される経験を重ねていけば，自分の未来や将来に対して希望を持つということ自体が難しくなっていくかもしれず，現状を変える努力すら困難になるかもしれない。「蓄積」には，一つひとつの排除を超えた重みがあるのである。

　ケアや支援が必要とみなされる人たちは，単に身体的な問題や家族などの関係で問題を抱えているというだけではなく，こうした社会的排除の「蓄積」にさらされていることが多い。生活モデルに基づくとき，私たちはこの排除という問題に直面せざるをえない。そして，この問題を直視すると，従来の社会保障の考え方では立ち行かないことが見えてくる。

4 ニーズ論を超えて

従来の社会保障制度の考え方とその限界

　従来の福祉国家の考え方でいえば，応えるべきものは人びとのニーズ（needs）（ニード〔need〕と単数形で用いることもある）だった。ニーズは，日本語でいえば「必要」であり，本人の希望や願望（want）（武川 2001），あるいは具体的な制度に呼応した需要（demand）とは異なる。本人が希望したものでも「必要」と認められないこともあれば，具体的な制度ですぐ応えられるわけでなくとも「必要」だと認められ，むしろ新たな制度設計を求める動きにつながることもある。多くの社会運動が，これまで制度が存在しておらず需要と認められていなかったものを，「必要」だと主張することによって，制度の拡充を図ってきた。

　だが，「生活の質」に重きを置いて考えるようになると，人びとにニーズがあるから応える，という発想だけでは不十分になってくる。疾患の治癒のためなら，患者のニーズは専門的技能を有する医師こそが判断できることだった。だが，「生活の質」はそうはいかない。ある人の生活全体について医師が把握できるわけではなく，把握できるかのような顔をするのは暴力というものである。疾患の治癒のように絶対的な判断主体が想定できないのである。だとしたら，そこでいう「ニーズ」とは何か，という問いが出てくる。

　1970 年代頃には，ニーズに関しては認識主体や解消方法などによって多様なものが想定されうることが欧米でも日本でも指摘されてきた。とくに社会福祉学では，医師のように絶対的な判断主体が想定しにくいこともあって，議論が盛んに行われてきた。たとえば三浦は，「社会的ニードとは『ある種の状態が，一定の目標なり，基準からみて乖離の状態にあり，そしてその状態の回復・改善等を行う必要があると社会的に認められたもの』というぐらいな操作的概念として捉えておくことにしたい。そして『ある種の状態が，ある種の目標や一定の基準から見て乖離の状態にある』ものを仮りに依存的状態（dependency）あるいは広義のニードと呼び，この依存的状態の『回復，改善等を行う必要があると社会的に認められたもの』を要救護性あるいは狭義のニードと呼ぶことにしておく」（三浦 1985: 60-61）と述べる。この定義にはすでに，私たちの抱く価値がニーズの定義に深く関連し，それを左右するものだということが示されている。

　また，認識する主体によっても，ニーズの内容は異なってくる。J・ブラッドショウは，「規範的ニード」「フェルト・ニード」「表明されたニード」「比較ニード」の４つに分類した。「規範的ニード」とは専門家らが判断するものであり，「フェルト・ニード」は本人が感じるものである。さらには「表明されたニード」は実際にサービス利用を申し出たものであり，そうでないものもありうる。さらに「比較ニード」は，利用している人との比較で生まれてくるものである，という（Bradshow 1972）。このように，認識主体や状況によってニーズがさまざまに考えられることが指摘されている。

　さらには，何がニーズとして浮上するかは，かなり政治的に決定されるという指摘もなされるようになった。N・フレイザーは，何をニーズと考えるかをめぐって，それぞれの認識主体の立脚する前提や価値が争われることをもって，「ニード解釈の政治（the politics of need interpretation）」と呼んでいる（Fraser 1989: 144-159）。たとえばシングルで子どもを育てている人たちに何が必要か，というとき，どのような家族像を前提として考えるかによって考え方は変わってくるだろう。男性と女性の２人の大人が夫婦関係を持つことが「家族」には不可欠だと考えるなら，シングルマザーを取り囲む問題を取り上げたときに，再婚のための婚活支援をニーズと考えることもあるかもしれない（私には冗談にしか思えないが，真剣にそう考える人もいる）。シングルで子どもを育てるのは女性に限られるという前提に立ってしまえば，シングル・ファーザーには利用しにくい制度設計をしてしまうだろう。そこに何のニーズがあると読むかは，認識主体の立脚する前提や価値によって異なり，その意味ではニーズ解釈はそれ自体が，価値と価値とが争う政治（politics）の場なのである。

　このことは，排除／包摂という問題とニーズ定義が深くかかわっていることを示している。ある人にニーズがあるから満たす，という発想は，すでにある種の排除／包摂の中で成立している考え方である。その背景にどのような排除／

包摂がかかわっているのか，その点を踏まえてこそ，その時点，その関係での
ニーズが定義できるのであり，あらかじめ所与のものとしてニーズの存在を前
提にすることはできない。このことを，いくつかの観点からもう少し詳しく述
べてみよう。

すでに満たされているニーズがある——合理的配慮の前提

　たとえば，車椅子ユーザーには利用が困難な店があったとしよう。階段しか
なく，幅も狭いため，電動の車椅子ではとても入ることができない。車椅子ユ
ーザーがそこに入るのであれば，店員や客などによって抱えてもらうなどする
必要がある。そのように車椅子ユーザーが依頼し，店員が断った（他の客が手
伝うことも含めて）としよう。それは，車椅子ユーザーがワガママなのか，店員
が差別的なのか。

　一つひとつのケースはさまざまな細部によって成立しており，このような単
純化した問いに対して簡単に答えが出るものではない。2016 年から施行され
た障害者差別解消法における「合理的配慮」という考え方では，障害を理由に
利用を阻むような仕組みを改善する責任は事業者側にあるが，その事業運営や
中身において無理がある場合には仕方がないとされる。上記の例で「無理があ
った」のか「なかった」のかは，細部を見なければわからない。

　ただ，このような合理的配慮が求められるようになった背景については踏ま
えておく必要があるだろう。合理的配慮は，かわいそうなニーズを持った人た
ちに対してなされる「思いやり」ではない。配慮とはいうが，内容としてはむ
しろ「権利」として理解したほうが正確である。

　その前提にあるのは，すでにニーズを満たされている人たちがいる，という
ことである（石川 2004: 229）。いわゆる「健常者」とされる人たちが，「健常
者」風にふるまうことができているのは，その人たちのニーズがすでに満たさ
れているからである。たとえば，上述の店で，階段ではなく中に結びコブがつ
くられたロープが何本も垂らされているだけだったらどうだろうか。体力・筋
力がある人であれば，それでも難なく店に到達できるだろう。だが，体力・筋
力に自信がない人であれば，それで店に入るのは難しい。

　本当は，そういうロープだけで済ませていてもいいのである。だが，階段を

つくってくれている。それによって，体力・筋力に自信のない人間であっても，店に簡単にアクセスできている。その意味では，体力・筋力に自信はないが，二足歩行は難なくできるというタイプの人間は，すでにかなり配慮されている。いわば，ニーズを満たしてもらっているのである。

車椅子ユーザーに特別な配慮をしなくてはならないというよりも，いわゆる「健常者」の多くがすでに多大な配慮を受けているのである。言い換えれば，私たちの社会はすでに多くのニーズを満たしており，にもかかわらず一部のニーズには応えようとしていないともいえる。

そのように考えるなら，ニーズを満たすのが社会保障制度だ，という図式には限界があることは明らかだろう。私たちの社会は，すでに満たしているニーズと，応えようとしていないニーズとを，分けてしまっている，という問題でもあるからである。

それは誰のニーズなのか

また，ある人たちにニーズがあるというとき，本当は周囲のニーズをその人に押し付けているだけだと見えることもある。

たとえば，移動支援という制度がある。これは視覚障害をはじめとして，移動するうえでさまざまなハンデのある人たちにサポートするヘルパーをつけるというものであり，この制度が生まれたことによって，それまでほとんど外出できなかったのが，限られた時間とはいえ外出の機会を得ることができるようになった人も多い。たとえば知的障害の人は，一般には親あるいは日中に通う場でしか支援が受けられなかったが，それでは「家族」や「学校」「作業所」などの集団としての行動以外はなかなか難しい。それに対して移動支援は，その人ひとりにつくものであり，個人として支援を受けることが可能になった。子どもにも認めている市町村であれば，子どもが親や学校以外にはじめてひとりで外出する機会を保障することになり，かなり大きな意味を持つ。

このように現状として重要な制度なのだが，そもそも移動に支援が必要だというとき，それは誰のニーズを満たしているのだろうか。確かに一見すると，視覚障害などの身体障害，あるいは知的障害の人にニーズがあるように見えるし，その捉え方も間違っているわけではない。だが，たとえば視覚障害のある

22 ● CHAPTER 1 ケアシステム

人や車椅子ユーザーが自由に街中を行き来できるだけの物理的・社会的環境が整っていたらどうだろうか。実は移動そのものには支援が必要なくなるかもしれない。ただ，それだけの物理的・社会的環境を一朝一夕に準備できるとも思えない。だから，それだけの環境を整えられない事業者や行政が，それら障害者とされる人たちに，いまを凌ぐために移動支援を使ってもらっている，といったほうがいいかもしれない。いいかえれば，ニーズがあるのは事業者や行政なのかもしれないのである。

　あるいは，知的障害の人の中には，その人自身は一定の道筋ならひとりで移動できるのだが，その際に周囲との間にトラブルが生じやすく，そのためひとりでは行動させられない，というケースもある。その場合は，ニーズは誰にあるのだろうか。本人にあるというのが間違いなわけではない（トラブルが起きたことのしわ寄せは，本人の行動範囲が狭められるなど，往々にして本人が背負うからである）。だが，その人の独特な行動様式やふるまいを許容できず，恐怖感を抱いたり，トラブルに発展させてしまったりする，周囲の側にこそニーズがあるともいえる。実際，知的障害や発達障害の人の移動支援をしているとき，ヘルパーの多くは，利用者本人だけでなく周囲の人たちとの間を調整しているようなところがある（寺本ほか 2008：2015）。

　同様に，認知症の人にニーズがあるというとき，それは誰のニーズなのかという問題もある。もちろん本人のニーズだともいえるが，家族のニーズだという言い方もできるし，さらにいうなら，本人のさまざまな行動やふるまいを忌避する周囲の人たちにニーズがあるのだともいえる。近年，認知症の研究は急激に進み，介護現場での捉え方も大きく変わってきた。以前は認知症の人の「問題行動」とされてきた，「徘徊」や「妄想」，「弄便」なども，記憶障害や見当識障害などによる強い不安と恐怖に際しての，その人なりの対処や対応であるということは広く共有されるようになってきた（小澤 2003：2005；天田 2004）。この視点からすれば，「徘徊」などの「問題行動」がまさに「問題」視され，それに対処するというニーズが生まれるのは，本人の問題というより，周囲の問題である。

　またたとえば，一定の年齢に相当する子どもたちはともに学校で学ぶことが当然視されているが，障害を持つとされる子どもが一般のクラスで学ぶのは困

難だとされたり，障害ゆえに必要になる配慮を与えられなかったりする。前者については，障害を持つとされる子どもたちのためだという言い方がなされるが，実際には一般のクラスの中でその子を含めた教育体制づくりができない学校や教員が分離を必要としているのかもしれない。後者については，他の子どもたちが不公平感を抱くといけないから，特別扱いはしないと宣言してくる学校や教員も少なくないようだが，その場合ニーズがあるのは誰かといえば，特別扱いに反発する子どもたちというよりは，それを特別扱いと感じさせず真っ当な判断として納得させるだけの工夫と手間をかけたくない学校や教員なのかもしれない。

　学校についてさらにいうなら，「不登校」と呼ばれる，学校に通わない／通えない子どもたちもいるが，その子たちにニーズがあり，特別な支援が必要であるかのようにいわれることが多いが，本当にそうなのだろうか。一定年齢の子どもたちを学校という権力関係が明確な空間に閉じ込めたがる側のニーズを満たした反映ともいえるのではないか。

　先に，ある人が社会的活動にいかに参加できるかということは，その人がいかに排除されているかということの裏返しでもあると述べた。そう考えてみれば，ニーズはどちらの側にあるというべきなのかは，あまり単純な問題ではない。確かに本人が「困っていた」としても，それは「困らせている」側の問題でもある。本人が周囲を「困らせている」としても，それは「困った」と捉える側の問題でもあるのだ。

ニーズは所与のものではない

　このように，ニーズがあるから応えていくのだという従来の社会保障制度の枠組みは，今日ではあまりにも不十分である。ニーズという概念を実在的なものとして捉えるだけでは，ここまでに述べたような関係を解きほぐしていくことはできない。

　これは何もニーズという概念が無意味になるといいたいわけではない。要所において，ニーズという言葉が活きる局面は生活モデルに即しても出てくるだろう。たとえば，単純に身体的な痛みをとるというのは，これからもある人に存するニーズと呼べるだろうし，あえてニーズとして定義することで本人と周

囲の関係性を整理し直せることもある。ただ少なくとも，誰にニーズが存する
かということは，そう簡単に決めてかかれることではなく，そこで何が起きて
いるのかをそのつど丁寧に解きほぐす必要がある。

　むしろ，特定の局面において，「ここにこそアプローチしなくてはならない」
という地点を探し出していくことは，より重要になってくるかもしれない。た
とえば，尿もれが激しい女性がいたときに，本人があまり気にしないなら，
「尿もれごときで周囲ががたがた騒がなければいい」と考えることも可能であ
る。その女性が自分の「粗相」を強く恥じていたとしたら，適切なサイズで適
切な形のオムツ（尿漏れパッド）をつけられるようにすることがニーズだと考
えることもできるかもしれない。こまめにトイレに行ける環境をつくることが
いいのかもしれない。あるいは恥じなくてもいいような環境づくりを考えるの
もひとつだろう。

　そうやってさまざまな方向からニーズを探りだしていくことが，これからは
重要になるだろう。それと，最初からその女性の尿もれに対応することだけが
重要で，その女性だけがニーズを持っていると見立てることとの間には，小さ
いように見えて大きな距離がある。多様なアプローチで探っていくことで，現
実的に問題が解決していく可能性が高まるだろうし，何よりその女性だけがニ
ーズを持つという捉え方がその女性を私たちとは「別の人間」にしてしまうの
を止めることができる。

　そこで何が起きているかをどう解きほぐし，どう応えていくかという課題は，
いってみれば，対立するニーズを持つ複数主体の交渉や調整に近い性格を持つ
かもしれない。それも，現状としてはしばしば圧倒的な力関係にある複数主体
の間の交渉や調整であり，そのつど何を選ぶかによって，すでに誰かの「側」
に立っていることを選んでしまうような作業である。いわば，マイノリティ[7]に
置かれている人たちに対して，どうふるまうかという問題にも直結する。

　生活モデルに即するということは，このことが明らかにされてしまうという
ことである。もちろん，医学モデルが中心だった時代であっても，たとえば医

---

note

7)　マイノリティという言葉は，数のうえでの少数という意味ではなく，権力関係において下位に置かれ
　ているという意味である。たとえば南アフリカ共和国でアパルトヘイト政策が行われていたとき，「黒人」
　はマイノリティだったが，数が圧倒的に多かったのは「黒人」でもある。

師のニーズ判断は「政治」的だったろう。医師の中には「弱い」とされる側につく人もいれば，「強い」とされる側の価値観に即する人もいただろう。ただそれでも，疾患の治癒という点では「科学」性において一致できるところが少なくなかった。それが，「生活の質」という，人によってさまざまに捉え方も異なり，定義の仕方も異なるものに価値が置かれるようになることで，その「政治」性が避けがたく浮かび上がるようになったのである。

　そうである以上，ニーズがあるから応えていくのだ，という像で社会保障制度を考えることはできなくなる。少なくとも，狭義の社会福祉が想定してきたように，ある一定の人たちにニーズがあるから，それを満たしてやればいい，という像で考えることは，筋が通らないことが明らかになってきた。私たちの間に生じている，不均衡な配慮，トラブル回避のための不均衡な仕組みなどを問い直すことが同時に含まれていくからである。

　いいかえれば，今後のケアシステムを構想するうえでは，ある一定の人たちが問題になっており対象となっているという発想から抜け出る必要がある。問われているのは，私たち自身の社会のありようであり，それをどう変えていくかということでもある。

⑤　ケアや支援と，排除／包摂

┃「その人のため」と「私たちと同じ」

　これまでに述べてきたように，ケアや支援は，生活モデル化によって参加に重きを置くようになったため，その前提条件としての排除／包摂という問題にも必然的にかかわってくる。

　ただそれでも，両者は異なる論理であるということは，踏まえておく必要があるだろう。端的にいうなら，ケアや支援は「その人のため」になされるものである。それに対して排除／包摂は，「その人のため」ではない。「〜のため」という目的論的な表現自体が，似合わない。ただ単に，「その人」を自分たちの一部とみなすかどうか，別の表現を用いれば「私たちと同じ」と考えるかど

うか，という問題である。

　だから，両者の論理がすれ違っているように見えることも確かにある。たとえば，単純に「生活の質」を上げることだけを考えたときには，「つらい」思いを本人がする機会を少しでも減らしたほうがいいということになるかもしれない。そのためにもっとも手っ取り早く見える方法は，本人が「無理解な」人たちと会う機会を極限まで減らすことである。たとえば人里離れた入所施設で「心優しい」職員たちだけに囲まれて暮らしていれば，「生活の質」を可能な限り高めることができると考えることもできるだろう。[8]

　このように，ケアや支援の発想だけを突き詰めたときには，排除に抗う発想からすると，真逆の方向を求めてしまうことが，ないわけではない。いやむしろ，とくにこれまで障害者に対するケアや支援と呼ばれてきたものの内実を考えると，あまり珍しくなかったといったほうが正確なのかもしれない。

　逆にいえば，排除／包摂の論理が，「その人のため」と逆行して見えることは，あまり珍しくはない。包摂するということは，「なかまだとみなす」ということであり，一見すると心温まるものに見えるが，同時にその集団の規範をその人にも課すということを意味する。たとえば，女性の中には，職場でバレンタインデーに男性陣にあげるチョコレートの代金を徴収された経験を持つ人もいるだろう。それは，「代金を請求されもしない」という排除を受けていないという証拠ではあるのだが，それでも苦痛に感じた人もいるだろう。その場合には，包摂が「その人のため」とは逆行したといえなくもない。むしろ「その人のため」には，もしかしたら，「あの人には請求しても無駄だから」と誰も請求しなくなることのほうがいいのかもしれない。

　もちろん，本当に望ましいのは，もう少し異なる職場環境が生まれることなのだとは思うが，それは排除／包摂とはまた少し別の水準で，社会のありようをどう構想するかという問題になる。

---

note

8)　もちろん，実質的には，そうした暮らし方の「生活の質」は低くなりがちだと私は思う。ただ，そう考えるのは私の発想でしかない。「生活の質」とは何か，それ自体が論争的だということは先述したとおりである。別の人の発想からすれば，そうした暮らし方こそが「生活の質」を高めるというかもしれない。

異なる論理の交差

　それでも，やはり両者が密接にかかわっているのも事実である。

　本人の意思が重要だといっても，参加する対象である社会活動の側が排除してくれば参加は不可能になるし，そもそも排除された中では本人の意思すら芽生えないこともある。たとえば，地域の一般の学校が，障害児に対して「うちでは難しい」と特別支援学校に通うように勧めてきたときに，本人がその学校に通いたいと思っていても，現実的にはそれなりの壁と闘わなくてはならない。その闘いの大変さを思うと，通いたいという希望自体を本人が抑えることもあるだろうし，そのように意識することすらなく，無意識のうちに抑制することもありうる。ケアや支援をしようとするのなら，排除／包摂という問題には繰り返し直面せざるをえない。

　単純に「生活の質」を上げることだけを考える発想は，その人にニーズがあるという発想に拘泥しがちである。だが，先述したとおり，実はニーズがあるのは他の主体かもしれない。排除／包摂の視点を持つことは，ケアや支援が妙な方向へ歪むのを止めるうえで決定的に重要である。

　逆にいえば，排除／包摂という問題に取り組もうとするなら，ケアや支援という課題にも取り組まざるをえなくなる。排除が生じる背景に，ケアや支援の不足という問題が隠れていることは珍しくないからである。

　たとえば，認知症のお年寄りが，近隣の付き合いや家族からも排除された暮らしをしなくてはならなくなっていることがあるが，それはそのお年寄りの生活を支えるのが家族だけになっていて，近隣との付き合いまで家族の手がまわらないからだということもある。家族の代わりに職業的介護・介助者が入ることによって，家族が本人と近隣の付き合いをサポートすることもあるだろう。あるいはその部分も介護・介助者やそれ以外の人たちがサポートすることによって，本人が近隣との付き合いを取り戻し，そうすることによって家族も本人に対して排除的でなくなっていくということもあるだろう。個々の場面で生じる排除／包摂のきっかけとなっていることを，ケアや支援によって変えていければ，排除そのものがなくなっていくことも十分考えられる。

　その意味で，先に述べたとおり，ニーズという考え方や視点そのものを放棄

してしまってはならない。ここを変えれば全体が変わる，という地点はあるはずであり，それこそがニーズと名指され，介入する必要がある。ただそれは，いわゆる「障害」や「病気」を持つ本人にあるとは限らないし，その人たちを変えればいいとも限らない。このことを踏まえていることが重要であり，そのときにこそニーズという考え方が本当の意味で活きてくる。

常に絡み合う２つの論理

このように，ケアや支援と排除／包摂は，密接にかかわり，相互に促進的ではあるのだが，個々の場面においては逆行し相反するものに見えることもある。いかに密接にかかわっていようとも，どちらかに還元して議論できるものではない。

むしろ，２つの異なる論理が交差しているということを見据える必要があるだろう。ケアや支援の現場は，ケアや支援という論理（その人のため）と，排除／包摂という論理（その人は私たちのひとりだとみなすかどうか）とが，絡み合う場なのである。どちらかに還元して捉えようとすることも，あるいはどちらかだけによって捉えようとすることも，おそらくケアや支援の現場を捉える視点を歪ませるだろう。現場というのは，本来的には異なる論理が，現実問題として絡み合っている場であり，現場での取組みは常に，そうした複数の論理を解きほぐしていく作業である。

これは「そうすべきだ」という問題というより，「そうならざるをえない」という問題である。現実に，両者を切り離すことはできないからである。もし，片方だけで捉えようとするなら，それは現実に起きていることの一面を覆い隠し，見なかったことにしているのと同じことである。

だから，ケアや支援を問うときには，それ自体として問うと同時に，排除／包摂という異なる論理からも捉える視点を意識的に持つことが必要になるのである。

5　ケアや支援と，排除／包摂　●　29

SUMMARY

① いま，日本を含む先進国諸国は，これまでの「治癒」を重視する価値観から「生活の質」を重視するそれへと重点が移ったことにともない，新たなケアや支援の仕組みづくりが問われている。

②「生活の質」を重視するようになると，心身機能の状態や身の回りのことが独力でできるかということより，その身体を用いてどのような関係を他者との間で築き，どのような社会的活動に「参加」できるようになるか，が重要になってくる。

③ 社会的活動に実際に「参加」できるかどうかは，社会がある状態の人たちを排除してくるかどうかによっても大きく左右される。社会のありようが変われば，本人の状態が変わらなくても社会参加できることはたくさんある。

④ 従来の社会保障制度は，人々のニーズに応えるものとして想定されてきたが，そもそも誰にどうニーズが存すると判断し定義するかということに，すでに社会による排除が色濃く刻印されているため，これからは誰にとってどのようなニーズが存するのかについて，ひとつひとつ解きほぐしていく必要がある。

—————CHAPTER—————

第**2**章

ケア従事者（1）

専門職のケアとベースの支援

INTRODUCTION

　この章と第**3**章では，新たなケアや支援の仕組みを構想するにあたって，重要な論点のひとつである，ケア従事者をどう捉えるか，という点について述べる。従来型の社会保障制度で前提とされていた専門職像から脱した，新たな専門職のありようである専門職のケアについて素描した後，さらにもうひとつ大きな役割を担うケア従事者として，ベースの支援という新たな姿を提示し，その内容について素描する。

1 専門職のケアとベースの支援

従来型専門職とその限界

　従来，ケア従事者として想定されてきたのは，主に専門職（profession）だった。古典的な専門職といわれる医師や弁護士は，18世紀を通じて現在のように制度化された。具体的には，世襲などとは異なり，制度化された専門教育を受けることおよび特定の試験に通ることを仕事に従事する前提とし，また独自に結成された専門職団体が，専門職として従事する人たちの資格や業務内容に一定程度関与することが制度化されてきた。

　その後，20世紀のうちに，それ以外に薬剤師や看護職，理学療法士，作業療法士，介護福祉士，社会福祉士なども専門職と呼ばれるようになった。これらを古典的専門職と区別して半専門職（semi-profession）と呼ぶ立場もあり（Etzioni 1964＝1967：134-137），同じ専門職といってもヴァリエーションがある。ただ，近年ではケア従事者の幅や裾野が広がったこともあって，利用者側からすればあまりこうした区別が重視されなくなってきているようである。

　専門職とは，自らの専門領域について高度な知識と技能を持つと制度的に認められた人たちであり（たとえば一定の専門教育を受けるなど），またその職務が社会的に有意義で重要だとみなされている人たちである[2]。そして，それゆえに利用者のニーズについて定義することが可能な人たちだとみなされてきた。

　専門職は，一般の対人サービス業と異なり，顧客が何を必要としているかを定義するとみなされている。たとえば，ラーメン屋に入って味噌ラーメンを頼んだときに，「あなたに必要なのは塩ラーメンだ」といわれることはほとんど

---

note

1) これらの職種が「半専門職」と呼ばれたのは，もちろんまずは，古典的専門職とされる「完全専門職（full-profession）」との比較からだった（権限が比較的小さい，教育年数が比較的短いなど）。ただ，今日の視点から考えると，これらの職種の一部は本書でいうところのベースの支援に近い性格を同時に兼ね備えているともいえる。それが，医学モデルが優勢だった時代には，専門職性の低さと見えていたのかもしれない。

2) 近年では，システム・エンジニアなど，必ずしもこの図式にあてはまらないが「専門職」と呼ばれる職種もある。

32 ● CHAPTER 2 ケア従事者（1）

ないが，私たちは病院に行って医師に「この薬を飲むことが必要だ」といわれ
れば，往々にして大人しくそれを飲む。

　そして，このことと，医師による治療や，医師の処方箋に基づいて買う薬剤
が医療保険の対象となることが多いこととは，密接に結びついている。ラーメ
ン屋の顧客の要望は，本人が対価を支払い，店側が提供する準備があるのであ
れば，大概は通るだろう。だが，患者の要望や求めは，それらの条件が整って
いたとしても，すべて満たされるわけではない。なぜなら，公的な制度から
（一部にせよ）対価が支払われるからである。だから，本当に満たされるべきか
どうか，誰かが判断しなくてはならないとされている。第1章で述べたとお
り，医療保険などの社会保障制度の枠組みで扱うのは「必要」であり，「要望」
や「願望」そのものではない。必要だということを誰かが判断しなくては公的
な制度は利用できないとされている。その判断主体として専門職が想定されて
きたのである。

　だが，もうそのような専門職像には限界が来ている。なぜなら，「生活の質」
に価値が置かれるようになってくると，どのような専門職もその人の生活の全
体像を捉えられるわけではない以上，「生活の質」を高めるために何が必要な
のかを独自に判断することはできないからである。

　そもそも，「生活」とは何だろうか。私たちは「生活」という言葉を実に多
義的に用いる。「食べる／寝る／出す」というレベルで用いているかと思えば，
出かけるために靴を履くというような小さなことを指してみたり，経済的な状
態のことを主に指してみたりする。または，人間としての生命の維持と再生産
を指すように用いられる一方で，娯楽やレジャーのことが想定されていること
もある。

　むしろ「生活」という言葉は，この包括性・全体性にこそ特徴があるという
べきなのだろう。そして少なくとも戦後日本の文脈においては，これに加えて
近代的労働や大衆消費社会，官僚主義などに対する対抗的概念としても用いら
れてきた。また同時に，ひとりのものというより，家庭や人びとのものとして，
いわば共同性も含意された言葉でもあった（天野 1996）。

　こうしたことから考えると，「生活」という概念は，たとえば医療や○○福
祉などといった現行制度の枠組みからすると，その制度的な枠組みで捉えきれ

1　専門職のケアとベースの支援　● 33

ないものを指すとも考えられる。いわば，それらの制度的枠組みにとっての環境＝エコシステムであり，医療や福祉で捉えられる問題や領域にいつも影響を与えつつ，それらに包含されきらないような外部である。

　だとすると，特定の領域においてのみ専門的技能を有する専門職には，「生活の質」は原理的に定義できない。たとえば医師は，医学的・治療的側面では専門的な判断を下すことができるだろうが，そのことが日常生活に及ぼす影響をどう見積もり，その是非をどう判断するかについては，ある程度以上のことはいえない。それは弁護士であっても同じである。どの専門職も，わかるのはその人が抱えている問題や状況のごく一部であり，それがその人の生活全体にとって肝要な位置を占めていたとしても，全部を把握し理解できるわけではないからである。

　そして，第1章で述べたとおり，ニーズの定義と対応が「政治」的である以上，ニュートラルな専門的判断は，もちろん一部にはありうるとしても，すべてがそうだとはいえなくなる。そのつど下す専門職によるニーズ判断が，実はある人たちにニーズがあるように見せて，他の人たちのニーズを押し付けているだけだったり，他の人たちのニーズを不問に付すことに貢献していたりする。専門職は，ニーズを有する人たちを「救う」存在として位置づけられてきたが，実は傷つけ抑圧する存在にもなりうることが明らかになってきたのである。

これからの専門職のケア

　そうしたことを踏まえて，第1章で取り上げた上田敏が提示しているのが，「インフォームド・コオペレーション」というモデルである。

　1990年代から，「インフォームド・コンセント」という言葉が日本に積極的に導入されるようになった。この言葉は主に，情報を十分に提供されたうえで患者自身が選択することを意味していた。だが上田は，リハビリテーション医学での臨床経験等から，単に情報を提供したうえで患者に選択させるというだけでは不十分だと考えた。一時的な患者の選択の問題というよりは，医療者と患者による協働作業として医療提供はなされるべきだとして，それを「インフォームド・コオペレーション」と呼んだのである。

医療者は患者の希望をそのままニーズとして受け止めるのではなく，患者の最良の利益の実現に向けて，専門的知識や技術を駆使してニーズを探る。だがもちろん，患者は自分の人生を自分で決定する最終的な権利を有している。たとえ間違っているように見えたとしても，である。そこで医療者は，患者の置かれた客観的な状況とともに，患者の価値観や人生設計，夢や希望までもよく把握するように努力し，よく考えてつくった少数の目標の選択肢を提示して，患者自身に選んでもらう。それも，単に言葉によって説明するというだけでなく，個人としての患者の人間性を尊重した態度こそが重要だという。ここでいう目標とは，具体的な患者の「参加」のありようであり，それにともなう具体的なリハビリテーション上の課題である。そして，ともに目標を共有し，そこに向けてともに取り組んでいく。こうして協働作業をすすめていくのが今後の専門職の姿だというのである（上田 1992：352-354）。

今後求められていく新たな専門職像を考えるうえでは，上田のモデルが参考になる。まず従来型の専門職とは異なり，利用する本人の意思を何よりも中心に置くものになっていくだろう。だが同時に，本人の「自己決定」だけでいいわけではない。上田は決して，医師がニーズ定義において患者とは異なる独自の役割を果たせることを否定しなかった。というより，「患者にお任せ」としてしまうことは，医師の職務放棄であり，専門職としての甘えだと捉えていた。そのため，本人の意思を大切にしつつ，専門職の判断もきちんと伝えていく，そうした協働作業として，専門職と利用者の関係を描いたのである。

こうした新たな専門職によるかかわりを，「ケア」という言葉が日本で用いられるようになった経緯を踏まえて，本書では専門職のケア（professional care）と呼んでおこう。[3]

このような専門職のケアは，生活モデルに基づいた地域包括ケアにおいて，むしろ必要性が増している。生活の中には実にさまざまな要素が含まれ，「生

---

note

3）日本で「ケア」という言葉が使われるようになった際には，キュアは疾病の治療と生命維持を主たる目的とし，ケアはそれに対して生活の質に注目して，身体面のみならず心理面・社会面も考慮するもの，というニュアンスで用いられることが多かった。これまで述べたとおり，このことは実質的に，ニーズを誰が定義するかということと密接に結びついている。なお，医師がキュア，看護職がケア，という使われ方もしていたのだが，ここではそうした分け方は採用しない。そうではなく，医師もまたターミナル・ケアなど，ケアにかかわっていくべきだと議論されてきた文脈にのっとっている。

活の質」を上げるためには実にさまざまなアプローチがありうる。そう簡単に「生活の質」を上げられないように見える身体的状態や心理的・社会的状態にある人にこそ，そうした多様で多彩なアプローチが重要になる。それはいわゆる医療・福祉だけにはとどまらない。

　たとえば，身体は自由に動かなくても，あるいは知覚過敏があっても，または本人が大きな音を出すことが多くても，バリアフリー化や防音などのちょっとした工夫で，かなり生活が楽になることもある。建築や家づくりの専門家たちがそこで貢献できることは大きい。他人とのトラブルや経済的な状況を改善するためには，法律家のちょっとしたアドバイスが大きな意味を持つことも多い。勉強や学校での過ごし方に教育の専門家たちが工夫を施すことによって，子どもたちだけでなくその親や祖父母，きょうだいに至るまで，生活が大きく改善するかもしれない。地域包括ケア化が進む中で，専門職はやはり重要な役割を果たし続けるだろう。それも，従来想定されていた範囲を超えて活躍の領域が拓けている。

▐ ベースの支援 ▐

　だが，生活モデルに基づいたとき，こうした専門職のケアの「前」と「後」が問われてくる。「インフォームド・コオペレーション」が想定するような患者や障害者は，すでに自らの状態を何らかの形で改善したいと願い，病院を訪れている人たちである。そして一定期間のうちに改善することによって，生活を立て直そうとしている人たちである。

　そうした患者や障害者になるためには，いくつかの前提条件が必要になる。まず自らの状態が「病院」という場によって改善可能だという想定を持ち，またそうすることが必要だと考え，さらにはそうするだけの価値が自分にあると思い，実際に「病院」を訪れるという選択肢を選ぶことができるということが，前提として必要である。

　しかし，生活の中で人びとの抱える困難や苦労は，最初からどの専門領域に相当するとわかっているようなものではない。困っている人の多くは，自分自身が何にどう困っており，どの専門職に頼めば問題を解決してもらえるのか，そのこと自体がわかっていない。というより，素人には，専門職に頼んで問題

36 ● CHAPTER **2** ケア従事者（1）

が解決することなどは，生活上で直面する問題のうち，本当にごく一部でしかないように見えるものである。医療技術でどこまでのことができるのか，医療の専門家でなければよくわかっていないことが多いだろう。ありとあらゆる福祉制度を使ったらどこまで生活保障が可能なのか，一般の人たちにはなかなかわからない。司法に介入されたら問題が余計複雑化しそうに思えることもある。

それに，そもそも誰かに頼んで問題を解決してもらえるという想定自体が，もっというなら自分が問題に直面して困っているという認識自体が，一定の「余裕」がなければ得られないものである。生活がある程度まわり，一定の落ち着きを得られて，周囲や自分を見回すための「余裕」が得られなければ，なかなか問題を直視することはできない。自分が問題に直面して困っているのだから解決しなくてはと思うほど，自分の置かれた状況を冷静に見直す時間的・体力的余裕がない，という人もいる。そのほかの生活のありようを知らないから，そもそも疑問を持つだけの余地がない，という人もいる。

また，改善したいという願望を抱くこともまた，一定の「余裕」を必要としている。誰かに頼むなんて，自分のような価値のない人間にそんなことはおこがましいと感じる人もいる。誰かに頼んだところで，何をしたところで，希望など出てくるわけがない，と思い込まざるをえない状況に追い込まれている人もいる。

そして，何らかの改善をしたい，たとえば病院を訪れたいと思っても，実際に訪れるためには，そのための具体的な手段を手にしている必要がある。どこにどのような病院があるのかという知識を何らかの形で獲得し，実際に病院を訪れるだけの移動手段（それにともなう費用）や介助，時間などがなければ，行動に移すことはできない。

これらは単なる知識や手段の問題だけというより，経験の問題でもある。そのようにどこかを訪れ，自分の生活を改善できるという一連のプロセスを経験したことがまったくない人たちには，本当にどこから手をつけていいのかわからないことがある。

このように，専門職のところを訪れる「前」の段階にある人は，決して少なくない。だとすると，専門職のケアを整備することが重要なのは確かだとしても，それだけでいいとはとてもいえないだろう。専門職のところを訪れるずっ

1 専門職のケアとベースの支援 ● 37

と手前のところで，人びとが自分を取り巻く困難や苦労を何とかしてもいいのだと思い，どのような問題なのかを解きほぐし，どこに相談に行けばいいのかを整理していく過程がある。それは独力でできるとは限らない——というより，本当に困っている人であればあるほど，実はこの過程こそが難しい——ものであり，この過程にも支援が必要なのである。

　もうひとつには，専門職のところを訪れたとしても，「後」がある。[4] 治療が終わった後でも，生活上の介護や介助はどうしても必要だというケースも少なくない。二足歩行で移動することも，車椅子で移動することも，「移動」という点では等価であり，どちらがいいということではないのだが，それでも車椅子で移動する人の場合にはときどきどうしても他人の介護や介助が必要なときがある。

　一定程度の生活改善のための工夫はでき，ある程度の心のケアもできたとしても，その後も日常はまわり続ける。ケアや支援を必要としていた人たちの中には，その日常がきわめて不安定な基礎しか持たないこともある。心理的にも，経済的にも，社会的にも，あまり強固な地盤を持たない人たちだからこそケアや支援が必要になったというケースも多く，その全体的な状況が一時的な専門職によるケアで全部きれいに改善されるわけではない（上岡・大嶋 2010）。

　そして，生きていくということは，苦労が降ってきたり，悲しみが降ってきたりするということでもある。どんなに自己管理が巧みで生活上の基盤が豊かな人であっても，長い間生きていれば，一度や二度はとことんまで落ち込んだり，何もできなくなったりする時期はあるものである。さまざまな生活上の基盤があまり強固でない人であれば，それらの人生において避けられない危機を乗り越えるのは容易ではない。もっというなら，生活上の基盤が強固でないということは，日常生活の本当に些細なことが突然人生における危機に変身してしまうということでもある。介護・介助を受けなければ起き上がることもでき

---

note

4) ここでは議論をわかりやすくするために，あえて専門職のケアの「前」と「後」という表現を用いたが，本当は「前」と「後」だけではなく，専門職のケアを受け続ける前提として，ベースの支援を必要とすることもあるだろう。たとえば日頃重度訪問介護を受けて生活している重度障害者が入院したとしよう。だからといっていきなり病院での医療サービスだけに切り替えてしまっては，その人の入院生活はとても立ち行かないはずである。入院中であっても，日常的にかかわる介護者が介護することこそが，入院生活や治療のプロセスを下支えするだろう。

ない人であれば，夜中に介助者がいないときに転倒したら，生命にかかわる危機になるだろう。経済的に困難な状況で，住むところも職場に依拠しており，すぐ助けてくれるような人間関係もあまり持てない環境で過ごしてきた人であれば，職場でのちょっとした人間関係のトラブルがすぐに生命の危機になってしまうこともある。

こうした中では，困ったときにちょっとした介護や介助をしてくれる人，何でもないようなことでも相談できる相手，いつも自分を見守ってくれるような誰かがいることは，とても重要である。これらがあるかどうかによって，人びとの「生活の質」は大きく変わってくる。

このように，専門職のケア（professional care）の「前」と「後」には，生活や日常そのものに内在した支援やケアが必要である。本書では，この過程での支援を，ベースの支援（basic support）と呼ぶことにしたい。生活や自分自身を捉えるうえでの基礎や基盤，自分を助けることに意味があると思いそのために努力できるような，いわば主体としての基礎，あるいはその後も社会の一員であり続けられるための基盤となるような，そうした支援である。専門職のケアは，こうしたベースの支援の積み上げがあってこそなされるものであり，またこうしたベースの支援が後で待っているからこそ意味を持つものだといえるだろう。[5]

 ベースの支援とは

では，ケア従事者がベースの支援を担うというとき，どのような業務が想定できるだろうか。といっても，特定の業務は特定のことをなすだけなので，ある業務がすなわち「生活」そのものを支えているといえるわけではない。だが少なくとも，ベースの支援に直結しやすい業務というのは存在するだろう。

― note

5) 1990年代，従来型の専門職に対して「全人的」ケア（holistic care あるいは total care）という表現が用いられることが多かった。その内実は本書でいうベースの支援に近いものを多々含む。ただ，本書では「全人的」という表現をベースの支援を表す際には用いていない。これは，「全人的」ケアは，専門職のケアでもベースの支援でも同時にめざされているものだという認識ゆえである。ベースの支援だけが「全人的」ケアであればいいわけではない。

ここでは，そのイメージをつくるために，3つの観点から考えてみたい。生活をそれとしてまわしていくための介護・介助，日常的なトラブルや困りごとに応じる相談やコーディネート，そして強い不安や孤独感を抱きがちなときにも誰かが傍らにいる，という「見守り」である。

介護・介助

まずひとつには，日常生活をまわしていくために必要な，介護や介助の提供[6)]が挙げられる。介護保険制度で用いられる用語としては，訪問介護として家事援助や身体介護などがある。障害者福祉サービスでは，それに加えて，移動支援やコミュニケーション支援（音読や手話通訳など）などもある。

こうした介護・介助は，日々の生活の細々としたところをサポートすることによって，その人なりの生活を形づくっていくための重要な生命線である。基本的には，いつか不要になることを想定するというよりも，ずっと介護・介助し続けることが前提となっていることが多い[7)]。

介護・介助は，まずは日々をまわしていく手伝いなのだが，利用者の生活の意味や，ときに人生の意味にまで影響を与えるものとなりうる。なぜなら，生活や人生は細部から成るからである。トイレに行くときに介助する人が嫌そうな顔をしてするのか，あっさりとした顔でするのか，いかにも楽しそうに介助するのか，これらのことは，毎回のトイレに対する気持ちを変えるだろう。そこから食事や水分摂取に対する思いも変えるだろうし，今日という一日の気持ちを大きく左右するだろう。今日の晩御飯をどうするのか，つくってもらって食べるのか（だったらどこで何を買うか），外食するならどこに行くか，弁当を買うならどこで何を買うか，そんなことをいかにして決めるのか——これらが「生活」を形づくる。そして，それらが利用者の人生を形づくる。今日という一日，明日という一日を，どのようにイメージしていけるかということが，そ

---

note

6) 第1章でも述べたとおり，「介助」という言葉は，「介護」が利用者を「護る」というニュアンスを持つのに対して，もっと対等な人間関係での手助けという意味を含めて生まれた言葉であり，本来この2つの言葉は背景が異なるのだが，本書では利用者の属性や現場の固有性にあまり拘泥せず，なるべく抽象化して要素を抽出することに尽力するため，ここではあえて併記している。

7) もちろん，介護・介助を適切に入れることによって，本人が介護・介助を必要としなくなっていくこともあるため，常に必要だとは限らず，一時的なこともある。

40 ● CHAPTER 2　ケア従事者（1）

の人の人生を大きく左右していくからである。

　さらには，その人がどのような生活を形づくれているかということは，本人だけでなく，その人の周囲にいる人たちの生活も大きく変えていく。たとえば，重い障害を抱える人たちの日常生活がヘルパーたちによって支えられるようになることで，家族はすべてを抱え込んでいた状態から解放されるだろう。これは障害を抱える本人と家族の関係性を大きく変化させる。さらには，障害を抱える本人が気軽に外出できるようになれば，さまざまな人たちがその人の友人たち／同僚たち／近隣の人たちとなることを可能にする。そうすることで，それらの人たちとの関係性も大きく変わってくるだろう。それだけの意味を介護・介助は持っている。

▎相談・コーディネート▎

　もうひとつ挙げられるのは，相談やコーディネートである。介護・介助は生活をまわしていくうえでの鍵となるが，生活をそれとしてまわすだけでは，新たに生じてくる問題には対処しきれない。また，毎日が完全にマンネリ化してしまうと楽しみも減ってきて生活をまわしていくのも難しくなる。そうしたときに，自分の置かれている状況を冷静に捉え返して問題の打開に取り組んだり，世界を広げて楽しみを増やしていくためには，他の人の視点が入ったり，新たな出会いがあったりすることが不可欠である。このような意味で，そばにいる人たちが相談に乗ったりほかの場所や出会いの機会へとつなげてコーディネートしていったりすることは，非常に大きな意味を持つ。

　ただ，ここでいう相談やコーディネートは，いわゆる「相談窓口」や「紹介／照会」とは意味が異なる。いわゆる「相談窓口」に電話するときには，人はすでに自分が何を相談したいのかをある程度明らかにしている。そうでなければどの窓口に電話するかという決定ができないはずだからである。だが，多くの人は，自分が日頃ぶつかっている困難や苦労について，もっとそれ以前のレベルで迷っている。また，いわゆる「紹介」や「照会」の多くがそうであるような，団体名のリストや紹介冊子だけを渡すような「紹介」や，電話一本の問い合わせだけで終わるような「照会」は，よほど本人に活力と能力がなければなかなか使いこなせない。リストや冊子から何を読み取り，最初に連絡するとき

にどうやって連絡し，何を伝えていけばいいのか，それ自体がイメージできていなければ，リストも冊子もただの紙きれにされてしまうだろう。まず必要なのは，「相談窓口」や「紹介／照会」を利用する前提や基盤としての相談やコーディネートなのである。

　とくに困っている人や追い詰められている人には，冷静に状況を判断するだけの力が失われていることが多い。また，困っていると思っても，その状況を改善してもいいのだと，自分にはそれだけの価値があるのだと思えていない人も少なくない。そのような状況にある人たちが，自分で自分の問題を整理したり，自分にも助けられるだけの価値があるのかもしれないという思いを抱くようになったりするのをサポートし，実際に何とかなるかもしれないという思いを抱いてもらうようサポートしていくのが，ベースの支援における相談やコーディネートである。

　そして，その人の幸せの形や喜びの形は，その人自身が見つけるものであり，他人が与えればいいものではない。幸せや喜びの形を探すのは，ときにそれ自体がなかなか難儀なことである。本人が難儀な道をたどりながら，自分なりに生きるのをサポートするのも，ベースの支援における相談やコーディネートである。

　そのため，実際にベースの支援における相談やコーディネートを担うのは，いわゆる「相談窓口」や「紹介機関」，ケアマネージャー，相談支援事業所などとは限らない。むしろ，もっと日常的に本人とかかわりを持つ人たちであることが多いだろう。介護や介助を担う人たちがこの部分を同時に担っていることもあるし，訪問診療や訪問看護を行う医師や看護師のときもある。たとえば第**6**章で触れるような，コミュニティカフェや集いの場を運営しているような人が，実質的に，訪れる人たちの相談役になっていることもある。いわゆるケア従事者でなくとも，職場の同僚やかかわりのある人がこうした役割を担っていることもあれば，子どもたちからすれば学校の教師がこうした役割を担っていることもある。医療機器メーカーの営業に何かあると相談するという人もいるし，食事や弁当を配達してくれる業者に相談する人もいるだろう。誰が相談相手として大切な位置を占めるようになるかは，それぞれの個性や関係性によって，さまざまである。

見守り

　先述した介護・介助と相談・コーディネートはまだ，何らかの業務をやっているように見える。だが，まったく何もしていないように見えることであっても，ベースの支援としては重要な意味を持っていることもある。

　このことを示す用語として，重度訪問介護などで用いられる「見守り」という言葉を用いよう。たとえば，重度身体障害を持つ人が，夜寝ている間は普通トイレに行かなくても，ときに（たとえばビールを飲みすぎた日など）夜中にもトイレに行きたくなることもある。そのときに排泄介助ができるようにするためには，夜寝ている間であっても介助者がそばにいる必要がある。逆にいえば，そこに介助者がいてくれることによって，その人はビールを飲むこともできるのであり，心やすらかに眠ることもできるのである。ほとんどの時間は何もしていなかったとしても，そこにいること自体に意味がある。こうしたことを見守りと呼ぶ。

　ほかにもいくつか例を挙げてみよう。たとえば，知的障害のある人が，動作としては洗髪や入浴ができたとしても，ひとりで放っておかれると不安になってできなくなってしまうということもある。そばに誰かがいて，適当なときに声掛けをすればひとりでできるのだとしたら，その場合，そばにいる人は具体的に何をしているというわけでもないが，とても重要な役割を果たしていることになる。

　あるいは人によっては，不安や寂しさから，あるいはもっと説明困難なことから，周囲からすると不可解に見えるような行動をとったり，「問題行動」といわれるような破壊行動や他害行動をとったりすることもある。そういうとき，誰かがそばにいるだけで，格段に事態が好転することがある。

　これは，そばにいる人が意識的に行うこともあれば，必ずしも意識的ではないこともあるだろう。意識的な例でいうなら，そばにいる人が，本人と周囲の人の間に身体を入れてガードしていたり，周囲に対して誤解がないように適切に間に入ったりすることで，事態を回収していることもある。もう少し無意識的な例でいえば，周囲から見れば単に「ぽーっとしている」だけに見えても，空気が和らぎ，本人が気持ちを落ち着けていけることもある。

2　ベースの支援とは　● 43

いずれにしても，外から見ただけなら，とくに何かをしているようには見えないかもしれない。字義どおり，ただそばにいるだけで，ケアや支援をしてはいないように見えるだろう。だが，非常に重要な役割を果たしているのであり，またときにかなり細かく気を配り神経を使うことでもある。

3 「ともに生きる」という原像

こうしたベースの支援のイメージは，何も頭の中だけで描いているのではなく，これまでに実際に草の根レベルでなされてきた支援活動の数々から得ている。まずは，「はじめに」で述べたように，私が10年かかわってきた多摩市のたこの木クラブや，それに関連してかかわりを持ってきた知的障害者の自立生活を支援する団体での実践から得たイメージだが，それだけではない。ここでは，これらの団体の淵源でもあるものとして，身体障害者から始まった障害者運動と，それとは少し異なるものとして，お年寄りの人たちが地域で生きることを実現しようとしてきた宅老所などの試み，とを挙げたい。

障害者運動

障害者運動が大きく変質したといわれているのは，1970年代である。それ以前にも障害者を取り巻く制度や社会的偏見などに対する運動はあったのだが，親が中心だったということもあり，障害者年金を暮らせる額にすることや，入所施設をつくることを求める運動が多かった。それに対して，1970年頃から，脳性マヒ者の団体「青い芝の会」を中心に，それまでとは異なる主張が生まれるようになる。

きっかけとなったのが，1970年に横浜市で起きた，障害児を母親が殺害したという事件だった。母親を子殺しに追い込んだのは制度の不備であるとし，減刑嘆願運動が行われたのに対して，「青い芝の会」は激しく批判した。母親を支えるなといったのではない。減刑嘆願運動を行う人たち，あるいはこの問題や事件について話す人たちが，殺された子ども自身のことをほとんど言及しないことについて，「差別以前の何かがある」と批判したのである（横塚

1975⇒2007)。さらに 1973 年から出生前診断をめぐり、「不幸な子どもが生まれない」運動を推進する行政に対して鋭い批判を向け、その後も実力行使を辞さない、差別に反対する運動を次々に展開していった。有名な行動綱領には、「愛と正義を否定する」「問題解決の路を選ばない」など、障害者が徹底して差別され排除されている現実を見つめたところから始める新たな論理と倫理が示されている（横田 2015；横田・立岩・臼井 2016；荒井 2017）。また同時期に、東京都立府中療育センターの処遇をめぐって、在所生たちがハンガーストライキなどの抵抗運動を行うようになり、さらには座り込み運動を始めている。

　これらの運動の中から、それまでならば入所施設か家庭にいるしかなかった重度障害者たちが、地域でそれぞれの暮らしを築くようになった。重度障害者が地域で実際に暮らしを営むとなると、介護・介助をどうするかという問題が避けがたく浮上する。障害者運動の担い手たちは、介護・介助を担う人たちの生活を保障することをめざし、そのための制度を行政との交渉を繰り返す中からつくりだしていった（新田 2009；深田 2013）。さらに、同時期にアメリカで展開されていた自立生活センターという仕組み（障害者自身が運営する自立生活支援および介助者雇用・派遣システム）が導入され、日本全国で重度障害者が地域で暮らすための自立生活センターがつくられていった（全国自立生活センター協議会編 2001；中西 2014）。

　これらの運動団体は、排除に抗う運動団体であると同時に、個々の障害者のケアや支援を担う支援団体でもあった。「青い芝の会」などの障害者運動については、その鋭い問題提起や当時はいささか「過激」とも受け取られた直接行動に注目が行きがちだが、これら運動の中にいた人たちからすれば、個々の障害者たちが、あるいはそこにかかわる支援者や介助者たちが、人間としてぶつかり合いながら、ともに未来をつくろうとした軌跡でもあった（角岡 2010）。こうしたことから、障害者同士が支え合ったり、介助者とともに生きようとしたりする団体の多くは、常にケアや支援とともに排除への抗いや地域づくりに取り組んできた。

　「はじめに」で述べたように、本書でのアイデアの多くは、多摩市のたこの木クラブをはじめとした、知的障害者の自立生活を支援する団体とのかかわりから生まれている。これらの団体は、こうした障害者運動に強い影響を受けて

3　「ともに生きる」という原像　● 45

今日に至っている。自立生活というコンセプト（親元でもなく，入所施設でもない暮らし方）自体が障害者運動に出自があるというだけでなく，「青い芝の会」などが社会に問いかけてきた排除や差別への視点が基礎にあるという点でも，障害者運動の歴史に連なる一部だといっていい。

　ただし，同じ重度障害者といっても，身体障害の人と知的障害の人とでは，ケアや支援を要する部分，あるいは人の手を借りたい部分が，大きく異なる。そのため，身体障害の人たちの運動団体や支援の仕組みに比べると，知的障害の人たちの運動団体や支援の仕組みは，どうしても支援する側が能動的にふるまう場面が多くなる（三井 2011）。知的障害の人たちの言いたい思いや伝えたいことは，普段から付き合いのない人にはなかなか伝わりにくいことも多いからである。

　その意味で，本書が描くベースの支援の像は，障害者運動全般から見ると，いささか相談・コーディネートや見守りに重点が置かれすぎに見えるかもしれない。知的障害の人たちに対してはこれらが果たす役割は非常に重要になってくるが，身体障害の人たちにとっては相対的にこれらが果たす役割は小さい傾向にあるだろう。ただ，身体障害の人であれば相談・コーディネートや見守りが不要だということではないはずである。むしろ，ケアや支援を必要とする人たちの状態や置かれている状況によって，ベースの支援の何に重点が置かれる必要が出てくるかは異なってくるということだろう。

草の根の介護運動

　また，1980 年代半ばから，日本の各地で高齢者介護の新たな試みが草の根レベルで始まった。それまでの，大規模な入所施設の中で機械的な介護を行うような形ではなく（今日ではこれらに「集団ケア」という言葉があてられることがある），個々のお年寄り[8]の思いや心情を大切にしながら，人間的な介護をめざす試みである。

　たとえば，三好春樹は 1980 年代半ばから広島で事務所を立ち上げ（現在は東

---

note

8)　草の根の介護運動を繰り広げてきた人たちは，「高齢者」という言葉をあまり用いず，「老人」「お年寄り」という言葉を用いることが多い。おそらく，年齢で区切ったり制度で区切ったりする発想から距離を置いているためだろう。そのためこの節では「お年寄り」という表現を多く用いている。

京で「生活とリハビリ研究所」）、高齢者への介護について新しい発想や常識を、それも現場から立ち上がるものとして打ち立ててきた。お年寄りの徘徊を薬と拘束によって抑え込み、寝たきりのお年寄りに褥瘡ができれば「治療」を施してきたような、過去の「医療」「介護」に対して、本人の視点に立った、かつ生活に根差した介護のありようを示してきた。三好はその多くの講演や執筆活動、あるいは三好が立ち上げた「オムツ外し学会」「チューブ外し学会」などを通して、いわゆる専門家然とした学会とは異なり、現場の介護者たちが実践的な知をつくりあげることの意味と意義を訴えた。これらは全国の多くの介護にかかわる人たちに強い影響を与えてきた。

　それともかかわるが、多くの地域で草の根的に、いわゆる「宅老所」やグループホームを地域に根差した形でつくる試みがなされてきた。制度ありきで生まれたものではなく、地域にいる具体的なお年寄りを前に、何人かの人たちが集まって、アパートの一室や中古の住宅などを利用して、日中に訪れてもらい、ともに過ごしたり、ときに必要となれば住み込んでもらったりするなど、柔軟できめ細やかなケアがなされてきた。最初は1983年に始められた群馬県での「みさと保養所」（田部井 1994）だといわれているが、同時期に全国各地で同じような試みが生まれている。

　たとえば福岡の「宅老所よりあい」は、1991年に代表の下村恵美子を含めた3人の女性が、地域でも有数の「問題老人」とともにつくりだしたケアの場である。現在は介護保険制度の枠にのっとり運営されているが、当初はバザーと利用費で運営されていた。お年寄りに対して無理にレクリエーションを押しつけたり、職員とは別に食事時間を設けたりするのではなく、普通の暮らしをともにすることによって、最期のときまで地域で暮らすことを実現してきた（卜村 2001；村瀬 2006，鹿子 2015）。宅老所という名前を使わずとも、こうした小規模で必要に応じて何でもやるという場は、「よりあい」以前から各地で生まれてきており、現在では北海道から沖縄まで各地にある。

　宅老所の中でも、富山には、お年寄りだけでなく障害を持つ人や近所の人など、さまざまな人たちが集まる場をつくっていく「このゆびとーまれ」「にぎやか」などの宅老所が現れた。こうした多様な人たちが同時に利用する形は、当初は「富山型」と呼ばれた（惣万 2002；阪井 2002）。今日では、全国各地で

3　「ともに生きる」という原像　●　47

同じような試みがなされてきたこともあり，「共生ケア」と呼ばれることが多い。三重県桑名市での学童と高齢者介護の場とを重ねた試みや（多胡監修・幼老統合ケア研究会編 2006），埼玉県坂戸市で「ごちゃまぜ」のケアを試みてきた「元気な亀さん」（瀧本 2008），もう少し若い世代による，千葉県木更津市でのスタッフも悩みを抱えた人たちがともに過ごす「井戸端げんき」（伊藤 2008）など，実に多くの試みが生まれている。

　それ以外にも，コミュニティカフェや，相互の助け合いを推進・サポートするための有償ボランティアなどの仕組みづくりが草の根で行われてきている。それらは法人としては，たとえばワーカーズ・コレクティブの形をとったり，特定非営利活動法人，あるいは社団法人の形でなされたりとさまざまであり，具体的な活動内容も地域の状況に応じてさまざまである。京都府京都市の「むつき庵」のように，排泄とオムツというトピックに集中して取り組んできたところもあれば（浜田 2008），小澤勲らをはじめとした認知症を関係性から理解しようとする議論（小澤 2003；2005）と軌を一にして，島根県出雲市の「小山のおうち」（高橋 2006）などの実践の場においては，認知症に真っ向から取り組むグループワークを展開してきた。

　これらの多くは，既存の制度に合わせて自分たちの組織や仕組みをつくるのではなく，目の前にいるお年寄りの必要に応じて，そのつどできることを重ねてきた。ときに，高齢者介護という枠組みに収まるものではなく，地域づくりや，子どもたちの支援，あるいは障害者の支援，または家族のサポートなどにもしばしば広がるものであった。そして，往々にして，周囲からかなり「厄介な人」と見られがちなお年寄りや障害者を，地域から排除することなく，ともに生きようとする姿勢を貫いてきたものである。

　ただ，多くの場合お年寄りを念頭に置いてつくられてきたため，障害者運動に比べると，まずは「包み込むケア」（小澤〔2005: 80-81〕で用いられている表現）に重きが置かれている傾向がある。お年寄りはいわば中途障害者であり，自身の「心身機能」や「活動」の変化，それに連動した「参加」の変化に戸惑い，恐怖感を抱いたり，強い疎外感を抱いたりしていることが多い。「権利」を主張するという姿勢になじみがない人も多いし，自らの障害をそれとして見つめるまでにはかなりの努力を要する場合もある。まず，「包み込むようなケ

ア」があってはじめて，具体的な介護・介助や相談・コーディネート，見守りといったケアや支援に入ることができるのかもしれない。

▌「ともに生きる」▐

　こうした草の根で始まった，制度ありきではない諸活動が，本書でいうところのベースの支援を実際に形づくってきた。

　そして，ここで挙げたのは，その一部でしかない。たとえば貧困に苦しむ人たちへの支援の現場，あるいは外国にルーツを持つがゆえに差別や日常生活での不自由に苦しむ人たちへの支援の現場，路上で暮らす人たちへの支援の現場，刑務所などの更生施設を出た人たちの新たな暮らしを支える現場など，さまざまなところで，制度ありきとは異なる草の根の支援活動がなされてきた。

　支援したいと思う相手の状態や置かれている状況によって，たとえば介護・介助がどの程度必要になるか，あるいは相談・コーディネートの占める役割が大きくなるか，見守りがどの程度重要になるか，などはさまざまに異なるだろう。また担い手たちの状況もさまざまである。それでもこれらの現場が実際につくりあげてきたものにはある程度の共通性を見出すこともできるだろう。それをここでは先述のとおり「介護・介助」「相談・コーディネート」「見守り」と3点にまとめた。草の根の活動こそが，新たな支援の像を生み出してきたのである。

　言い換えれば，ベースの支援は，ただ介護・介助，相談・コーディネート，見守り，という機能で分けられないような源泉を持っているともいえる。その源泉は，ときどき用いられている表現をあえて使うのであれば，「ともに生きる」という姿勢である。障害者運動，高齢者介護，地域づくり，子育て支援，在日外国人支援，路上生活者支援，出所者支援など，表面的に見れば（現行の福祉制度の枠組みで見るなら）異なるものに見えても，その根底に流れているのは，「ともに生きる」という共通した姿勢だといえるだろう。

　ここでいう「ともに生きる」とは，たとえば障害者運動などでいわれてきたように，障害者など何らかのケアや支援を必要とする人たちを，自分たちと別枠の人間とみなすのではなく，「ともに生き」ようとすることを指す。たとえば「異常」とされるような行動やふるまいがある人だったとしても，治療の対

3　「ともに生きる」という原像　●　49

象としてだけみなすのとは異なり，日々の暮らしをともに重ねていく仲間として捉え，生活を支えていく。「異常」とされるような行動やふるまいが問題とされるよりも，その人自身の暮らしを支えることがテーマとなり，ともに日々を重ねていくことがテーマとなる。そのために「異常」とされるような行動やふるまいももちろん問題にはなるのだが（生活するうえで支障をきたすのであれば），あくまでも副次的な問題でしかない。そうした姿勢を指す。

　あるいは，家族以外の関係であっても「ともに生き」ようとする姿勢でもある。同居する家族がいなかったり，家族との関係で多くの問題が生じていたりするときに，遠くの入所施設などに入れることはなるべく避け，家族以外の人たちとのつながりや関係を大切にしながら暮らしを維持していくことを重視する。家族だけがともに生きる存在として想定されがちなのに対して，そうでない関係もまた，「ともに」ある関係として重視する。

　また，あくまでも「ともに」なのであり，一方的なケア関係ではないという前提を持っている。ケアや支援を必要とする人たちに一方的にケアや支援を与えていればいいとは考えず，その人たちがお互いに支え合ったり，あるいはケアや支援を提供する側を支えたりするような存在であるということを前提にして付き合う。といっても，互助的な関係を前提としているという意味ではない。状況や状態によっては本人にそのような余裕がないこともあるだろうし，そもそも「ともに生きる」という発想を持つ人たちの多くは，個々人を有意義さや機能で理解しない。ただ，ケアや支援を必要とする人たちは，それだけの受動的な存在ではなく，自身が人をケアし支援するような主体でもある，ということを前提として考えている。

　そして実際，「ともに生きる」ことをめざしてきた人たちは，そのことを「仕事」として割り切らない傾向にある。それこそ自分自身の「生きる」ことと本人の「生きる」こととを重ねて捉えており，一般に私生活と呼ばれるような，自分自身の生活や暮らし，家族の関係と，ケアや支援とを，時間的にも担い手的にも重ねてきた人たちが多い。妻や夫が支援に当然のようにかかわっていたり，子どもたちが利用者とあたりまえのようにともに過ごしてきていたり，という関係を取り結んできている。いわば，「公私を分ける」といった発想を蹴り飛ばしてきた人たちでもある。

実際，これらの人たちの支援活動は，必ずしも金銭的対価のともなうものではなかった。多くの人たちが長年，いまであれば「ボランティア」あるいは「相互扶助」と呼ばれるような，金銭的対価が必ずしもともなわないような形で支援してきていたり，あるいは個々の支援活動によるというよりは，団体や活動全体に対する助成金によって日々の暮らしを賄ってきたりしている。

4　「ともに生きる」から仕事としてのベースの支援へ

▌仕事としてのベースの支援 ▌

　ベースの支援は，そうした「ともに生きる」人たちの営みに基づいて原型がつくられてきたと私は考えている。「ともに生きる」姿勢に基づいた仕組みになっていることも多いし，専門職のケアとはかなり色彩が異なる。

　ただ，今日では，ベースの支援の担い手の多くは「ともに生きる」という姿勢を採用していないだろう。1990年代に始められた社会福祉基礎構造改革により，これまであまり金銭的対価が発生しない（つまりはお金を払う人がいない）領域だった，これらベースの支援に相当するような部分に，金銭的対価が発生するようになった（国や市町村がお金を払う仕組みが一部生まれてきた）。障害者福祉分野では，2003年支援費制度が始まり，従来からボランティアベースで担ってきた人たちだけでなく，もっと「仕事」として捉える人も，こうしたベースの支援に相当するようなこと（この場合はとくに介護・介助や見守りなど）に従事するようになってきた。単純に人数で見れば，「仕事」と捉える人のほうが，いまは圧倒的に多数派のはずである。

　「仕事」として従事する人たちは，必ずしも「ともに生きる」とは発想しない。少なくとも初めのうちはそうでないことのほうが多い。とにかく職があることのほうが大事なのであり，生き方まで限定して考えてはいないだろう。

　ただ，結果的に「ともに生きる」人たちのふるまいや行動様式に近づいてい

─note

9）　相談・コーディネートは，依然として報酬として評価されているとは言い難い。「相談支援事業」など，名前はそう見えたとしても，内容はともなっていないのが実情だろう。

くところはある。おそらくそれは，介護・介助や相談・コーディネート，見守りなど，実際の「やるべきこと」を担っていこうとすると，少なくとも見かけ上はそうなっていくのが合理的だからなのだろう。根底の発想が必ずしも「ともに生きる」でなくとも，結果的にはそれに近い行動様式にならざるをえないのだろう。そうさせるだけの要素が，介護・介助や相談・コーディネート，見守りなど，ベースの支援とここで呼んだものの中には含まれているのである。この点については第 3 章で詳細に述べることとしたい。

　いずれにしても，本書でベースの支援と呼ぶものは，必ずしもその担い手が「ともに生きる」という発想に基づいていることを前提とするものではない。ただ，その原型は「ともに生きる」と発想してきた人たちがつくりあげてきたものであり，また担い手たちの発想や行動様式がしばしば「ともに生きる」という発想に近づいていくことが多いのも確かである。こうしたものとしてベースの支援を捉えておこう。

┃ 業務とベースの支援 ┃

　こうしたこともあり，ベースの支援と本書で述べるものは，フォーマルに位置づけられた業務と必ずしも一致しない。といっても，無関係でもない。

　「介護」「介助」などの業務をこなしていれば，ベースの支援ができているといえるのかというと，そこは難しい。介護や介助の中身は，この 30 年ほどの間に劇的に変化している。1980 年代であれば，身体拘束はさほど珍しいものではなかったし（拘束衣という服まで存在した），食事に際してもおかずとごはんと薬を全部混ぜて食べさせる「まぜごはん」など悪名高い「介護」の実態がよく指摘されていた。今日ではこれらは「虐待」として認識されるが，当時はそういう意識すらあまりなかったのである。そしてもちろん，今日でも「虐待」に近いことが「介護」「介助」の名のもとに行われることもある。

　同じく「介護」「介助」と呼ばれる業務をこなしていても，「虐待」に近い行為であるなら，利用者の人としてのベースや生活の基礎をつくっているとは言い難く，どちらかといえば「壊している」とすらいえるだろう。

　同じことは，相談・コーディネートや見守りについてもいえる。相談されたときに話も聞かず，コーディネートと称しながら画一的に関連機関についての

リストだけを配るような対応であれば，相談した側は，相談してもどうにもならないのだと思うだろうし，そもそも自分の置かれた状況を改善する可能性などないのだと思い込んでしまうかもしれない。

　見守りも，ただ見張られているだけでは，多くの利用者が苦痛や負担を感じるだろう。見守りは，「監視」と紙一重である。他人がそばにいるというのは，介助を受けるという意味では楽そうに見えるが，ひとりの生活者として見たときには，決して楽なものではない。介護者は影やロボットではなく，生身の人間であり，その人の目や耳を持ち，脳を持っている。そうした存在がそばにずっといることは，普通に考えてもかなりの苦痛である。それが「監視」になるか見守りになるかを決めるのは，そばにいる人が自分にとってどのような存在か，そしてどのようにそばにいるかだろう。

　このように，ここでいうベースの支援は，業務そのものから定義できるものではない。むしろ業務として考えれば，一歩間違えれば虐待や，利用者へのもっとも効果的な攻撃・抑圧につながるようなものである。

　だとしたら，ベースの支援は業務ではなく，その人の個人的な思いや心情からなされる，インフォーマルなものだといえばいいのだろうか。確かに，ここでいう介護・介助や，相談・コーディネート，見守りは，それとわかる業務に従事している人たちだけが担っているとは限らない。一見するとそれらと関係ない業務を担っている人が，担っていることはある。たとえばコンビニの店員が実質的に介護・介助を担うことはあるし，郵便局員が相談・コーディネートを担うこともあり，宅急便の配達員が見守りを担っていることもある。その意味では，ベースの支援はインフォーマルなものだといってもいいようにも見える。

　実際，病院での治療が中心だった時代には，ベースの支援に相当するものを担っていたのは，主にインフォーマルな関係だったと見ることもできよう。今

---

note

10)　阪神・淡路大震災後の仮設住宅で，孤独死防止の試みとして，黄色いタオルをかけるというのがあった。朝起きたらハンガーにかけた黄色いタオルを入口に出し，夜寝るときにしまう。そうすることによって，異常事態を発見しやすくなる，という提案だった。だが実際には，住民たちがあまり協力しなかったらしい。「見張られているみたい」というのが理由だったという。そこでボランティアたちは地道に一軒一軒訪ねることにしたそうである。ここには，見守りはいいが「監視」は嫌だという，人間として当然の心理が示されており，そして「監視」が見守りになるのは，顔が見える関係にある個人が実際に足を運ぶときなのだということが示されている。

4　「ともに生きる」から仕事としてのベースの支援へ　● 53

日であっても，多くの人たち（「健常者」「普通の人」と呼ばれるようなマジョリティ）は，インフォーマルな関係によってベースを支援されているのだろう。家族や友人が見守ってくれているから私たちは学校に行ったり働いたりできているのであり，これらの人たちに相談に乗ってもらえるから生活上の苦難にぶつかっても何とか生活できているのかもしれない。

　ただ，インフォーマルな関係だけによってベースの支援を得られる人たちだけではない。第1章で述べたように，ここには排除の問題が深くかかわっている。ある人たちにはあたりまえに「与えられて」いるインフォーマルな関係が，他の人たちからは奪われている。それらを構築するだけの生活上の余裕がなかったり，社会関係を築けるだけの社会参加の機会を奪われていたり（学校に行けなかったり仕事につけなかったり）している。そうした排除が「蓄積」しがちな人たちは，家族や友人などのインフォーマルな関係だけではなかなかベースの支援を得られない。

　また，介護・介助や相談・コーディネート，見守りがそのときその人にどの程度必要になるかは，さまざまである。インフォーマルな関係だけで担える程度ならそれでもいいかもしれないが，そうとは限らない。たとえば24時間体制の介護・介助をインフォーマルな関係だけで提供しようとするなら，担い手たちの生活は介護・介助だけに覆われ，場合によっては生命にかかわるような事態になるだろう。

　そして，本来的な業務とは関係ないところで担われているようなベースの支援は，では本当に担い手たちにとって業務と無関係かというと，そう単純でもない。たとえばある介助者が，本来の介護時間外に利用者の相談に乗ったり，声掛けをしていたりしたとしよう。それは確かに業務ではないように見える。だが，やはり「仕事の一部」ではあるだろう。業務とまったく無関係かというと，決してそういう問題でもない。

　ほかにも，たとえばコミュニティカフェの運営者や学校の教師にとって，訪れる人たちの相談に乗ったり，見守ったりするのは，カフェの主人や教師としての「仕事の一部」ではあるだろう。医療機器メーカーや配食サービスの人たちが，ベースの支援の重要な部分を担っていることもあるが，それは業務ではないように見えても，やはり「仕事の一部」ともいえる。見ようによっては，

54 ● CHAPTER 2　ケア従事者（1）

医療機器を使ってもらうということの一部であり，食事を運ぶということの一部でもあるからである。さらにいえば，職場の同僚にとっても，同僚のケアは「仕事の一部」といえなくもない。少なくともこれらの担い手たちが，仕事とまったく関係なく相談に乗ったりコーディネートしたりしているとみなすのは，当人たちのリアリティからも乖離していると思われる。

　確かにフォーマルな業務として何をしているかということと，ベースの支援を担っているということとは，必ずしも一致してはいないかもしれない。だがベースの支援が，その担い手のフォーマルな業務とつながっていないわけではない。「イン」と，フォーマルの否定形の表現を用いるには，あまりにもフォーマルな業務と結びついている。そもそも，フォーマルとインフォーマルを明確に分けること自体が難しいような領域でこそ，成立する──そうしたものとしてベースの支援はある。この点については第**3**章でより詳しく述べることにしよう。

ベースの支援と専門職のケア

　もう少し，本書のいうベースの支援の像を明確にするために，専門職のケアとの違いについて付言しておきたい（詳しくは第**3**章，第**4**章を参照）。

　本書の定義において両者を分かつのは，担い手の資格や技能，あるいは働き方（常勤だったりボランティアだったり）などではない。利用者とのかかわり方そのものである。担い手の資格や技能はそれに応じて必要とされたりされなかったりするのであり，資格や技能が先にあって定義されているわけではない。医師資格を有しながらベースの支援を担う人もいるだろう。看護師資格を有している人の中でも，専門職のケアに近しい人もいれば，どちらかというとベースの支援に近いことを担っている人もいるだろう。本書での定義は，ケア従事者の側の外的な条件によるものではなく，利用者との関係のありようからなされている。

　専門職の場合には，いかに今日的な専門職のケアであったとしても，利用者との接点の持ち方は従来型の専門職と同じく，危機的事態に際して介入する，あるいは特定のトピックで介入するという形が一般的である。たとえば医師は患者の体調が大きく変化したときに介入するし，弁護士は利用者が抗争に巻き

4　「ともに生きる」から仕事としてのベースの支援へ　● 55

込まれたときに介入する。また，医師はいかに患者の生活や暮らしに関心を持ったとしても，直接に生活のありようや暮らしの仕方について口を出すことは慎むだろう。少なくとも，本来的な専門職倫理に基づくのなら，たとえば病気で連れてこられた小さな子どもの母親がセックスワークに従事しているとき，子どもの主治医はその母親の事情を考慮に入れた治療的アドバイスをするのであって，セックスワークに従事していることに口出しすべきではない，ということになるだろう。

それに対して，ベースの支援はもっと日常に根差しており，利用者の日常生活の中に埋め込まれた形でかかわっている。危機的事態での介入や特定のトピックでの介入を前提としておらず，いつもの暮らしの中で，まだ明確ではないようなモヤモヤとした段階からかかわるような支援である。

こうした接点の持ち方の違いにともなって，両者の間にはさまざまな違いが生じうる。たとえば第3章で触れる，「失敗」体験の多寡や利用者との関係のありよう，想定される時間的スパン，感情面でのかかわり方といったものもあるし，第4章で述べるように，ケア従事者の質の保ち方という点でも違ってくる。それ以外にも，たとえば「利用者」として想定される人の数も大きく異なってくるだろう。ベースの支援は日常に根差した支援であるだけに，理論的には幅広くありうるのだが，現実的にはあまり多くの人とかかわることはできない。それに対して専門職のケアは，一般に大量の利用者を相手にしなくてはならないことが多い。

さらにいうなら，ひとつの仕事，あるいはひとりの人の中に，2つの要素が同時に入っていることも少なくないだろう。たとえば病院で働く医師はかなり専門職のケアに偏っているだろうが，まちなかのクリニックで働く医師は，ベースの支援としての役割をかなり担っているかもしれない。訪問看護師は専門職のケアとしての役割を担っている一方で，ベースの支援としての役割にもかかわっているかもしれない。そこにはかなりのヴァリエーションがあるはずである。

「専門性」と専門職性

こうしてベースの支援のイメージを形づくってきたところで，注意しておき

CHART 表2.1　ベースの支援と専門職のケア

	従来型専門職	専門職のケア	ベースの支援
長期的目標	「治癒」など当該の専門職で是とされるもの	「生活の質」の向上，全人的ケア	「生活の質」の向上，全人的ケア
短期的目標	「治癒」などに向けて有効なもの	利用者とともに具体的に定めたうえで，それに向けて協働する	ある程度は定めるが，臨機応変な対応のほうが重視される
利用者のニーズは誰が定義するか	専門職が定義する	利用者とともに探り，認識を共有していく	利用者とともに探り，認識を共有していく
利用者との接点の持ちかた	危機的事態に際しての介入，または特定のトピックでの介入	危機的事態に際しての介入，または特定のトピックでの介入	利用者の日常生活の中に埋め込まれたかかわり
かかわりを持つ利用者の数	数は多く，幅広い	数は多く，幅広い	原則として幅広くありうるが，現実的にはあまり多くはない
「失敗」経験	「失敗」と「成功」は自分たちだけが定義できるという立場	「失敗」も多いが，「成功」もある	「失敗」が多く「成功」を感じることは少ない
利用者とかかわってきた時間が持つ意味	あまりなし	利用者の思いを知るうえで重要	利用者に使いこなしてもらうことが肝要
かかわる時間	一時的	利用者の生涯を考えつつ，かかわり自体は一時的	かかわりそのものが利用者の日常の中に埋め込まれている
感情面での自制	自制しなくてはならない	自制しなくてはならないが，ときに人間的かかわりも必要	自制しなくてはならないが，ときに否定的な感情を出すことにも意義
必要となる知識・技術	一般的・普遍的な知識・技術がメインなので事前教育が重要	一般的・普遍的な知識・技術がメインなので事前教育が重要	個別の利用者とかかわってきた時間そのものが重要なのでOJTが重要

たい点がある。それは，ベースの支援がいくら専門職のケアと違うといっても，それはいわゆる「専門性が低い」ということを意味するわけではない，ということである。

　日本語で「専門性」というときには，高度な技能を要すること，重い責任がともなう仕事であること，高度に専門分化されていること，などを意味していることが多い。また，「専門家」というと，個人が経験を積むことで身につけてきた技能を有する人を指すことも多い。それに対して英語でいうところの

4　「ともに生きる」から仕事としてのベースの支援へ　● 57

「専門職（profession）」はもっと意味が狭い。あくまでも特定の職種を指す言葉であり，古典的には医師や弁護士のように，特定の専門教育体系と専門職集団を持つことで，自らの専門領域における自律的な判断を制度的に保障させてきた職種のことを指す。仕事の中身や担う個人のことというより，自らの専門的判断について他の人たちから文句をいわせない制度をつくってきた職種のことを指している。

　そのため，本書で専門職のケアとベースの支援を区別するからといって，ベースの支援を「専門性が低い」といいたいわけではない。むしろ，ベースの支援は，高度な技能を必要とするし，重い責任がともなう仕事だと私は考えている。

　たとえば，ホームヘルプの中でもとくに家事援助については，私たちが家庭でやっている家事と同じなのだから，「誰にでもできる」とよくいわれる。だがそれは，調理や掃除といった個々の行為に囚われた見方であり，文脈が見えていないといって良い。

　自分の家でやる家事は，自分のルールにのっとって，自分の感覚に沿って行われる。それに対して他人の家で行う家事は，その人のルールにのっとって，その人の清潔に関する感覚や，物事の優先順位などに沿って行われなくてはならない。家庭には細かいルールがあるものである。布巾の分け方，冷蔵庫の整理など，他人の家庭で家事をやってはじめて自分の家のルールに気づかされることは多い。清潔に関する感覚は人によってさまざまであり，自分にとってあたりまえのことが，他の人には我慢できないということもある。物事の優先順位についても，たとえば食事ひとつとってもさまざまな要素がかかわっているのであり，経済面を優先するか，美味しさを優先するか，見た目を優先するか，栄養面を優先するか，安全面を優先するか，人によって実にさまざまである。

　こうした小さな事柄は，小さいように見えて，実は生活を形づくるものである。今日の食事をどうするのか，掃除をどうするのか，どんな衣服を身に付けるか，それらをどこまで自分で決めるのかということも含めて，トライアル＆エラーも込みにしながら，私たちは自分の生活を形づくっていく。これをすべて他人に決められお仕着せでいるのでは，自分で生活しているという実感は得られない（ここまでは他人に決めてもらう，ということを自分で決めるのであれば別

だが）。

　だから，家事を自宅でやっていたとしても，他人の家で家事をやることは自宅で家事をすることとは大きく意味が異なる。その人のルールや感覚にどこまでどう合わせるか（合わせられない部分についてはどうするか）ということは，利用者の生活を形づくることにつながり，決して軽視できることではないからである。

　こうしたことを考えれば，家事援助は決して責任が軽い仕事ではない。そして，日常生活を滞りなく進めるためには，身体や疾患のこと，経済的なこと，心理的なこと，周囲との関係性など，さまざまな目配りが必要になることを思えば，非常に多種多様で高度な技能を要する仕事である。[11]

　こうしたことからしても，ベースの支援は決して簡単な仕事でもなければ，責任の軽い仕事でもない。このことは繰り返し確認しておきたい。ただ，そのことを示すために，「専門職である」と称する必要はない。そうではなく，その難しさ，責任の重さを，それとして評価することが必要である。

SUMMARY

① 生活モデルに基づいたとき，ケア従事者は従来型の専門職ではいられなくなる。ひとつの類型としては，上田敏が描いた専門職像のように，利用者の意思を大切にし，また自らの専門的技能も活かしながら，ともに目標に向かって協働していくような専門職であり，これを本書では専門職のケアと呼ぶ。

② ただし専門職は基本的に危機的な状況などに際して特定のトピックにかかわり一時的に介入する人たちである。利用者の日常生活を支え，利用者が専門職のケアを受けられるような素地をつくるのは，また別の人たちが担わなくてはならない。これを本書ではベースの支援と呼ぶ。

③ ベースの支援の源流は「ともに生きる」運動の中にあったが，現在では仕事として担う人たちも増えてきており，「ともに生きる」ことをめざしてきた人たち

---

note

11)　それでも，現状として，たとえば介護・介助や相談業務を専門職として位置づける動きがあることも確かである。その背景にはおそらく，専門職として位置づけることによって，労働条件を整備しようという意図があるのだろう。だが，専門職として位置づけることによって労働条件を整備しようとするのは，いわば稀少性によって自らの価値を高めようとするようなものである。なぜそんな回り道をしなくてはならないのだろうか。むしろ単純に，重要で難しい仕事なのだから，それ相応に評価せよと主張すれば良いのではないか。

4　「ともに生きる」から仕事としてのベースの支援へ　● 59

とはまた少し異なる姿勢や態度を示す人も多い。

④ ベースの支援と専門職のケアは，利用者との関係の持ち方が異なる。そのため，ベースの支援を担う人たちの社会的地位を上げたり，労働条件を改善したりするうえで，無理に専門職と同じように位置づけるよりも，その重要性や困難さに応じた正当な評価が与えられるようにしていくべきである。

CHAPTER

第 **3** 章

ケア従事者（2）

日常に埋め込まれているということ

INTRODUCTION

　この章では引き続きケア従事者をテーマとし，ベースの支援についてより深く理解するために，ベースの支援を担うということがその担い手と利用者との間に何をもたらすのか，具体的な場面に触れながら整理してみよう。仕事として成立しつつあるベースの支援が，しばしば「フォーマルな仕事」だけでなく「インフォーマルな人間関係」にも見えるのはなぜか。日常の中に埋め込まれているがゆえに，ベースの支援は専門職のケアやその他のサービス業とはいささか異なる性格を持っており，担い手と利用者の関係もまた，異なる傾向を持つ。

1 「ともに生きる」と仕事の間で

　第2章で，ベースの支援は，「ともに生きる」という思いのもとに続けられてきたケアや支援が原型をつくってきたと述べた。だが，生活モデル化にともない，ベースの支援の一部が仕事や業務として成立するようになり，それに対して金銭的対価も支払われるようになった。多くの人たちの「生活の質」を上げようと真剣に考えるなら，こうしたことは避けられない。いや，避けられないというより，避けてはならないのだろう。ケアや支援を必要とする人たちすべてに行き届かせていくためには，人手が必要だからである。仕事や業務として担えるような条件，そしてそれに対して正当な金銭的対価と待遇を提供していくことは，必須である。

　しかし，「ベースの支援がフォーマルな仕事になればいい」といえば済むかというと，そう単純でもない。ベースの支援を担う人たちがよく口にするのは，「仕事と私生活の区別をつけにくい」「どこまでが仕事だと割り切ればいいのかが難しい」ということである。いいかえれば，仕事や業務としてフォーマル化できる部分と，そうでない部分とが，区別できない形で混在していると感じられているのである。

　ベースの支援を仕事や業務として担おうとするとき，その仕事や業務を単に「食事を食べさせる」「トイレに連れていって服を脱がせる」と理解するなら，フォーマル化できる部分だけをこなすこともできるだろう。だがそれは，おそらくベースの支援とは似て非なるものになりかねず，むしろ第4章でも触れる「虐待」のほうに近づくかもしれない。そうではなく，まさにベースの支援として担おうとするのであれば，インフォーマルな人間関係に近い要素が入り込んでくる。フォーマルな仕事や業務として担おうとすればするほど実はそうなっていく。担い手たちの多くがそのような傾向の存在を感じているようなのである。

　そうはいっても，フォーマルな仕事とインフォーマルな人間関係とが密接にかかわっていて切り離せないのは，他の職種でもいえることである。もともと

いかにフォーマルな仕事として標準化されたものであっても，個人が遂行する際にはさまざまなズレが生じ，調整が必要になる。それに，フォーマルな仕事にともなって個人的な人間関係が生まれるのは普通のことであり，それにともなう調整もある。インフォーマルな人間関係がフォーマルな仕事に影響を与えることは普通に見られるし，その逆も珍しくない。たとえば政治家が料亭で話すように，あるいは企業で上司と飲みに行かなくてはならなかったり，同僚と仲良くなれるように昼休みにわざわざ一緒に食事に行ったりするなど，私たちの社会においてフォーマルな仕事とインフォーマルな人間関係とが切り離されることは少ない。

　ただ，ケアや支援にかかわると，利用者のプライバシーに足を踏み込むことになりがちである。裸に触れたり，普段なら口にしないような心の部分にもかかわったりすることになる。その意味では，ケアや支援という仕事は，あまりにインフォーマルな人間関係がフォーマルな仕事と近づきすぎる。

　そのため，専門職は一般に，フォーマルな仕事とインフォーマルな人間関係をあえて切り分ける傾向にある（Parsons 1951 = 1974: 435-475）。これは利用者との人間味のある関係を育まない，という意味ではない。第 **1** 章や第 **2** 章で取り上げた上田敏は，患者に対してきちんと敬意を払い，人として尊重する医師だったと思う。だが，だからといって上田は，自らの医師という立場を忘れることはなかったろうし，患者と「友人だ」などという顔を安易にすることはなかったろう。フォーマルな仕事とインフォーマルな人間関係の混同に対しては，他の職種の人たちよりもむしろはっきりと禁欲的なのである。

　それに対して，先に述べたように，ベースの支援は「公私の区別をつけにくい」といわれる。ここには，専門職とは異なるメカニズムが働いていることが示されている。

　ベースの支援は，専門職とは異なり，日常の中に埋め込まれている。ある人の生活や暮らし，日常の中に埋め込まれつつその人を支えようとするなら，フォーマル化された仕事を担うことと，インフォーマルな関係を育むことは，どうしても近くなるのだと思われる。

　ただこれは，そうならなくてはならないということを主張しているのではない。あくまでも近づきやすいという性格を持つだけで，どこにどうケア従事者

と利用者の関係を位置づけるかは，そのケア従事者と利用者によってさまざまである。

以下では，この点を考えていきたい。

 なじみがあることは「能力」のうち

理想としてのベースの支援——「うまく」つながる

　ベースの支援は，利用者の日常の中に埋め込まれたものである。専門職のケアが，特定の問題や事柄について集中的に取り組むものであるのに対して，まさに日常そのものの中で，本人が自らの暮らしや人生を形づくっていく基礎となる。そのため，専門職のケアと異なり，ここで何が問題で何を頼めばいいのかということが明確に意識されていない中での相互行為となることが多い。

　たとえば介護・介助において，理想的な流れを考えてみよう。利用者が「立ち上がる」のを介助しようとするなら，まずその利用者の「立ち上がろう」という意思を介助者が受け取らなくてはならない。利用者には明確に言葉で伝えられる人もいるが，そうでない人もいる。介助者は，やや比ゆ的にいうなら，常に利用者に対してアンテナを張っている状態になっていることが多く，言葉で発せられない利用者の意思の断片を感じ取る。それはちょっとした身体の動きだったり，顔つきだったりする。そして介助者は利用者の身体の適切なところに自分の身体を差し入れ，「立ち上がる」のを介助する。

　これはいわば，利用者の「立ち上がろう」という意思を，その身体の小さな動きから読み取り，それに対して応えるという，相互行為の連鎖である。場合によっては，利用者の小さな動きは，それ自体としてはその介助者に直接呼びかけたものではないかもしれない（ひとりで立ち上がるつもりだったかもしれない）。それでも，介助者がそれを読み取ることによって，応えることが可能になる。

　そして実は，これだけでは「立ち上がる」ことを介助することはできない。利用者の身体の適切なところに介助者が自分の身体を差し入れたとき，利用者がそれに応えて身を任せてくれなければ，「立ち上がる」介助は完成しない。

たとえばお互いにまったく知らない人同士であり，利用者の側に「この人に介助してもらおう」という意思がないのであれば，知りもしない人に身体を差し入れられても硬直したり拒否したりするだろう。それでは結局，「立ち上がる」というプロセスは完遂できない。つまり，利用者もまた，介助者が身体を差し入れてくるというふるまいを手助けと受け止め，それに身を任せるという形で応えてこそ，介助は成立する。このように，介護・介助は，一連の相互行為が「うまく」つながったときがいわば理想的だろう。

　そしてこうしたプロセスは，当人たちにはあまり意識されていないことが少なくない。たとえば診療場面であれば，患者は意識して自分の病状を話し，医師は意識してそれを聴きながら診断を下そうとする。それに対してベースの支援は，日常の中に埋め込まれている。長く介助し介助されてきた関係であれば，意識してなされる相互行為の連鎖というより，ほとんど身体が感じ取ってつながっていくようなものである（細馬〔2016〕は，ちょっとした視線や姿勢の変化，動作などのレベルでのコミュニケーションを解きほぐしている）。日常生活の中でいちいち指示したり説明したりするのは骨の折れることである。本当は，まったく無意識のうちになされることが，利用者からすればまさに「理想」なのかもしれない。「これをしたい」と思ったらすぐに手助けが入れば，日常の生活がスムーズにまわる。

　相談についても同様である。ベースの支援で問題になるのは，「相談」という形で整理される以前の事柄である。たとえばまだとても整理できないような混乱した思いや，人を非難したり自分を非難したりとあちこちへ揺れ動くような思いを，それとして整理するような過程を含む。ケア従事者は利用者のためらいや迷いに応えて，沈黙を保ったり，口を開いたりする。利用者もまた，ケア従事者のふるまいに応じて，自分を見つめようとしたり，いまはあえて考えないようにしたりする。

　見守りについても，よく見られるのは，利用者がいまは少し自分の時間を持ちたいと感じているときに，見守る側がそれを感じ取り，少し距離を置こうとする（そのためにときにはスマホを見ることもある）という場面である。それでいて，どことなく注意は利用者に向けられていて，利用者もまたそれを感じ取っている。

このように，それぞれのあまり意識されない相互行為が「うまく」つながっていったとき，ベースの支援は「うまく」いく。専門職のケアのように意識された場面というより，日常の中で半ば無意識に相互行為がつながっていくときに，「理想」的なベースの支援が可能になるのである。

「失敗」があたりまえ──異なる身体と脳の間で

　ただ，それはあくまでも「理想」であって，実際には無理である。なぜなら，本人と介助者は異なる身体と脳を持っており，直接的に接続されているわけではないからである。だから，本人の「立ち上がる」意思をなかなか介助者が理解しなかったり，身体を差し入れるタイミングが合わなかったり，本人が介助者に身を任せるのを拒んだり，両者の力を入れるタイミングがズレたりする。「うまく」接続できないことのほうがずっと多く，そのほうがむしろあたりまえなのである。

　その意味で，介護・介助は，当事者（利用者やケア従事者）からすれば常に「失敗」の連続である。たとえば，「掃除」「入浴」「かゆいところ」は，いかに言葉を駆使しても，実はなかなか伝えきれないものである。第**2**章で先述したように，「掃除」などの家事について家庭ごとに細かいルールの違いがある。他の家庭には他のルールがあるということ自体，なかなか意識して理解できることではなく，いわれなければわからないことは多い。また，「入浴」などのように自分の身体の管理についても，その人ごとの細かいルールがあるのが普通である（たとえば頭から洗うか，顔から洗うか，身体から洗うか，など）。まして，「かゆいところ」を言葉で伝えようとしてもなかなかうまくいかないことは，背中などかきにくいところがかゆくなった経験がある人ならわかるだろう。さらに言葉にしにくいような，気持ちの問題や意思の問題にかかわるようなところは，そう簡単に伝わるものではない。

　そして，ケア従事者が差し出した手が，利用者にとって助けになるためには，利用者がそれを活用できなくてはならない。たとえば，ケア従事者が「ゆっくりでいいよ」と声をかけたとき，本当にゆっくりでいいという意味で声をかけたにもかかわらず，状況やタイミングによっては，利用者からすると急かされたと感じ取られることもある。利用者が歩きやすいようにと身体を引いたとこ

ろ，利用者からすれば寄り掛かって支えにするつもりだったため，むしろ転んでしまうということだってある。

　だから，利用者は伝えようとして伝わらない，ケア従事者のサポートを受け取れないという「失敗」を繰り返し経験しており，ケア従事者は理解しようとしてできない，あるいは指示どおりに動こうとしてできていなかった，という「失敗」を繰り返し経験している。

　ただし，ここでいう「失敗」は支援の失敗そのものではない。本当は「失敗」を「失敗」として認知できるというだけでも，そのケア従事者や利用者の相互行為は，すでにある程度「うまく」つながっているともいえる。相手の意思をまったく受け止めていなければ，自らのふるまいがそれに対して応えていないことに気づくこともできないからである。その意味ではここでいう「失敗」とは，ケア従事者と利用者が主観的に感じ取る経験というレベルでの「失敗」にすぎない。

　専門職のケアでも「失敗」はあるし，その他の対人サービス業でも「失敗」はある。ただ，同時に「成功」もよく意識されているだろう。それに対してベースの支援は，「成功」したときは気づかれないため，主観的には「失敗」経験の頻度が高くなってしまう。利用者とケア従事者は，お互いの相互行為が「うまく」接続しているときにはあまり気づかず，そうでないときのことばかり意識させられがちなのである。

┃ 使いこなしてくれてこそ ┃

　では，そのように残り続ける「失敗」には，誰が対処しているのか。もちろん，ケア従事者も対処し続けるわけだが，実はもっともそれを受け止め，耐え，あるいは使いこなしていくのは利用者である。

　そのため，介護・介助を受けることに慣れている人の多くは，時間をかけて，介護・介助者の癖や得意・不得意，傾向などを把握する。そうすることで，何をどう指示として出せば，どのような介護・介助として実現するかを把握し，それに基づいて指示を出すようになる。もちろん，それでも「理想」の介護・介助とはいかないだろうが，どの程度が妥協ラインになるかを，利用者が経験的に把握していくことによって，異なる身体と脳がゆえのズレも許容されうる

2　なじみがあることは「能力」のうち　● 67

範囲にとどまっていく。

同様のことは相談・コーディネートや見守りについてもいえる。多くの場合，相談のプロセスは「失敗」の連続である。まだいいたくなかったのに聞かれて相手が逃げ出したり，何に悩んでいるかを一緒に考えているつもりがこちらの思いを押しつけているだけになっていたり，改善方法を考えたつもりが相手からすれば机上の空論でほとんど意味をなすものと思えなかったりする。それでも相談・コーディネートがそれとして成立するのは，利用者がそうしたケア従事者のさまざまな「失敗」をいわば「許す」からである。利用者は，いいたくないことをいわされそうになったり，聞きたくないことをいわれたりして，不快な思いをさんざん重ねているだろう。それでもときに，さまざまなことの積み重ねのうえで，ケア従事者に心を預け，耳を傾けることがある。本当は誰にもいいたくなかっただろうことをあえて打ち明けてくれることがある。利用者がそのようにふるまってくれるがゆえに，ケア従事者は「役に立てる」相談先になれるのである。

見守りについても，ケア従事者は利用者の支えとして見守っているつもりであっても，利用者にはそう受け取れない瞬間が出てくることは珍しくない。ただ心配して見ているつもりが，相手からすれば非難に見えたり，蔑みに見えたりすることもある。そうではなく，利用者がケア従事者の視線に慣れ，それを見守りとして受け止めてくれてこそ，それは見守りになることができる。利用者が受けいれてくれなければ見守りはいつまでたっても「監視」でしかない。

このように，ベースの支援が「失敗」ばかりであっても何とか成立していくのは，利用者がケア従事者を知り，その人なりの使い方をしていってくれるからなのである。利用者がケア従事者を知っていることによって，少なくともケア従事者が支えようとしたときに，その意味をそのまま受け取る可能性は高くなるだろう。ズレが生じたとしても，この人はこんなものだと了解することによって，「失敗」をうまく生活の中でやり過ごしていくことができる。いいかえれば，利用者が使いこなしてくれてこそ，ベースの支援は成立するのである。

一般に，ケアや支援は提供する側のことばかりが注目されがちである。だが，本来，ケアや支援がそれとして成立するためには，受け手がそれを受けとめ，使いこなしてくれることを必要とする。診療などの場面では，一般に患者はあ

68 ● CHAPTER **3** ケア従事者（2）

らかじめ，医師のケアを受けとめ使いこなそうという姿勢で臨んでいるので，このことはあまり表面化しない[1]。それに対して日常に埋め込まれたベースの支援では，このことが大きな意味を持ってくる。

　別のいい方をすると，ベースの支援を論じるときに，片方を「ケア従事者」，他方を「利用者」と呼ぶのは，あまり自明なことではない。そもそも相手が自らを「利用者」としてもよいと思ってくれなければベースの支援は始められない。支援したいと思っていても，相手に「ケア従事者」として「利用」してもらわなければできない。いいかえれば，ベースの支援がそれとして成立していくプロセスの中で，片方がまさに相手を「利用」することができるようになり，それによってもう片方が徐々に「ケア従事者」としての役割を果たせるようになるのである。

なじみのある関係になることの意味

　このように考えていくと，ベースの支援がそれとして精度を上げ，あるいは意味のあるものとなっていくためには，ケア従事者が有能であったり相手をよく把握したりするということだけでは不十分なことが見えてくる。利用者がケア従事者を使いこなせてこそ，ベースの支援はベースの支援になる。だとしたら，ケア従事者がいかなる能力や技量があるかということだけでは，ベースの支援は成立しない。

　むしろ，ベースの支援においては，利用者とケア従事者がお互いになじみのある関係になっていることが重要な意味を持つ。いいかえれば，両者の間に時間が共有され，歴史が共有されていることそれ自体が，いわばベースの支援における「能力」でもある（第4章でもこの点に触れる）。ケア従事者の技量や利用者の個性というだけでなく，両者がかかわってきた時間そのものが，それとして意味を持つのである。

　たとえば，いかに優秀で気配りのできるケア従事者であっても，初対面の利用者に対してベースの支援として役立てるかというと，なかなかそうはいかな

──note
1) 　実際には，診療や治療の場面で，患者は単なる受け身の状態ではなく，実に多くの形で医療者に協力している（Strauss et al. 1984＝1987: 169-190）。表面化しないだけで，実際には医師も，患者が協力してくれなければろくに診療も治療もできないのである。

2　なじみがあることは「能力」のうち　● 69

い。少々能力が落ちるように見えるケア従事者であっても，利用者からしてなじみのある人であれば，それだけで安心感を与えられるし，多くのことができてしまう。

　だから，ベースの支援を担ううえでは，それまでに相互行為を積み重ねてきた時間が重要になる。その意味では，まさに人間関係あっての仕事である。それも良好な関係であることや友人であることが重要というより，なじみがあるということがそれ自体として重要になるような，そういう仕事なのである。

　といっても，冒頭でも述べたように，なじみのある関係になることは，他の仕事でも一般に意味を持つ。とくに対人サービス業なら，なじみのある関係になることで，顧客として受けられるサービスが実質的に向上することが多いだろう。

　ただ，多くの対人サービス業は，ベースの支援のように日常そのものの中に埋め込まれているわけではなく，もう少し意識的な場面で提供されることが多い。たとえばレストランに行くときには，人はある程度「外」であることを意識して行くだろう。だから，対人サービス業であれば，「成功」も意識されやすく，ベースの支援ほど「失敗」ばかりが意識に上りやすいわけではない。また，対人サービス業に対して私たちの多くは，なじみがあることを求めると同時に，目新しさも求める。日常に埋め込まれているわけではないので，目新しさも楽しめるのだろう。それに対して，ベースの支援はまさに日常の中にあるため，目新しさが続くことのメリットは相対的に小さい[2]。

　そのため，ベースの支援においてなじみのある関係になることが持つ意義は，やはりほかの職種とは異なる。なじみのある関係になるということそのものが，利用者が「利用」する主体になることを支え，ベースの支援をまさにベースの支援たらしめていくという意味で，他の職種とは異なる独特の意義を持つ。

---

note

2)　ベースの支援においても，目新しさは一定の意義を持つようである。たとえば，新人の介護・介助者が入ることで利用者が生き生きとする場面は少なくないだろう。なじみのある人もいいものだが，たまには目新しい人もいいものである。ただ，それは本人が比較的安定しているときだろう。具合が悪かったり調子が落ちていたりするときに目新しさを好む度合いは，一般的にいって，レストランを選ぶ際のそれよりは格段に小さいだろう。

70 ● CHAPTER 3　ケア従事者 (2)

日常という時間のありよう

人生は変化があたりまえ

　もうひとつ，日常に埋め込まれているということの意味は，時間がとくに限定されないということでもある。これは一方では「今日」「明日」あるいは「いまの1時間」のレベルで成立するということでもあるが，他方では「人生」「一生」というレベルにも延びうるということも意味する。まず，後者についてから述べよう。

　専門職によるケアは，一定の期間におけるかかわりであることを前提としている。だらだらとかかわり続けるのではなく，短期間に可能な限り効果のあることをするのが，専門職として必要なことだとみなされることが多い。とくに，石村善助の表現でいえば「マイナスのプロフェッション」と呼ばれる（石村 1969: 58-59），クライアントの不幸な事態において力量を発揮するタイプの専門職（医師や弁護士）は，長くかかわらずに済むならそのほうがいいとみなされるだろう。クライアントの不幸な事態を迅速に終わらせることこそが職務だからである。どうしてもうまくいかない場合は別として，意味もなくダラダラとかかわり続けることが望ましいとは普通みなされない。

　それに対して，ベースの支援はまさに利用者にとっての日常そのものに埋め込まれたものであり，専門職によるケアのように期間が限定されていることが前提となっていない。そのため，想定されるスパンが非常に長い。日常生活というのは，終わりがない。いつまで続くのかといえば，その人が死ぬときまでである。いいかえれば，ベースの支援が想定する時間や期間は，人生そのものとすらいえる[3]。

---
note

3) ただしこれは，ベースの支援の担い手の具体的な業務が「有期」であることを否定するものではない。就労や自立に関する障害福祉サービスは有期限であることが多いし，介護・介助もある意味では有期限である。それと，たとえばリハビリテーション医の職務が時間を限定していることを前提にしていることとでは意味が異なる。

そうなると，物事の捉え方や姿勢が，実は大きく変わってくる。専門職のケアでは，目標を設定することが重要になってくる。たとえば，生活モデルに即した専門職像を描いたひとりとして，第**2**章で上田敏の議論を取り上げたが，上田が重視するのは目標志向的アプローチ（goal-oriented approach）である（上田 2001: 78-96）。身体機能に注目した治療医学の発想とは異なり，参加のありようについて患者とともに目標を設定し，そこに向けて複数の専門職がチームとなって患者と協働作業を展開するのが，上田のいう目標志向的アプローチである。

ただ，このような目標の設定は，専門職のかかわりが時間的に限定されていることを前提としている。ベースの支援はそのような限定を前提としていない。そのため，ベースの支援においては，上田のいうような目標志向アプローチがそぐわなくなる。

これは何も目標の設定が不可能だとか，しても意味がないということをいっているのではない。そうではなく，状況に応じた目標の変更という，臨機応変な対応ができることのほうが，ベースの支援においてはしばしば重要になるということである。

なぜなら，長い人生の中で，いったんは目標と見定められたものが，そうではなく見えてくることはしばしばあるからである。ある時点においては適切だと思われたことが，時間をかけていくうちに，必ずしもそうは見えなくなっていくことは少なくない。

そのうえ，変化はいつも相互に関連しながら起きていく。ひとつの変化が起きることで，ほかの変化が引き起こされる。そしてまた，実に多くのさまざまな差し戻しや揺り返しがある。ひとつの変化がもたらす結果は，その側面だけを見ていてもわからない。一般には「良い」としか見えない変化が，他の変化をもたらすことによって，結果的には「良い」ばかりではおさまらないことが起きることもある。

たとえば，身体機能が何らかの事情から一部劇的に改善されたとしよう。医療の観点からすれば，身体機能の改善は望ましいことであり，「よかった」で済むだろう。だが，生活を支えるという観点からすると，それは新たな課題の誕生を意味する。たとえば歩けないということで成立していた生活が，歩ける

72 ● CHAPTER 3 ケア従事者（2）

ようになってしまうことによって揺るがされる。車椅子で移動していたときにはあまり問題にならなかった「疲労」が生活上の問題としてクローズアップされてくるかもしれない。車椅子で移動しているときには当然のように与えられていた配慮の数々が，歩けるようになったということで失われてしまうかもしれない。何かができるようになるということは，何かをやめたり失ったりするということにもつながっている。

ベースの支援においては，そのような変化に応じ，生活の立て直しと再組織化が必要になる。その意味で，自らのケアや支援の目標について，専門職とは異なる態度や姿勢を持たざるをえない。もちろん，目標をそのつど立てることはあるだろう。だが同時に，その目標が意味をなさなくなったり，その目標と逆のことをめざさなくてはならなくなったり，そうしたことが繰り返し生じる。

たとえていうなら，ケア従事者からそのとき見えている世界が二次元だとしたら，生活は常に三次元かそれ以上である。二次元ではパズルがかみ合うように見えたとしても，実際にパーツをかみ合わせてみたら，三次元では大きくズレていた——そうしたことが繰り返し起こるのである。

そうであるなら，何が「良い」変化なのかについても，常に保留を置きながら，全体の様子を見ていくような姿勢をとらざるをえないし，確たる目標に邁進することができないのである。

日常は変化と不測の事態の連続でもある

ベースの支援は日常に埋め込まれているがゆえに，時間の捉え方が専門職のケアと異なってくると先に述べた。そのもうひとつの意味として，「今日」「明日」「いまの２時間」というレベルでの細かいところが重要になるということが挙げられる。

生活というのは，必ず変化するものである。「判で押したように同じ」生活を送っているように見える人であっても，日々には必ず小さな変化が含まれている。たとえば，かかわる他者の生活が変化すれば，必ず影響を受ける。また，ケア従事者が漂わせている香りが変われば，人によっては大きな変化になる。天候が変われば，それも変化である。今日は湿度が高くて，いつもどおりにつくったつもりの食事の味が違って感じられるかもしれない。いつもどおりの順

3　日常という時間のありよう　● 73

番で服を着ようとしても，季節の変化によって着るものが変わるかもしれない。生活は細部から成り立っており，それらのごく小さな細部では，必ず変化が生じている。

　別のいい方をすれば，生活には不測の事態がつきものだということでもある。私たちも，普通に生活しているだけで，不測の事態は次から次へと襲ってくる。総じていえば平穏無事な生活を送っていても，今日はお風呂を準備する時間が少し遅れてしまったり，おなかがすくのが遅かったりする。電車が止まってしまうかもしれないし，職場で事故が起きるかもしれない。本人が体調を崩すかもしれないし，親戚に不幸があるかもしれない。結婚式に呼ばれて，普段の生活サイクルとは違うことが必要になるかもしれない。このように，どうしてもさまざまな不測の事態が生じてくる。

　そのつど，ベースの支援を担う側は，状況に応じた対応が必要になる。お風呂の準備が遅れたなら，寝る時間が遅くなるが，それはどこまで可能なのか，そのつどの状況を見ながら調整することが必要になるだろう。おなかがなかなかすかないのなら，いつもと同じ時間にご飯をつくらないほうがいいことになるが，それではいつまでにつくればいいのか，他の家事とバッティングしないか，調整しなくてはならない。介護・介助時間が決まっていても，電車が止まってしまって移動ができないのであれば，柔軟に対応せざるをえないだろう。親戚に不幸があり，遠出して葬儀に出席しなくてはならないとなったら，日常のホームヘルプだけではない，移動支援が急遽必要になるかもしれない。体調を崩したとなったら，病院に行くのをサポートしなくてはならなくなるだろう。結婚式のための服を買うための支援も必要になるかもしれない。このように，業務の内容をあらかじめ決められていたとしても，不測の事態に応じて内容を変えざるをえないことなど，普通に起きるのである。

　ここで重要なのは，生活に大きな変化がもたらされたり，不測の事態に直面したりするのは，利用者が社会にある程度包摂されているがゆえだということである。さまざまな社会関係から完全に排除されている人であれば，不測の事態に直面することは少ないはずである。電車にも乗らず，仕事もなく，親戚の葬儀や結婚式にも呼ばれないのであれば，不測の事態に直面する機会はそれだけ減る。

74 ● CHAPTER 3　ケア従事者 (2)

実際，子どもの頃からの重度障害者には，電車に乗った経験や，葬儀や結婚式に呼ばれた経験自体がほとんどない人もあまり珍しくない。そうであれば，電車が止まっても，親戚の誰かに何が起きても，不測の事態にまみれる必要はなくなる。このように，社会から排除されればされるほど，変化は少なくなる。本来，生きているならあたりまえに経験しているだろう変化が，いわば奪われているのである。

　その意味では，生活の変化や不測の事態に直面することは，ベースの支援において，避けられないことというより，避けては「ならない」ことである。それを避けようとするなら，社会的に排除されることを「よし」とするしかなくなるからである。確かに，どこにも出かけず，介護・介助をただ円滑にまわし続けることだけを考えるなら，利用者にはなるべく社会との接点を持たないでもらったほうがいい。だが，それがベースの支援のめざすところなのかといえば，決してそうではないはずである。[4] そう考えると，ベースの支援において，人生の変化や不足の事態に応じることは，必要不可欠な要素でもある。

┃ 日常の生活には緩急がある──無意味な時間の意味と意義 ┃

　もうひとつ，日常という視点から見ると，「生活の質」についても見え方が変わってくる。日常は，「今日」「明日」「この１時間」という短いスパンでも捉えられると同時に，「人生」「一生」という長いスパンでも捉えられ，その連続の中にある。このことに注目すると，「今日」「明日」「この１時間」の意味もまた多義的になる。

　なぜなら，「この１時間」の意味は，その前と後の時間によって異なる意味を持ちうるからである。前の時間が刺激的で楽しい時間だったとしたら，この１時間を静かに過ごすことは望ましいことかもしれない。逆に，前の時間もずっと静かに過ごしてきたのなら，この１時間くらいは刺激があってもいいのかもしれない。これは後の時間がどうであるかということによっても左右される。

───────────────────────note

4)　自閉症や認知症の人は「変化」が苦手だといわれることがある。だが，その際に問題とされることの多くは，本人の都合や思いとは関係なく，周囲の都合から押しつけられるような「変化」であり，ここでいう意味とは異なるだろう。「変化」そのものがまったくあってはならない，という意味ではないはずである。

３　日常という時間のありよう　● 75

もっと簡単ないい方をするのであれば，生活には緩急があるのがあたりまえである。生活の中には，楽しい刺激的な時間も確かに必要である。外出したり，友人や知人と会ったり，音楽を聴きに行ったり，そうした時間は生活を確かに豊かにする。だが，それだけでは生活はまわらない。24 時間 365 日楽しくて刺激的な時間ばかりを過ごしているわけにはいかない。やはり，たとえば家に帰ったら少しホッとする時間を持ったり，朝起きたらボーッとする時間を持ったりすることも必要である。それらの緩んだ時間があってこそ，刺激も楽しめる。緩んだ時間がなければ，刺激を受け入れる余地も失われるだろう。

いいかえれば，「生活の質」は無限に向上してまわるようなものというより，こうした緩急を視野に入れて考えなくてはならないものだともいえる。たとえば，恋人ができたり，新しい友人ができたりすると，「生活の質」は確かに上がるように見える。けれども，とにかくそうした人たちに出会えばいいというものでもない。私たちは，そのことを自分の中で処理し受けとめつつ次にいくためにひとり過ごす時間も必要とすることが多い。それなくしては，恋人の存在も友人の存在も，単なる苦痛になることもある。

ほかにもたとえば，楽しい時間を過ごせれば，「生活の質」は確かに上がるように見える。けれども，私たちは楽しい時間の後にはたいていぶり返しを経験するものである。いろいろな人やモノ，場で楽しい時間を過ごしたあと，それが楽しければ楽しかったほど，そのあとの時間で自分を持て余す人は多いだろう。楽しい時間があることは，一方ではっきり「生活の質」を上げるように見えて，実は他方では「生活の質」を落とすという側面もあるのである。

そして，このような緩急をどこでどうつけるのが望ましいかは，誰にもよくわからないことである。もちろん，まずは本人が把握し，自分なりにコントロールすることがもっとも望ましいだろうし，自然な形だろう。だが，ケアや支援を必要とする人たちは往々にしてさまざまな社会活動から排除されているため，楽しい時間や人間関係からも排除されていることが多い。それが前提になってしまっていれば，これ以上楽しい時間や人間関係を持とうというイメージ自体，本人には描くことができなくなってしまうだろう。だからこそ，ケア従事者たちはしばしば，利用者が楽しめる時間をつくろうと努力する。だが，その時間は果たして本人たちにとって必要十分な量なのか，適したタイミングな

76 ● CHAPTER 3 ケア従事者 (2)

のか。往々にしてケア従事者たちは，どこまで努力するかは自分たちの仕事の都合で決めて短く抑えてしまったり，「何かしている」実感が欲しくて過剰に頑張ってしまったりする。

それに対して，あえて緩急をつけ，緊張を緩めた時間をつくろうとすることもあるが，往々にしてそれは，たとえば「17時から17時半まではそれぞれの時間」というように，あらかじめ時間が定められている。だが，気を緩めてホッとする時間というのは，そのようにあらかじめ時間を定めて得るようなものではない。「帰宅後」「食後」などの緩やかな習慣づけはあるとしても，その日そのとき，その人によって，さまざまである。「あえて」緩めた時間をつくっても，本人が本当に気を緩める時間になるかどうかは，また少し別の話である。

ベースの支援を担うということは，まさにこの緩急そのものにかかわるということでもある。とくに24時間の介助・介護体制では，このことは重要なテーマとなりうる。もっとも，実際には勤務体制の過酷さなどからそこまで楽しい時間をつくれない現場のほうが多いだろうし，そうであるなら「緩める」以前の問題かもしれない。ただ，本当は「生活の質」はこうしたレベルで問われる問題であり，無限に上げてまわるようなものではないのだということは確認しておきたい。

「いい加減」の効用

こうしたことから，ベースの支援を担うということは，きっちりとした目標を設定し，それに向けて努力するという形には，そぐわない傾向がある。明確な目標の設定はなかなか難しく，設定したとしても，その目標が達成されたあかつきには思いもよらなかった変化が生じることもあり，それへの対応も必要になる。日々の暮らしは変化と不測の事態にあふれているので，あらかじめ立てた計画やマニュアルはすぐに役に立たなくなることが多い。そして，生活には緩急があり，そのバランスによっては，せっかくの楽しい時間も意味が変わることもあり，そのこともまた，日常の中で支援するならかかわらざるをえない。

私の知るベースの支援の担い手で長らく続けてきた人たちは，少し語弊のあるいい方を用いるなら，「いい加減」に見える人が多い。一部の本当に緊急の

対応以外では，あまりキビキビと対応しないし，明確な目標を立てて一つひとつクリアしていくような，一般に「有能」とされるような態度や姿勢を見せる人が少ない。一見すると，あまり「やる気」にあふれているように見えない人も珍しくない。

おそらくそうした態度や姿勢には，それなりの合理性がある。あまりキビキビと対応してしまえば，思ってもみない結果が生じてかえって本人の生活が混乱することもあるだろう。明確な目標を立ててしまうと，人生の変化や日常の中での不測の事態に対応しきれないことが出てくる。それよりも，前節で述べたような，なじみのある関係を育むことを先行させるほうが，日常に埋め込まれた支援を担ううえでは，適切なのだろう。

もちろん，どこまでこうした態度や姿勢を採用するかは，実際の現場のありようや，利用者その人，あるいは担い手個人の性格など，さまざまな要素によって異なる。ただ，一般には批判されるだろう「いい加減」さにも，一定の合理性があるのが，ベースの支援なのである。

4 感情をどこまで出すのか

┃ ケア・支援と感情労働

介護や介助に従事する人が，利用者との間での感情的な衝突や行き違いを経験することは珍しくない。相談・コーディネートにかかわる人は，実によく相手の感情を読み，また自分の感情とも向き合っている。見守りに従事する人も，利用者の感情的なふるまいに直面することは多く，またそれにともなって自分自身の感情とも対峙することは少なくない。このように，ベースの支援は明らかに，感情面でのかかわりがかなり大きな位置を占めるものである。利用者の感情はもちろん，ケア従事者の感情もまた，ベースの支援においては繰り返し問題になる。この節では，この感情という問題について考えてみたい。

ケアや支援について，担い手たちが自身の感情と向き合わなくてはならないことが多いことは，しばしば指摘されてきた。その際よく用いられたのが，

「感情労働（emotional labor）」という概念である。これは，アメリカの社会学者 A・ホックシールドが，フライト・アテンダントを事例にして提唱したものである。

　ホックシールドは，私たちの社会には場面に応じて特定の感情規範が課せられていると捉えた。たとえば葬式では哀しい感情を抱くことが当然視され，結婚式で喜びの感情を抱くことが当然視されるなど，私たちはある場面である感情を抱くべきだという感情規範を共有しているという。ただ，私たちはときにその場面に適した感情を抱けないときがある。そうしたときに私たちは自らの感情を意識的に管理する。このような感情の管理を仕事として課せられるものを指して，ホックシールドは感情労働と呼んだ。たとえばフライト・アテンダントのように，顧客にアットホームな気持ちを抱いてもらうようにするため，自らの感情を管理する職種である（Hochschild 1983＝2000）。

　ホックシールド自身は，あまりケアや支援にかかわる職種のことは主題として論じていないのだが，看護職をはじめとして，ケアや支援にかかわる職種の多くが，この感情労働という概念を積極的に取り入れるようになった（Smith 1992＝2000, 武井 2001：社会学の立場からは，崎山 2005）。「自分たちこそ感情労働者だ」という実感が，これらケア従事者には確かにあったのだろう。

　ただ，一般に感情労働というときには，感情規範に合わせて感情を管理することばかりが強調されがちである。だが，そもそも心が揺り動かされるような契機がその現場にあふれているということにも注意が必要だろう。

　もしケアや支援にかかわる職種に特殊な感情規範があるとしたら，それは「利用者に共感的であれ」というものだろう。ある感情を抱くことを求める規範というだけでなく，共感的であれという規範があるために，ケア従事者は利用者に心を寄り添わせようとする。それは，いわば自分の心をあえて脆弱で揺り動かされやすい状態に置くということでもある。そのため，自分自身の感情も揺り動かされやすくなっている。ケア従事者の感情労働を議論する際には，このレベルのことも含めて理解したほうが適切だろう（三井 2006）。

　では，どのようにケア従事者の感情は揺り動かされるのか。専門職がかかわるのは，しばしば患者にとっては自分の生死にかかわるような重大な事態である。そのため，原理的に利用者との間で感情的な衝突や行き違いが生じやすい。

このことは，従来の専門職論でもよく指摘されてきたことである。

　ただし，従来型の専門職は利用者との間に明確な線引きをすることによってその問題をクリアする傾向にあった。たとえば産婦人科医は，内診をするときには診察室の隣にわざわざ患者とは別に移動する。そうしなければならない理由はほかにはとくにないことからしても，あれは診察室では顔と心を持つ個人として座っている患者を，内診室では物体として扱うための，いわば儀礼のようなものである。

　それに対して看護職は，医師のようには患者との間に明確な線引きをしようとはしなかった。むしろ共感的に患者にかかわろうとしてきた。それゆえに，看護職は感情労働という言葉に惹かれたのだろう。こうした看護職の姿には，看護職が，一方で従来型専門職としての性格を持ちつつ，本書でいうところの専門職のケアやベースの支援としての性格を同時に有していたことが示されている。

　では，ベースの支援には，感情労働という概念は当てはまるのだろうか。

ベースの支援と感情の揺れ動き

　ベースの支援には，こうした専門職に当てはまることが，そのまま当てはまるわけではない。介護・介助は，それなくしては生活がまわらなくなる重要なものではあるが，いますぐ生命にかかわるかというと，そういうこともあれば，そうではないこともある。相談・コーディネートは，生活を揺るがす重要なものではあるが，日常に埋め込まれた相談・コーディネートについては，そうした重要性があらかじめ意識されているとは限らない。見守りは，確かに重要なのだが，むしろその重要性が当事者たちの意識に上らないくらいが，見守りとしてうまく機能しているときだろう。そう考えると，ベースの支援は，専門職のように利用者にとって危機的状況にかかわるものとは言い難いのである。本質的には危機的状況にかかわるのだが，当事者たちにそのことが意識されているわけではなく，まさに意識されないからこそベースの支援としてうまく機能しているともいえる。

　にもかかわらず，先述したとおり，ベースの支援では，感情的な衝突や行き違いが，実に頻繁に生じやすい。それはなぜだろうか。

その背景には，ベースの支援が，本人が「利用者」になるというプロセスにかかわっているという点が挙げられるだろう。先に述べたように，ベースの支援における利用者とケア従事者は，あらかじめそう明確に定まっているというより，ベースの支援がなされる過程でそれぞれがそうなっていくようなものである。

そして，「利用者」になるというのは，心地良いこととは限らない。ケアや支援を必要としている，つまりは自分が脆弱である（vulnerable）ということを見せつけられることでもあるからである。もちろん，ケアや支援がいつでも「かゆいところに手が届く」ようになされればいいのかもしれないが，現実的には，異なる身体と脳を有する他者の間で，それは不可能である。先にも述べたように，ベースの支援では「失敗」が繰り返し経験される。利用者からしてもケア従事者からしても，成功したときはあまり意識にのぼらず，「失敗」こそが意識される傾向にある。「失敗」をたくさん経験しながら「利用者」となっていくのは，なかなか大変で，かつしんどいことである。

たとえば，介護・介助の利用者の中でも，とくに利用し始めたばかりの人には，感情的な反応がよく見られる。やたらと腰の低い人もいれば，やたらと高圧的な人もいるものだが，その背景はおそらく共通している。日常の行為を人に指示してやってもらうというのは，「失敗」の連続であり，かなりしんどかったり，葛藤を感じたりする経験なのだろう。それを感謝として表明するか，ケア従事者をあえて見下す態度でごまかすかが，そのつどの状況や利用者の考え方，個性などによって異なってくるだけなのだと思われる。[5]

相談においても同様である。自分の混乱した心のうちを打ち明けることは，自分をかなり弱い立場に置くことになる。そして，頼りにできるのは相談相手だけだと思えば思うほど，実にしばしば，何かあったときに，現状に対する怒りや憎しみの矛先が相談相手に向かいやすい。普段はその相談相手を大切な存在だと思っていても，そのことが自分の脆弱さを見せつけられるようで，複雑な思いを抱かされる利用者も少なくないのだろう。

───────────────────────────────note

5) 齋藤曉子は，ヘルパーと利用者が，お互いにさまざまな思いや行き違いを抱えていることを，鮮やかに浮かび上がらせているが（齋藤 2015: 44-250），そこには利用者が「利用者」になるということについて，実にしばしば葛藤を抱えていることが示されている。

見守りにおいても同様である。私たちも日常生活で，実は何らかの形で見守られているようなものなのだが，たとえば朝起きられなかったときに起こしにくる家族は，少々うざったい存在でもある。生活がすさんできたときに，あえて注意してくれる友人は，ありがたいのだが，少し面倒でもあるだろう。利用者からすれば，見守りをしようとするケア従事者はそんな存在なのかもしれない。

┃ 揺り動かされるのも仕事のうち ┃

このように，利用者からすると，ベースの支援は感情的になりやすいし，それが表に出やすいものでもある。そのためケア従事者もまた，感情的に揺り動かされやすくなる。

それも，ベースの支援ではとくに，いささか語弊のある表現だが，「些細な」ことでケア従事者も利用者も感情的になりがちである。たとえば，布巾を間違って使われた，スリッパの置き方がおかしかったなど，実に「些細な」ことで感情的な行き違いが生じることは珍しくない。生死にかかわるような重大事で取り乱すことには多くの人が納得しても，布巾一枚を間違って使われたからといって利用者がキレていたら，多くの人が「細かすぎる」「人格的に問題があるのではないか」と思うかもしれない。だが，たかが布巾ではあるが，されど布巾である。その布巾一枚が問題になるのは，それに至る「失敗」（先述したとおり，これはケア従事者の無能さを意味するとは限らないのだが）の積み重ねと，それでも「利用者」にならざるをえない利用者のしんどさがある。

そして，感情を揺り動かされないようにすればいい，という話でもない。感情を揺り動かされないようにするということだけを目的とするなら，利用者との間の感情的な衝突や行き違いを「なかった」ことにすればいいからである。先に「失敗」を感じ取るケア従事者はそれだけでも実は優秀だともいえると述べたが，利用者との間で生じたズレ，利用者が向ける思いなどを，「なかった」ことにしていけば，「失敗」も経験しない。そうすれば感情もあまり動かされないだろう。利用者が何をしても「また変なことをしている」と捉えるだけで済ませれば，イライラしたとしても，心の底から揺り動かされるような経験にはならないはずである。

問題は，それでいいのかということである。利用者との間で生じたズレ，利用者が向ける思いを「なかった」ことにしてしまえば，ベースの支援はそれとして機能しなくなるだろう。ケア従事者と利用者の間には，どうしてもある種の権力関係があることが多い。本当はズレがあるのにケア従事者によって「なかった」ことにされ，利用者の思いをいくらぶつけても「また変なことをしている」だけで済まされていけば，利用者の暮らしや生活を形づくっていくためのベースは，つくられるどころか，むしろ壊されていくだろう。心を揺り動かされるということは，自分が何をしてしまっているのかを問い直す重要な契機でもある。[7]

感情管理という課題

　だがもちろん，感情的なままでは，利用者とケア従事者のコミュニケーションはなかなかうまく進まない。依頼する利用者も，頼まれて実行するケア従事者も，感情的なままでいるのではなく，自らの気持ちを必死でコントロールしようとする。

　とくにケア従事者は，利用者に対する否定的な感情をそのまま出すわけにはいかない。なぜなら，ケア従事者が利用者に対する否定的な感情を表に出せば，簡単に虐待につながるからである。とくにベースの支援の場合，利用者が置かれている社会的環境（ケア従事者こそが支援の鍵となっていることも多い）を思うと，ケア従事者が否定的な感情を表に出せば，もっとも効果的な攻撃に近くなってしまう。いってみれば，もともとベースの支援の担い手は，虐待にももっとも近しい存在なのである。ベースをつくる人は，ベースを壊す人にもなりう

──note

6)　また，感情が揺さぶられる（怒りかもしれないし，イライラかもしれないし，恐怖かもしれない）という事態には，それ自体としてはさまざまな理由と背景がありうる。にもかかわらず，揺さぶられる感情をただコントロールすればよいと考えるのでは，そこで起きている問題から目をそらしてしまうことがある。たとえば，拘束されているお年寄りの目が訴えかけてくるのがつらいというとき，感情をコントロールして何も感じないようになればいいのか。それとも，拘束という事態そのものに向き合うべきなのか。また，直接的には利用者に対していらだっていたとしても，根本の問題は制度や行政，組織のほうにあるということは，珍しくないだろう（第6章でもこの点に立ち返る）。単に感情をコントロールするより，それらを見抜くことのほうが必要なのかもしれない。

7)　出口泰靖は，お年寄りとかかわる現場に身を投じ，そこでの自身の葛藤を詳しく描くことでその場で何が起きているかを解きほぐしたが（出口 2016），それと同じように，ケア従事者にとって自分の葛藤を見つめることは，しばしばその場を読み解く手がかりとなる。

る。

　ベースの支援の担い手の多くはそれがわかっており，だからこそ必死で気持ちを切り替えようとする。ベースの支援を担う人たちにとって，感情の管理は，避けられない重要なテーマのひとつである。

　さらにいうなら，ベースの支援での感情管理は，ひきつりながらも笑顔を保つ，という程度では済まない。たとえば介護・介助でいうなら，第2節で述べたように，相手の立ち上がろうという意思を受け止め，身体を差し挟み，身を任せてもらうというプロセスがある。これを完遂するためには，相手の心情や動作にアンテナを張り，気を配らなくてはならない。そして身体が触れてしまうと，身体の強い強張りなどを通して感情は伝わってしまうもので，筋肉一つひとつまで神経を払う必要がある。実に高度できめ細やかな感情管理が求められるのである。

「見たくなかった自分を見る」

　そして，これら感情のコントロールは，ケア従事者からすれば，「見たくなかった自分を見る」という，かなりキツイ作業でもある。多くのケア従事者は，何も利用者に対して否定的な感情を抱きたいとは思っていない。また，たとえば介護・介助を担おうとするなら，利用者が何を思い，何を願い，どのような意思を持っているのかを感じ取ろうとする姿勢・態度を採用しなくてはならないわけだが，そのためには利用者を思いやり，利用者に心を寄り添わせようとすることが前提となる。そこで悪感情を向けられたり，あるいは自分が悪感情を抱いてしまったりすることは，ケア従事者本人からしてもかなり傷つく経験である。

　先に述べたように，ベースの支援において生じやすい感情的な衝突やすれ違いは，実に「些細な」ことで生じることが多い。専門職のケアであれば，患者の生死にかかわることで患者が動揺し，それによって専門職も感情的にかき乱される，というのは，わかりやすい。生死にかかわることが重大なことであることは誰もが認めるだろうし，そこで感情的な衝突やすれ違いが生じることも，誰もが認めることだろう。それに対して，ベースの支援で生じる感情的な衝突やすれ違いは，しばしば本当に「些細な」ことがきっかけである。布巾の置き

方がおかしい，声のかけ方が気に食わない。そんなことがきっかけだったりもする。

いかにも重大なことでイライラしたり，衝突したりするのであれば，まだ自分を納得させやすいかもしれない。だが，こんなに「些細な」ことで何をイライラして，哀しくなったり，怒ってしまったりするのか。ベースの支援を担う人たちは，「自分はこんな小さな人間だったのか」とつぶやくことが多いが，それは，普段の生活なら「些細な」こととみなせることに，どうしてもこだわってしまう自分の小ささにうんざりしたという意味も込められているようである。

よく，ケアや支援については「人間性が問われる」といういい方がなされるが，この表現がケア従事者にとってリアリティを持つのも，こうした場面だろう。「人間性」が高くなければケアや支援ができないとは私は思わないが，ケア従事者本人からして「問われた」と感じる瞬間は，確かに少なからずありそうである。

このように，ベースの支援における感情のコントロールは，単にコントロールが大変だという意味だけで大変なのではない。「見たくなかった自分を見る」という感情的な負荷が大きな負担としてケア従事者には感じ取られている。

にもかかわらず，こうした感情的な負荷については，あまり評価されていないのが現状である。身体的な労苦をともなう介護・介助は評価されるが，感情面でかかる負荷については評価されないことが多い。たとえば介護などは「大変な仕事ね」と言われることは多くても，そこで想定されている「大変さ」には，汚い排泄物に触ることや，障害者や高齢者など社会的に排除されがちな人たちにかかわることでしかないことがある。

それに対して，先に述べたように感情労働という言葉が用いられたわけだが，それも本当に十分ではなかったのかもしれない。感情をただコントロールしなくてはならないというだけではないものが，ケアや支援には含まれている。

実際に介護で働く人たちが本当に苦悩し葛藤しているのは，そういうことだけではなく，「見たくなかった自分を見る」経験を重ねなくてはならないという，感情的負荷なのかもしれない。

管理できればそれでいいのか

さらにいえば，ベースの支援はかかわりとして想定されるスパンが長いため，もう少し別の困難もともなう。感情は，いかに管理したとしても，その努力の「跡」が残る。この「跡」が思わぬ効果を生むこともあるからである。

たとえば，利用者に対する恐怖を抱いてしまったとき，ケア従事者がその気持ちをきれいにコントロールしたつもりであっても，そのうち抑え込んだ恐怖心が別の形で表に出てきてしまうこともある。あるいは，利用者に対する嫌悪感をきちんと押し殺してかかわっていたとしても，1年経ってみると，利用者のことで普通なら気づき対応できるようなさまざまなトラブルや問題をすべて見なかったことにしてきてしまったことに気づくこともあるだろう。コントロールしたつもりであっても，コントロールしたという意識が残るほど努力が必要だったのだとしたら，しばしばその「跡」は残ってしまうのである。

先に，生活の中での変化は，ひとつの変化が他の変化を思わぬところで引きずり出すようなものだと述べた。このことは，ケア従事者の感情管理にも当てはまる。ケア従事者が自らの恐怖心や嫌悪感，怒り，哀しみなどを無理やり押さえつけたとき，一見した限りでは単なる感情のコントロールであっても，同時に別の変化や別の行為を生んでいることが少なからずある。そしてそれはなかなか本人には意識できないものである。

また，別の視点に立ってみると，その場でケア従事者が感情をきちんと管理することを規範として絶対視することが持つ意味も考える必要があるだろう。先に述べたように，感情的な衝突や行き違いは利用者とケア従事者の「間」で生じるのであり，利用者もまた感情的になることがある。ケア従事者が感情管理を規範として自らに課せば，感情的になってしまう利用者は，いわば規範を守れない「劣った」存在となってしまいかねない。だが，それでいいのだろうか。

専門職とのかかわりであれば，利用者にとっては日常と少し区別された時間であり，感情をコントロールすることもそう負担ではないかもしれない。それに対して，日常の中で自分のみっともなさ，みじめさをさらすことが許されないなら，その人の思いはどこに行くのだろう。考えようによっては，利用者に

86 ● CHAPTER 3 ケア従事者（2）

とってかなり抑圧的な場になっているかもしれないのである。

　それだけに，感情的な衝突や行き違いは，ときに肯定的な意味を持つこともある。というのは，決して「上から目線」ではないような，単なる「説教」ではない，もっと真摯な形での感情の噴出であれば，利用者がケア従事者の感情の噴出をむしろ歓迎することもあるからである。たとえばケア従事者にずっと行き場のない怒りをぶつけ続けていた利用者が，あるときケア従事者が思わず怒りで返してしまったときに，むしろそこで救われていくこともある。みっともない真似を繰り返してしまうケア従事者を見ることは，利用者が一方的に責められる存在ではないと感じさせることになるかもしれず，むしろケア従事者に対して利用者が親近感や信頼を抱く源泉になることもある。

　繰り返しになるが，ケア従事者と利用者の間に権力関係があることは否定できないし，またケア従事者がいかに真摯な感情を表しても，相手がそれをどう受け止めるかはまた別の話である。そのため，否定的な感情の表出がいつでも「いい」ことだとはいえない。

　ただ少なくとも，誰よりも感情的な葛藤や揺れ動きに苦しんでいるのは利用者である。そのため，ときにケア従事者もまた同じように（あるいは別様に）苦しむことが，それ自体何よりも大きなエールになることがあるのも確かである。ケア従事者と利用者の間で起きることが，いつでも一方的に「いい」「悪い」と決めつけられるわけではない。利用者がどう受けとめるかは，またそれぞれなのである。

感情をむしろ出す

　こうしたことから，感情の衝突や行き違いについて，ただケア従事者が感情をコントロールするのではない方法が，ベースの支援では探られることが多い。

　たとえば，身体障害者の自立生活運動では，どちらかというと，障害者と介助者の率直な思いをぶつけ合うことが求められてきた（岡原 1995）。ただ感情をコントロールするよりも，むしろちゃんと「喧嘩」することが重視されてきたのである。そうすることが，利用者にとっても自分の思いを口にできる機会になり，介助者との間で相互理解を深めることになるとみなされたからである。

　あるいは，宅老所や障害者支援の現場などで，とくに利用者にさまざまな

4　感情をどこまで出すのか　● 87

「問題行動」と呼ばれるような行動があっても，積極的に受け入れるという姿勢を貫いているような場では，利用者が感情を噴出させることに対して比較的寛容であると同時に，ケア従事者もまた感情をあらわにするところが多い。ケア従事者と利用者が平手で殴り合うような場面が見られたり，セクシュアルな冗談が飛び交ったり，悪口雑言があたりまえのようにやりとりされていたりする。そうした場が持っている「自由」な感覚や気楽さというのは，ケア従事者が的確に感情をコントロールしきれているような現場にはあまり見られない，独特なものである。

　もちろん，こうした場でも感情をまったくコントロールしていないということはないのだろう。ケア従事者はごく簡単に利用者を虐待する側にもまわれてしまうのであり，またケア従事者が比較的自由に感情を出せても，利用者が自由に感情を出せる機会は一般に少ないのだから。

　それでも，感情をコントロールすればいいという発想だけではベースの支援が立ち行かないことには注意が必要である。現実的に困難だということに加え，もう少し別の問題として，その発想だけではベースの支援がそれとして成立しなくなる可能性がある，という問題もある。感情をむしろ出していくというのは，ひとつの現実的な方途であると同時に，ベースの支援をそれとして成立させるための方途でもある。

⑤　インフォーマルでいい，わけではない

▎フォーマルとインフォーマルという分け方があまり意味をなさない▕

　この章の冒頭で述べたように，ベースの支援は，「仕事と私生活の区別がつけにくい」「どこまでが仕事だと割り切ればいいのかが難しい」とよくいわれる。ケアや支援のように，利用者のプライバシーに立ち入ることの多い職種は，たとえば専門職がそうであるように，フォーマルな仕事とインフォーマルな人間関係はあえて区別される傾向にある。それに対してベースの支援では，両者がしばしば重なりがちだと意識されているのである。この章で取り上げてきた

88 ● CHAPTER **3** ケア従事者 (2)

のは，それらが重なると感じられるような具体的な局面でもあった。

　ベースの支援は，ケア従事者には仕事のひとつだが，利用者にとっては日常の一部である。そのことを踏まえ，利用者の日常生活がうまくまわっていくこと，「生活の質」が低くならないように支えていくことを意識すると，専門職のケアとは少し意味づけが異なってくる。フォーマルな仕事とインフォーマルな人間関係とを重ねるほうがむしろ合理的に思える機会が増えてくるのである。

　たとえば，馴染みのある関係を育むことは，どの仕事でも有意義なのだが，他の仕事なら目新しさも同等なくらい価値を持つことも少なくないのに対して，ベースの支援では相対的にかなり明確に，目新しさよりは馴染みのある関係のほうが重要に見える。また，目標を定め，きちんと達成していくといった，いかにも「仕事」らしい取り組み方は，生活というものの性格を考えると，あまりふさわしくない。むしろ「仕事」として見るとかなり「いい加減」に見えるような姿勢のほうが，生活を支えるということについては合理的である。そして，感情的な行き違いや衝突については，「仕事と人間関係は別だ」という切り分けは一方で確かに有効なのだが，それだけでは現実的に難しかったり，またベースの支援をそれとして成立させるうえでその切り分け方がむしろ邪魔になっているように見えたりすることも少なくない（もちろん，ケース・バイ・ケースではあるのだが）。

　こうしたことから，ベースの支援を担うと，フォーマルな仕事とインフォーマルな人間関係とを切り分けるのが難しくなるように感じられるのだろう。真面目に「仕事」として追求すればするほど，ある程度インフォーマルな人間関係を利用者との間に育んでしまったほうが合理的になる。本質的にはどの仕事でもそうなのだが，ベースの支援は専門職と同じく，利用者のプライバシーに深くかかわる。にもかかわらず，専門職のようにフォーマルな仕事とインフォーマルな人間関係を切り分けてしまうとうまくいかなくなりがちである。だから，利用者のプライバシーに深くかかわりつつ，それでもフォーマルな仕事とインフォーマルな人間関係を切り分けるという姿勢を採用できないのである。

　そうすると，ケア従事者の「プライバシー」的な領域も仕事や利用者に侵蝕されるような感覚を覚えることも少なくないだろう。それが，この章冒頭で触れた，「仕事と私生活の区別をつけにくい」「どこまでが仕事だと割り切ればい

5　インフォーマルでいい，わけではない　●　89

いのかが難しい」という表現につながっている。

　ただこれは，ベースの支援がインフォーマルな人間関係でこそなされるべき
だと主張しているのではない。ベースの支援がその原像を持つ「ともに生き
る」運動でも，インフォーマルな人間関係でベースの支援が担われてきたと捉
えるのは必ずしも正確ではない。「ともに生きる」ことを求めてきた人たちは，
インフォーマルな人間関係を重視したのではなく，フォーマルとインフォーマ
ルという分け方そのものを蹴り飛ばしてきたのである。

　それに，今日の文脈においてインフォーマルな人間関係でなされればよいと
いういい方がなされるときに想定されているのは，フォーマル化した仕事とし
て捉えると当然に発生する金銭的報酬や安全管理を怠るという意味であること
が多い。たとえば一部の「地域住民」が十分な介護・介助や相談・コーディネ
ート，見守りの役割を果たせることはあるかもしれない。だが，「地域住民」
に任せておけば財政的に負担が小さいという理由で押しつけるのは無理がある。
ほとんどの「地域住民」にはそんなことはできないからである。第**2**章の最
後でも触れたように，ベースの支援を担う人たちは，たとえ直接的にはその人
のフォーマルな業務と関係なく見えても，まったく関係ないわけではないから
こそ担っているともいえる。このようなインフォーマルとフォーマルのはざま
でこそベースの支援はなされるのであり，インフォーマルな関係でやればいい
というわけではないのである。

それぞれの線引き

　そして，フォーマルな関係を持つケア従事者が，すべて「私」を強く仕事に
かかわらせなくてはならないということも意味していない。確かに，ベースの
支援を仕事として担うと，インフォーマルな関係を利用者との間に育むほうへ
と引き寄せられる傾向がある。だが，だからといって，必ずいわゆる「仕事と
私生活の区別をつけない」働き方をしなくてはならないということにはならな
い。その線引きの仕方は，人それぞれになる。

　社会福祉基礎構造改革を踏まえた制度が次々とスタートし，現在では「仕
事」としてベースの支援に従事しているケア従事者も増えてきている。そうし
た新たに参入してきたケア従事者には，これまでとは少し異なる態度の取り方

をする人たちがいる。たとえば，あくまでも自分を「職人」と捉え，「介護職人」と自称する人もいれば，何かといえば「仕事だからやっているだけ」という表現を多用する人もいる。では，そうした人たちが実際に担うベースの支援の内容が，「ともに生きる」人たちと大きく異なっているかというと，そう単純でもない。ケアや支援の内容としては近しく，ただそのことと自身のインフォーマルな人間関係との関連づけをもう少し異なる形で行う，ということにすぎないのかもしれない。あるいは，ケアや支援の内容として重なる部分があったとしても，やはりフォーマルな仕事としての責任を強く意識する，ということなのかもしれない。その中身は人によってさまざまだろうし，それらはそれらでひとつのやり方なのだろう。

　ベースの支援が，仕事として見たときには，ケア従事者と利用者の関係を，仕事上の関係にとどまらないものにしていくような傾向を持つように見えるのは確かである。だがそこでどのような重ね方をするか，整理の仕方をするかは，その人ごとに違う。この章で述べてきたのは，ベースの支援が仕事としてどのような性格を持っているかということなのであって，それを個人がどのような形で引き受けるかはまた別の問題である。

雇用としての安定

　そして，ベースの支援を担うことが，利用者とケア従事者がインフォーマルな関係を結ぶことにつながる傾向があるということは，何もベースの支援が「仕事」でなくなるということを意味するわけではないし，まして雇用された仕事としての安定性を持たせなくてもいいということにもならない。仕事としての中身を追求するとインフォーマルな関係のようになってくるということなのだから，仕事としての安定性を持たされなければ，インフォーマルな関係のようになっていくこと自体も難しくなる。

　ベースの支援に相当するものを生業とする人たちに支払われる給与は，一般的にいって決して高いものではない。臨機応変な対応が必要なわりに，専門職に比して労働条件が整っていないことが多い（といっても，いわゆる「専門職」と呼ばれる職種も過酷な労働条件になっていることが少なくないが）。この状況を保ち続けることは，ベースの支援がそれとして機能する可能性を減じてしまう。

5　インフォーマルでいい，わけではない　● 91

生活モデルに即したケアシステムを実現していこうとするなら，ベースの支援を担う人たちの雇用条件を整えることは必須である。

そして，ベースの支援を担う人たちの雇用条件は，もちろん直接には雇用主である事業所の判断もあるが，基本的には介護保険法や障害者総合支援法をはじめとした法制度，そしてさらには市区町村の細かな判断などによって，大きく左右される。ケアや支援の現場は，純然たる市場というより，準市場（quasi-market）という性格を持つ。介護時間数・報酬単価，配置人員などの条件のもとで事業所はやりくりするのであり，行政が果たす役割は大きい。

最低限の条件を整えてこそ，ベースの支援の担い手たちは，思うようにインフォーマルな関係を育んでいくこともできるようになる。それなくして，すでに生まれているインフォーマルな関係に依存してベースの支援を任せてしまっては，このシステムはまわらなくなってしまうだろう。

ベースの支援の雇用条件を変えていくためには，必ずしも専門職のように希少な人材であることを強調したり，特殊な人材であることを強調したりせずともいいだろう。もう現に，やっていることが重要かつ必須のことなのである。だとしたら，それをそれとして評価していけばいいだけである。このことが，新たなケアシステムをそれとして確立していくうえで重要な手がかりとなるのではないか。

SUMMARY

① ベースの支援は利用者とケア従事者の相互行為がうまくつながったときこそが「理想」だが，実際には両者は異なる身体と脳を持つ他者なので，両者とも「失敗」を多く経験する（ただしここでいう「失敗」は必ずしもケアや支援の失敗そのものではない）。

②「失敗」に慣れ，それを前提にマネジメントできるようになるためには，利用者がケア従事者に慣れていなくてはならない。ベースの支援において利用者がケア従事者に慣れていることはすでにケア従事者の能力の一部ですらある。

③ 生活は人生と同じで，長いと同時に毎日変化に富んでおり，かつ多次元的で，緩急も必要である。そのためベースの支援においては，専門職のケアのように具体的な目標を利用者とともに定めてそこに向けて邁進する，というモデルはあまり適切ではない。

④ ケアや支援では利用者とケア従事者の間に感情的な衝突や行き違いがよく生じる。ベースの支援においては，ケア従事者が感情をコントロールすることが求められるのは当然としても，現実的にはコントロールしたつもりで思わぬところで問題を生じさせてしまっていたり，コントロールできなかったことがむしろ肯定的な結果を生んだりすることも少なくなく，単純に感情をコントロールすればいいということにはならない。

⑤ ベースの支援は，インフォーマルな人間関係とフォーマルな仕事とが重なりがちな仕事である。ただし，だからといってインフォーマルな人間関係で担えばいいというものではなく，また担い手によって線引きはさまざまである。

CHAPTER

第**4**章

ケアの質

質を問うとはどういうことか

INTRODUCTION

　この章では，ケアの「質」をどう考えたらいいのか，というテーマを取り上げる。ケアの「質」について，なぜいまこんなに問われるようになっているのか，そしてとくにベースの支援の「質」を問うとはどのようなことか。さらには，そもそもケアや支援の「質」を問うときにケア従事者の側だけから考えていていいのか，など，「質」をめぐってはさまざまな論点がある。これらの点を整理し，それでも「質」を問うなら何が必要なのかを考えてみたい。

1 ケアの質を問うということ

▶▶「質」という問いへの切実な思い

ケアの「質」が，近年しばしば問われるようになってきている。その背景にあるのは，後述するように，従来型専門職における質評価の仕組みでは不十分だとみなされるようになってきたことがある。ただ，そうしたことだけで語れない，質を問いたいという切実な思いが，かかわる人たちの中にあることもまた，事実である。

もちろんまずは，利用者やその家族が，ケアの質を切実に問うている。それによって生活や人生の質が大きく変わってくるからである。利用者からすればもちろんのことだが，託す側にある家族であっても，本人が良いケアや支援を受けていると思えるからこそ任せられるのであって，そうでなければ家族もなかなか託せない。

どのようなケアや支援がなされれば生活や人生の質が大きく改善されるのかは，利用者にも十分にわかっているわけではない。だがそれでも，事後的にある程度の実感として，違いを確かに感じるときはある。そしてそれが生活や人生に与える影響の甚大さは，本人や家族だからこそリアルに感じるということもあり，質は切実な問いである。

それと同時に，ケア従事者やその管理者にとってもケアの質は切実な問いである。とくにベースの支援は，「成功」がそうわかりやすく存在しているわけではなく，「失敗」は見えやすいため，どうしてもケア従事者は「失敗」経験を積み重ねがちである。そして，ケアや支援に従事するということは，虐待の主体にもなりうるということを意味しており，単にケアや支援がうまくいかないというだけでなく，相手を傷つけ痛めつけてしまっているかもしれないという恐怖を，ケア従事者の多くが抱えている。そのため，ケア従事者はしばしば，自らがなしているケアや支援の質について，「これでいいのだろうか」「ほかにもっといい方法があるのではないか」と切実に問うている。

こうしたことから，本章ではあえてケアの質について考えてみたい。といっても，ケアの質について測る方法を定式化するというより，どのような考え方

96 ● CHAPTER **4** ケアの質

がありうるのかを整理していこう。

 専門職のケアと質

従来型専門職における質評価

　もともと専門職（profession）という制度は，クライアントの必要とそれに応じた自らの職務を自己定義できるというものである。アメリカの社会学者であるE・C・ヒューズは，すべての仕事においてクライアントと職業従事者の間には，一方には緊急事態（emergency）で他方にはルーティン仕事（routine）だという立場と認識の違いがあると指摘する。とくにクライアントにとって社会生活の根幹にかかわるような緊急事態の場合，クライアントと職業従事者との間には深刻な対立が生じうる。たとえば医師や弁護士が扱う事柄は，クライアントにとって生活全体にかかわる緊急事態である。そうした中で，医師や弁護士などの専門職が採用してきた解決策は，自らの職務における失敗（mistakes and failures）を自己定義できるとすることだった。たとえば医師による治療行為が何らかの形で患者に害を残したとき，その医師は医療の限界の中で最大限に努力してそういう結果になってしまったのか，単に無知や怠惰のために失敗し危険を与えたのか。この点について判断できるのは，素人である患者ではなく，同じ医師でなくてはならないとされる。このようにしてクライアントとの間で潜在的に存在する対立を回避してきたのが専門職という制度である（Hughes 1956: 88-102）。

　そのためもあって，専門職の多くは，専門知識や技術について当該専門職自身が教育することを制度化している。その領域の特殊な知識や技術は，その専門職でなければ教えられないと位置づけてきたのである。このような制度化は，医師や弁護士のように専門職としての地位を確立していない職種が，専門職化（professionalization）しようとするときに採用される最初の手段のひとつである。たとえば日本の看護職養成制度では，1950年代には医師が教員を務める科目が多かったが，1970年代のカリキュラム変更を契機に，「看護」と名のつく科

目を増やし，教員も看護職を中心にしていった。

　また，専門職の多くが，専門職団体に所属している（日本でのほぼ全加入の専門職団体としては日本弁護士連合会が挙げられる。日本医師会は組織率6割程度である）。専門職団体は主に，当該の職種に従事する人たちの倫理的行為を拘束することによって，何がその職種にとっての専門職倫理（professionalism）かを示し，そこから外れた行為を防ぐことにある。たとえば弁護士としてふさわしくない行為を繰り返したと日弁連にみなされた弁護士が，日弁連から除名されれば，その人は，弁護士資格は失わないが，開業することはできなくなる。実際にこのような処分がなされることはめったにないが，こうした制度の存在を背景にして，専門職倫理は多くの専門職の行動様式を一定程度拘束している。多くの専門職が「クライアントのため」を基本的な行動様式とするなら，個々の専門職従事者もまた，それをある程度遵守しなければ他の専門職従事者と協働できない（Zussman 1992: 45-62）。

　このように，専門職という制度は，事前教育およびそれに基づく資格の制度化と，専門職団体等に基づいた専門職倫理の行動レベルでの遵守によって，その職種に従事する人たちの質をコントロールしてきた。ある程度の専門的知識と技術を身につけなければ資格を得られずその仕事に従事できない。そして，その仕事に従事したとしても著しく専門職団体の倫理綱領を逸脱した行為を繰り返せば，その仕事に従事し続けることが難しくなる。こうした形である程度質をコントロールしてきたのが専門職制度だった。

これからの専門職のケアにおける質評価

　20世紀の終わり頃から，日本でも医療・福祉機関に対して，第三者による質評価制度が多く導入されるようになった。こうした第三者による質評価制度の導入は，アメリカが先んじて始めており，世界的な潮流でもある（伊藤・近藤 2012）。

　こうした質評価制度が導入される理由については，日本の文脈では主に介護保険制度の成立など，社会福祉基礎構造改革にともないサービス提供者が多様化したこと，公的資金が大量に投入されるようになったことなどが挙げられる。ただ，正確にいえば，20世紀の日本の医療においても，たとえば病院は私立

と公立が混在していたし，公的資金は医療保険制度である意味で大量に投入されている。むしろ重要なのは，私たちの価値が疾患の治癒から「生活の質」へと移行したこと，つまりは生活モデルへの転換だと考えたほうがいいだろう。従来型の専門職制度のような，専門職による判断だけでは，質の管理が不十分だという認識が人びとの間に広がっているのである。それは，価値の中心が疾患の治癒に置かれなくなり，「生活の質」へとシフトしつつあることの結果だろう。

　「生活の質」は，第 1 章でも述べたとおり，専門職には定義しきれない。ある人の疾患の状態については医師が判断できるだろうが，その人の「生活の質」がどのようにすれば上がるのかについて，医師はある程度以上には判断できない。その人の生活全体について医師が把握できるわけではないからである。そのため，今日のケアの質の管理は，専門職制度の重要性は減じないにしても，それだけでは論理的に不十分だということになる。

　といっても，新たな「生活の質」という価値に対して，第三者によるケアの質評価制度が対応できているわけではない。結局のところ，これら質評価制度は主に，それを契機に専門職が正確な自己統制を図ることができることと，利用者に情報を提供することで利用者が正確に選べるようになることを目的としている（伊藤・近藤 2012）。だとしたら，専門職制度に加えて，利用者がユーザーや消費者として選択できるようにするという手がかりでしかない。

　また，「第三者」がどのような形と意図を持って評価に参入するかという問題もある。いわゆる質評価制度とは異なる文脈になるが，たとえばマスコミによる取り上げ方については，一方で重要な「第三者」としての評価になる面もあれば，他方で一方的な糾弾と大騒ぎになることもある。1990 年代以降，それまでとは異なり，急速に医療事故が取り上げられるようになった。また，同時期には「薬害エイズ事件」がマスコミを騒がせた。ただ，医療事故についての報道の仕方や，「薬害エイズ事件」報道，あるいはそれらについて当事者の医師らを刑事罰に問うた検察に対しては，専門職の側からの批判も少なくない（郡司 2015；小松 2004）。

3 ベースの支援と質

自己評価とのズレ

　では，ベースの支援における質はどのように問えるのか。まず踏まえておきたいのは，ベースの支援については，ケア従事者の自己評価と質とが必ずしも相関しないことがある，という点である。

　第3章で，ケア従事者の多くがベースの支援においては「失敗」を頻繁に経験すると述べたが，実は「失敗」を頻繁に経験するケア従事者はむしろ，「質が高い」可能性がある。というのも，「失敗」を経験できるということは，利用者のちょっとしたふるまいにその人の意思や思いを見出した，ということでもあるからである。そうでなければ，受けとめきれなかったり，応えきれなかったりしたことを「失敗」と経験することもできない。本当に「質が低い」ベースの支援は，そもそもそれらを見ようともしないケースを指す。そしてそうした「質の低い」担い手は，自らが「失敗」したと思っていないだろう。

　つまり，一定程度「質の高い」ケア従事者は「失敗」を繰り返し経験し，「質の低い」ケア従事者は「失敗」をあまり経験しないという，逆転した構図が，ベースの支援には見られるのである。

　このように，自己評価と質とが必ずしも相関しないことが，本章冒頭で述べたように，ケア従事者たちにとってしばしば，自らの質への強い緊張感や不安に転化していることがある。そのため，ケア従事者たちが仕事を続けていくという観点からしても，質という問いは，あまり安易に手放してはならないのだと思う。

　こうしたことから，困難ながらも質を問おうとするなら，どのようにして問うことができるのだろうか。

事前教育の限界

　ひとつには，事前の教育の制度化とそれに基づく資格の体系化がしばしば挙

100 ● CHAPTER **4** ケアの質

げられる。仕事に従事するには，一定の教育を受け，資格を取らなくてはならないなどとすることによって，その人たちの質を高めようとするものである。だが，この方法は，ベースの支援においては必ずしも適切ではないように思える。

　そもそも，仕事に従事する前に教育することが意義を持つのは，抽象化・一般化された知識や技術にそれなりの価値があるときである。もちろん，ベースの支援においても，抽象化・一般化された知識や技術にはそれなりの価値があるだろう。だが実際にベースの支援に従事しようとするなら，もっと重要になってくるものがほかにもいくつもある。

　たとえば，利用者についての知識や，利用者とコミュニケーションする手段である。これらは抽象化・一般化された形で得られるものもあるが，具体的な個人は抽象化・一般化された知識や技術とは必ず異なるところに位置する。たとえば一般的な家庭での布巾の管理や洗濯物の干し方について知っていたとしても，具体的なこの人の家庭でのそれらについては別途学ばざるをえない。

　また，利用者にケア従事者を知ってもらうことも重要である。この点はしばしば見過ごされがちなのだが，利用者自身がケア従事者を把握し，慣れ，使いこなしてくれなければ，ベースの支援はそれとして成立しない。これはケア従事者がいかに高度な専門的知識や技術について的確に学ぶ機会を得たところで，あるいは利用者についての個別的な情報を得たり，ケア従事者だけが慣れていたりしても，得られないものである。まずは利用者とともに時間を重ねることが必要であり，それなくしてはどのように高い技能を有するケア従事者であってもできることは限られている。

　このように，ベースの支援において重要なのは何かを考えてみると，事前教育がどこまで優先されるべきかについては，議論の余地が残るところだろう。事前教育に時間と手間をかけるということは，それだけケア従事者候補の数を絞るということにもつながり，必ずしも有効ではないということになるかもしれない。

　もちろん，そうはいっても，素朴な実感として，ベースの支援の担い手たちに質の高低を感じることはある。優れた支援者と思える人は確かにいるし，そうした人たちのもとで育つ人たちもまた，優れた支援者になっていくように思

3　ベースの支援と質　●　101

える。ベースの支援の担い手にも「質の高い」人はおり，その「質の高さ」はおそらく伝達しうる。その意味では，ケア従事者たちがケア従事者たちを育てるという仕組みが，ベースの支援でも一定の意義を持つのは確かだろう。

　要は，専門職の養成制度のように，国単位などの一般化された仕組みにすると，失うものが多くなるのである。ベースの支援の質が利用者との相互行為の積み重ねによって決定されるのであるなら，利用者個々人と切り離された仕組みでは，質を上げていくうえで大きな足かせをはめられているようなものだからである。実際の個別具体的な利用者にかかわってもらいながらでなければ，質を高めていくための努力自体が空回りしてしまう。

　だとすると，専門職の養成制度よりも，仕事に従事しながらの訓練（on the Job Training: OJT）のほうが，ベースの支援には適切だといえるだろう。「新人」はどのような現場でも，あまり使い物にならないのが普通だが，そうした「新人」を抱えながら現場をまわしていけるような仕組みこそが望まれるのかもしれない。

　なお，事前教育だけでなく，仕事に従事しながらのキャリアアップやキャリアパスの仕組みについても，同じようなことがいえる。今日想定されている介護・介助職のキャリアパスは，ケアマネージャーの資格をとることや，医療職の資格をとること，あるいは開業することなどが多い。だが，多くの人たちに指摘されているように，ケアマネージャーも医療職も，介護・介助とは異なる業務内容が課せられることが多く，介護・介助職のキャリアアップ先としてまっすぐにつながっているとはとても言い難い（実際，資格取得に必要な勉強も，介護・介助の現場とはかけ離れた内容が多い）。そのほかに 2012 年に介護プロフェッショナルキャリア段位制度も始まったが，ベースの支援では，一般論で測れる知識や技術と，実際の現場で役立つ知識や技術があまり一致しない傾向にある。それでいて，段位と報酬が関連づけられていない以上，ベースの支援の担い手からしてもあまり魅力的には映らないだろう。

　むしろ，もっと個別の利用者とのかかわりに根差した試みや営みが，それとして評価されるような仕組みや，あるいはお互いにその経験や取組みを出し合って高め合っていけるような仕組みがつくられることが必要なのだろう。個別性の高さやベースの支援の捉え難さゆえに，なかなか容易ではないのも確かな

のだが。

消費者主義による質管理の困難

　それでは，専門職制度のような質管理とは異なり，消費者である利用者たち
が，自分自身が下す評価に基づいて，自由にサービス提供者を選べるようにな
れば，自然と質の高いサービス提供者だけが残されることになるだろうか。消
費者こそが主権者であると考えるという意味では，消費者主義（consumerism）
の考え方だといえよう。

　たとえば，社会福祉基礎構造改革によって，多くの福祉現場が，従来の措置
制度から，利用者が自らサービス提供主体を選び契約するという形に変わって
きた。このことは，消費者主義が社会福祉領域にも導入されたとみなすことが
できる。たとえば障害者の自立生活運動から生まれた自立生活センターは，障
害者たち自身が運営するセンターであり，介助者と利用者のマッチングも担う。
その意味では，消費者主義はケア・支援の領域に新たに導入されつつあるとも
いえよう。

　ただ，消費者主義によってケアや支援の質がコントロールできると考えるの
は早計に過ぎる。専門職制度が置かれてきたのはそれなりの必然性があるから
でもあり，消費者主義では立ち行かない部分は多くある。

　ひとつには，知識の格差が挙げられる。ケアや支援を必要とする人たちは，
自分に何があれば助けられるのかについてあらかじめ知っているわけではない
ことが多い。そうした中で，利用者が選べばいいと前提することには無理があ
る。

　また，一般に利用者にとってスイッチング・コスト（相手を替えることによっ
て生じる負担）が大きいのも，ケアや支援の特徴である。たとえば鞄を買い替
えるような気持ちで，ケアや支援の対象を変えることは困難である。確かに専
門職のケアについては，近年では，病院については複数の病院を同時に訪れ，
医師のセカンド・オピニオンをもらうことも，一般的になされるようになって
きた。だが，それが患者に課すコストが決して小さなものではないことにも，
注意が必要である。そして，とくにベースの支援については，相手を替えるこ
とはそんなに簡単なことではない。まず利用者がケア従事者を知らなければ始

3　ベースの支援と質　● 103

まらないし，ケア従事者も利用者という個人を知るところから始めなくては，ベースの支援はなかなかうまくまわっていかない。スイッチング・コストは決して小さくない。

そして，とくにベースの支援は，常に「失敗」をはらむ。どんなに優秀で気の合う介護・介助者であっても，介護・介助の場面で，利用者の意思どおりにはやれないことは必ずある。異なる身体を持つ存在なのだから，「失敗」は避けられない。その「失敗」を許容できる関係づくりと，消費者主義とは，しばしば逆方向のかかわり方になる。字義どおり消費者が一番だという意味での消費者主義に基づくなら，ケア従事者の「失敗」は避けるべきものでしかない。だが実際には，ベースの支援において「失敗」は避けられない。その「失敗」をどう両者の間で受けとめていくかという問いが，消費者主義に立ってしまうと立ち消えになってしまいがちなのである。

こうしたことから，とくにベースの支援には，消費者主義が過剰に入り込むことは危険ですらある。もちろん，利用者が選べるということは重要だが，利用者が選べればそれでいいというほど，事態は単純ではないのである。

┃ ピア・レビューの困難 ┃

そして，第3に，ベースの支援は，ピア・レビューにしても，そう簡単には評価しきれない。事前教育と同じく，専門職制度では採用されることの多いピア・レビューだが，これもなかなか困難である。

先に，ベースの支援はあまり意識されない相互行為の連鎖で成立していると述べた。ということは，当該の利用者たちとかかわってきた人たちでなければ，その人の意思がいつどのように示されていると捉えられるのかがわからないため，それがどう受けとめられ，応えられているのか，ということも判断できないということになる。とくに，言葉で自らの思いを説明することが困難な人や，あるいは状態としてそのようなことが困難になっている人が，どのような意思を持ち，何を感じているのか，はじめて会った人にわかるとは限らない。

たとえば，ベースの支援にかかわる人たちが集まって，自分が直面しているケースについて相談しようとする場面を想定してみよう。実はそれがかなり困難だということが見えてくるだろう。利用者その人についてのイメージが共有

されなければ，そこで何がトラブルになり，何が起きているのかなど，なかなかわからない。顔を見れば多少のイメージはできたにしても，ある程度かかわらなければ，利用者の思いや意思など簡単にわかるものではない。何がどう問題で，何をどうすればいいのかは，それなりの時間をかけて利用者とかかわらなければ，どのようなベテランにもわからないはずなのである。

　といってももちろん，ベースの支援に長らくかかわってきた人たちは，しばしばピア・レビューにかかわる独自の判断基準を持っている。たとえば，知的障害者の地域生活支援の活動を長らく続けてきた人は，たとえば小規模作業所やデイケアのような場を判断する際に，利用者たちが終わった後にどこかに立ち寄っているのかという質問を職員にするという。そうすることで，利用者が作業所以外の社会生活をどのように育んでいるかということ，あるいはそのことに職員がどの程度思いを巡らせているかということが見えてくるという。また，高齢者の施設介護に長らくかかわってきた人は，特別養護老人ホームの見学に行ったときには，施設の新しさや賑やかさなどにはあまり目を向けず，所在なげにしているお年寄りがどう時間をつぶそうとしているか，そこに職員がどうかかわっているかに目を向けるという。ずっと職員が口や手を出しているのも，まったく放置しているのも，どちらも「違う」というのである。

　こうしたことからすると，外部の質評価制度がまったく意味をなさないとはいえない。ただ，上述したような，現場でかかわってきた人たちの判断基準は，それで一概に測る基準というよりは，そこを手がかりにしてベースの支援の担い手と利用者の関係を推し量るすべを得ていくようなものである。ある尺度を当てはめて数値を出すというよりは，そこから内実を探っていこうとするようなアプローチである。外部から質評価をするというときには，こうしたアプローチを実際に可能にするだけの人材と時間・費用が必要なのだろう。

3　ベースの支援と質 ● 105

4 質を考える視点を変えてみる

利用者に世界はどう見えているか

　さてここで，ベースの支援の質を考えるために，いったん視点をケア従事者から利用者に移してみよう。利用者の「生活の質」にこそ価値があると考えるのであれば，ケア従事者が利用者に何をしたか，という視点だけでベースの支援の質を捉えることに無理がある。利用者にとっての世界は，ケア従事者たちだけで占められているわけではないからである。

　西川勝は，認知症で不穏な状態になる人が，夕飯時のにおいや差し込む日差しなどによって徐々に癒されていく様子を記述し，一つひとつの行為でケアを説明しきろうとすることには限界があると述べる。行為に還元してしまおうとすると，ケアや支援の豊かさを損なうという。ケアは，ある個人（ケア労働者）によってなされるものというより，もっと細かいさまざまなモノや人，音，匂い，空気のようなものによってなされていく。西川はこれを「ケアの弾性」「パッチング・ケア」という言葉で示している（西川 2007: 122）。あちらで心地よい包丁の音が聞こえ，晩ご飯の良い匂いがしてきて，こちらの介護者が一言声をかけ，あちらの利用者に面会に来ている人が目の合った瞬間に微笑み，外の日差しが暖かく入り込み……という小さなことの積み重ねが，不穏状態になっていたお年寄りを安らげていく。西川はこの場面をもって「小さなケアがそれぞれの意図を超えた模様をパッチングしている。こんなケアの光景をもっと大切にすることが，相手を理解や操作で翻弄しないケアになる」（西川 2007: 124）と述べている。

　西川の指摘を字義どおり読むだけであれば，空間のありようがケアや支援において大切だ，という理解にもなりうる。実際，空間への着目は 1990 年代以降，盛んになされてきた。病院のような無機質な空間ではなく，ぬくもりのあるホームのような空間が必要だという主張は，建築学を中心に展開されてきている（外山 1990；外山 2003；Cohen & Weisman 1991 = 1995）。それが制度化され，

106 ● CHAPTER **4** ケアの質

今日では新設の特別養護老人ホームのほとんどがユニットケアを前提として設計されるようになっている。

だが，西川の議論が示しているのは，単にぬくもりのある空間をつくればいいということではないだろう。一見してぬくもりのある空間に見えたとしても，利用者からすればそうではないかもしれない。強調されているのはむしろ，「包丁の音」「晩ご飯の良い匂い」など，生活のリズムである。

だとしたら，西川の議論において重要なのは，利用者自身にとって世界が全体としてどのように経験されているか，という視点を持ち込むことだったのではないだろうか。いいかえれば，ケア従事者の視点からケアの質を考え決めつけてしまうことがいかに無意味で，暴力的ですらあるか，ということでもあるのだろう。利用者にとっての世界は，一人ひとりのケア従事者がコントロール可能なものを越えた，多様なものを含む，より複雑で固有のものである。これが西川のもっともいいたかったことなのではないだろうか。

ケア従事者の質の異なる見え方

このように視点を転換してみると，ケア従事者の質についても異なる見え方が出てくる。たとえば，介護・介助者にも本当にいろいろな人がおり，とても優しく親切な態度で利用者に接する人もいれば，利用者に対して厳しい態度を示しがちな人もいる。あるいは，全体に対して配慮や目配りを怠らない人もいれば，ほとんど全体を見ようとせず，いわれたことだけをやる人もいる。一般には，優しいケア従事者がいいといわれるだろうし，全体を見たほうがいいといわれるだろう。

だが，利用者の生活全体という視点から見たときには，また評価が変わってくる。全体を見てトータルな視点から介護・介助をする人は，確かに「優秀」だろうし，利用者からしても頼りになる人かもしれない。だが，すべての介護・介助者がそのような人たちだったら，利用者には逃げ場がなくなってしまう。多くの利用者が社会関係の狭められた状態で暮らしているが，24 時間 365日，そのような人たちばかりに囲まれている生活は，自分自身がコントロールできる領域や事物の少ない，非常に強く管理された生活になるのではないか。そうした中では，いわれたことしかやらないような，一見すると「優秀ではな

い」ように見えるケア従事者とかかわるのは，自分にもやれることが見出せる時間となるかもしれない。

　優しさと厳しさについても同様のことがいえる。全員が優しい態度しか示さない介護・介助者だったときと，厳しい態度の人が多い中でのひとりだったときとでは，その人の優しさや厳しさの意味が変わってくる。優しい人たちだけに囲まれた空間で生きるのは，いかにも心地よさそうに見えるが，そうとは限らない。利用者の中には介護や介助を必要とする状態になった（なっている）ことに対して私かに怒りや葛藤を抱えていることもあるが，そうしたときに，優しい「健常者」たちだけに囲まれていたら，その怒りや葛藤は，どこをはけ口にしたらいいのだろう。むしろ，優しくしてくれないケア従事者のほうが，嘘をつかずに付き合ってくれる人と見えるかもしれない。

　そう考えると，あまり「優秀」ではなく，利用者に対して優しい態度をとれないケア従事者が，望ましくないケア従事者なのかというと，そうとは限らないことが見えてくる。いつも「世話をされる」ばかりでいるのは，そう容易な経験ではない。私たちは，自らが状況をコントロールできると感じるときに，生活の実感を得るのであり，自信を得る。だとすると，一方的に「世話をされる」だけではない関係を形づくれるような，「優秀」でないケア従事者がまわりにいることには一定の意味があるだろうし，優しくないケア従事者はむしろ嘘をつかない正直な人と映るかもしれない。

　このように，利用者から見える世界という視点に立つと，ケア従事者の個別のふるまいやかかわり方が持つ意味は，利用者を取り巻く人たちや状況によって大きく変わってくる。そして，このことをもう一歩踏み込んで考えてみると，ケア従事者の個別のふるまいやかかわり方が持つ意味は，利用者にとってそのケア従事者がどのような存在となるかということによって変わってくるともいえる。

5 権力を「薄める」というやり方

▶▶「虐待」をどう考えるか

ケアや支援と「虐待」

利用者にとってケア従事者がどのような存在となっているかということは，利用者とケア従事者の間の権力（power）の度合いを決定する要因でもある。

ケアや支援は，一方では確かにケアや支援なのだが，他方で権力関係という性格も持つ。専門職のケアにおいても，専門職はクライアントに対して，専門的知識や技術を持ち，ニーズを判断できるとされているという点において，権力を有しているといえる。ベースの支援についても同様である。介護・介助，相談・コーディネート，あるいは見守りを必要とする人たちは，まさにそれらを「必要とする」という意味で，「弱い」立場にあるともいえる。ケアや支援の担い手と利用者の関係は，その意味では常に非対称であり，その関係だけを切り取るなら，権力関係は明らかだろう。[1]

そして権力の存在は，ケアや支援の質を考える際に基本的な問題となりうる。なぜなら，もっとも問題視されることの多い虐待（abuse）が，一方が他方に対して強い権力を持つときという前提を持つ概念だからである（abuse は，ab-use をもとにしており，権力の誤用・悪用といった意味を持つ）。

虐待への対策としては，内部告発制度や外部からの介入，あるいはケア従事者の啓発などがよく語られる。これらは確かに，現在でも多く残る悪質な事例に取り組むうえでは，欠かせない取組みだろう。だが，「虐待」はいわゆる目に見える暴力や生命にかかわるようなネグレクトだけではとらえきれない。少なくとも近年では，虐待の手前には「不適切な対応（maltreatment）」が連なっ

---note

1) ここでいう権力は，一方が，他方の意図に反する可能性も含めて，他方をある程度自らの意思どおりに動かすことを指す，という広い定義にしておきたい。このように広く曖昧な定義で済ませるのは，ここでは権力という概念を，実体として何かに影響を及ぼす説明概念として捉えるよりも，むしろそれがどのようにして成立しているかという被説明概念として扱いたいからである。盛山は，権力概念がしばしば説明概念として論じられてきたことを批判的に検討したうえで，実はこの概念がもっとも威力を発揮するのは，被説明概念として用いられるときではないかという（盛山 2000: 173-190）。

ており，それらも含めて虐待と考えられるようになってきている。たとえばお年寄りの利用者に鼻眼鏡をかけさせて，職員たちが笑っているとき，お年寄りも一緒に心から笑っているのなら楽しい時間だろうが，職員たちだけが笑っているのなら，それも「不適切な対応」である（林田 2016: 60-64）。だとすると，悪質な事例をなくすだけでなく，「不適切な対応」についても考えることが必要になるだろう。

そして，「不適切な対応」のレベルにも踏み込もうとするなら，内部告発制度や外部からの介入，あるいはケア従事者の啓発だけでは，あまりにも無力である。なかでも，ケア従事者の啓発は，なかなか難しい。

先に述べたように，ベースの支援においては，ケア従事者の自己評価とその質とは一致していない可能性が高い。「質の高い」ケア従事者こそが，「失敗」の経験を重ねている可能性もあるからである。そうしたケア従事者に対して，「不適切な対応」を問題化するような啓蒙活動は，ときに過酷な意味を持つ。いわばいつも「自分は不適切な対応をしているのではないか」という思いを抱えている人に対して，「おまえは虐待予備軍である」といっているようなものである。自らが「虐待者」になるリスクをゼロにしようと思うなら，利用者とかかわらないのが一番である。リスクを減らすために現場を離れるべきだろうかと考えてしまうケア従事者も少なくないのではないか（実はそう考えるケア従事者はすでに一定程度「質が高い」のだが）。それに対して，「失敗」すら受けとめないケア従事者は，自分がそこで語られているような虐待予備軍になりうる可能性に，そもそも思い至らないだろう。その意味では，ケア従事者への啓蒙活動は，「不適切な対応」レベルにまで踏み込もうとするなら，届いてほしいところに届かず，届かなくてもいいところにだけ必要以上に届いてしまうような，アンバランスなものになりがちである。

権力を「薄める」

だとしたらどのような取組みがありうるのか。先に，ケア従事者と利用者の間に権力関係があることは否定できないと述べた。それは確かにそうなのだが，その権力とは何によって形づくられているかを考えてみると，それを変える方向も見えてくる。少なくとも，利用者から見える世界に視点を移してみれば，

110 ● CHAPTER **4** ケアの質

利用者の「弱さ」は必ずしも固定的なものではない。利用者の生活にとってそのケア従事者が持っている重要性や，生活の中でそのケア従事者との関係が占める割合を減らしていけば，利用者とケア従事者の間の権力は，少なくとも利用者の世界全体の中からすれば，相対的に重要性が減じられる。

　たとえば，入所施設で暮らしている場合は，利用者は職員としかかかわりを持たないことが多く，職員の目の届かないところでの暮らしや人間関係はほとんど持てない。それに対して，アパートでの一人暮らしで，生活はヘルパーの介助を受けながら，日中は別のところで活動し，ときどき友人たちと会う機会を持っていれば，どうだろうか。他の人間関係をまったく持てない中では，職員と利用者の権力関係は固定的であり，動かしがたいものに見える。だが，日常生活を介助するヘルパーのほかにも多様な人間関係があり，ヘルパーの目の届かないところでの暮らしや人間関係があるなら，ヘルパーとの間にもちろん権力関係はあるのだが，それはもはや生活全体を覆い尽くすようなものではない。ヘルパーとの間で嫌なことがあれば，ほかの暮らしや人間関係で愚痴をいったり解消したり，それに基づいてそのヘルパーとの関係を変えていくことも可能になる。権力は確かに存在しているのだが，それが利用者の世界において持ってしまう力をいわば「薄める」ことは可能なのである。

　なお，ここで問題にしているのは，入所施設か地域生活か，ということではなく，権力のありようである。入所施設で暮らしていたとしても，たとえば利用者たちによる自主管理が実質的に機能しているのなら，職員がその利用者に対して圧倒的な権力を有する事態は避けられる。地域で暮らしていたとしても，ある特定の人だけによって生活がコントロールされているのなら，その人が有する権力は圧倒的である。場所や形式の問題ではなく，実質としてその利用者がどのような人間関係に取り巻かれ，どのような世界を生きているかということが問題なのである。

　利用者自身が多様な人間関係の中で生きられるようになり，世界が豊かになっていけば，一人ひとりのベースの支援の担い手が持つ権力は相対的に薄まっていく。その関係の中ではどうしてももなってしまうだろう非対称性も，利用者の世界全体で見れば多数の中のひとつになっていけば，利用者には逃げ場や相対化の機会が生まれる。そうやって権力が薄まれば，「虐待」が生じる可

能性も相対的に減らしていくことができる。

　実際，私たちの多くもまた，ある人間関係で抑圧されていても，他の人間関係や暮らしの場で愚痴をいったり，調整したり，ときには抑圧的な関係を自ら変えるだけの力を得てきたりしながら，何とか暮らしている。

　それに対して，ベースの支援を必要とする人たちの多くが，排除の「蓄積」を経験しており，私たちの多くが暮らしていくうえで持っているさまざまな逃げ場や相対化の機会を奪われている。利用者が多様な人間関係や暮らしの場を持てるように工夫していくことは，奪われていたものを取り戻すことでもある。そうすることで，問題のすべてが解決するわけではなくても，愚痴をいったり，何とか調整したり，ときには自ら抑圧的な関係を変えたり，あるいはただやり過ごしたりしながら，それなりに暮らしをまわしていくことが可能になる。

　いいかえれば，利用者に対する排除に抗うこと，抗うための仕組みを模索することが，いまここでケアに従事する人たちの行為やケアの意味，ひいては質を変えることにつながっていくのである。排除に抗うことと，ケアの質を上げることとは，一見すると別のことなのだが，根底においてやはりつながっている。

　このように，ケア従事者が何をするかという視点ではなく，利用者にとっての世界という視点から見たときには，ケアの質を考えるうえで多様な見方や捉え方をもたらしてくれる。いまここでケア従事者が何をするかということだけが問題なのではない。それが利用者の世界において持つ意味を変える方法は，ケア従事者が自らのふるまいを変えることだけではないのである。

開かれた可能性へ

意味は変わりうる

　そのように，権力をある程度「薄めた」後であれば，ベースの支援についての質の議論は大きく変化しうる。

　そもそも，ある行為の意味は，その行為そのもので決まるわけではなく，常

にそれに先行する行為と後続する行為によって決まってくる。先行する行為によって意味づけが制限されてくるし，後続する行為によってはあとから意味が変えられてしまうこともある（佐藤 2008: 132–157）。

　たとえば，利用者とケア従事者との間で，利用者の指が震えてモノを落としてしまったときに，タイミングや音，利用者のしぐさなどから，思わずケア従事者が笑ってしまったとしよう。利用者の障害ゆえに起きたことについて，ケア従事者が笑ってしまうというのは，一般には好意的に受け止められないふるまいだろう。その笑いは「嘲笑」と見られるかもしれないし，たとえ利用者が一緒になって笑ったとしても，実際には深く傷ついているかもしれない。

　だが，それまでに利用者とケア従事者が「笑い」のセンスを共有していたり，ケア従事者がその少し前に，自分のミスでモノを落としてしまっていて，利用者のふるまいがそれにやけに似ていたために，笑ってしまったりしたのだとしたら，どうだろうか。もしかしたら，利用者とケア従事者は一緒になって笑って，そのことによってつながりが強まるかもしれない。ユーモアは，介護・介助においてしばしばとても重要な意味を持つ。

　あるいは，そのときは「嘲笑」のように思えていたとしても，ケア従事者がその後，自分もモノを落としてしまって，それで利用者が笑ったら，どうだろうか。先ほどは感じが悪かった笑いが，意味が変わってしまうかもしれない。

　このような短い時間軸だけで考えられることではないかもしれない。たとえばケア従事者が利用者に手を挙げてしまったとしよう。これは，ケア従事者としては決して許されることではなく，「虐待」と呼ばれるだろう。だが，人間の関係というのはそう単純なものではない。日常の生活をともにしていると，取り繕った表面的な仮面だけではやっていけなくなることがある。利用者のほうも，どうしてもケア従事者にイライラをぶつけてしまうことがある。それに笑顔で応えているばかりが，ケアや支援になるのか。

　利用者からすれば，手を挙げられたことが，「はじめて正直に自分の思いをぶつけてくれた」と映ることもある。「雨降って地固まる」という言葉があるように，対立や葛藤が，のちに揺るがない信頼へと結びついていくこともある。そうなったときには，手を挙げた瞬間は，確かに望ましいことではなかったといわれるだろうが，他方で信頼関係が生まれるきっかけとして意味づけられる

6　開かれた可能性へ　● 113

ことになるだろう。

　こうしたことからすると，かかわり続けることは，そうやって意味を変える可能性を保つことでもある。続けるということは，それ自体に意義があるとは限らないが，続けることが過去の行為を肯定的な意味へと変える可能性を保ってくれるのである。

　ここでいいたいのは，常にそうなるということではなく，行為はこのように常に意味が変わる可能性があるということである。否定的な意味を持つように思えた行為が，もっと否定的な意味を持つこともあるし，肯定的な意味を持つようになることもある。ある特定の行為を切り取って，それ単独で意味が決まってくるわけではないのである。

日常性のディレンマ

　こうしたことからすると，質を問うということ自体が，いまの時点で行うのか，どこまでさかのぼって考えるのか，あるいはどれくらい後まで時間的スパンを置きながら結果や効果を考えるのか，という問いを引き起こすことが見えてくる。たとえば，ある時点での利用者の状況を踏まえて，これが必要だという判断をするとき，どこまで過去を視野に入れるだろうか。以前は元気いっぱいだった人が穏やかになってしまったことについて，どう評価するのか。あるいはその人は以前はもっと穏やかだったのかもしれない。どこまでさかのぼって現状や必要を評価するのかは，それ自体が論争的である。

　また，相談・コーディネートによって利用者が元気になったように見えたとしても，その効果はどこまで続くのか。たとえば1年後は，10年後はどうなのだろうか。数日後や数カ月後までは視野に入れることがあっても，10年や20年のスパンで見る人は少ない。けれども利用者の人生は，ときに何十年も続くこともあるのだ。

　逆にいえば，「将来を考えて」「今後のために」といった将来を見越したような介護・介助や見守りが，「いま」にどれほどの意味を持つのかという問題でもある。往々にしてそうした将来を見越したケアや支援を試みる人たちは，実際にその「将来」「今後」を追いかけられるわけではない。よしんば追いかけられてしまうとしても，それは利用者がそれだけ狭い世界で生きることを意味

114 ● CHAPTER **4** ケアの質

するので，望ましいとはいえないだろう。だとしたら，いまここでの短いスパンで考えることのほうが適切だという判断もあるだろう。

　こうしたことは，専門職のケアでも本来はいえることである。ただし，専門職のケアは，もう少し領域と問題を限定している。たとえば一定期間の「治療」であったり，「リハビリテーション」であったりする。その前の人生やその先の人生は，確かに想定されたり視野に入れたりはされるが，基本的には対応すべきことの外側にある。実際，利用者の側もまた，特定の身体の不調を何とかしてほしいと思って訪れたり，一定の生活の改善を求めて訪れたりと，自らの抱える問題についても限定している。いわば，一時的な介入であることがケア従事者にも利用者にも了解されており，そのうえでなされるケアである。

　それに対してベースの支援は，そのように明確に領域や問題を限定する手前でなされるものである。そのため，どうしても行為の意味が変わりうること，人生においてさまざまなことが起こりうること，社会の中で生きる個人にとって意味づけが変わりうることが，意識のうえに浮上する。専門職のケアのようには，一定の局面だけに視点を集中できないのである（第 **3** 章も参照）。

　こうして考えていくと，質を問うという姿勢自体が，ベースの支援が持つ日常性と反する要素を持つことが見えてくる。質を問うためには，一定の時間軸と変数の中で変化を特定し，それが持つ意味を決めなくてはならない。だからこそ，その中で質を問うことができる。どのような時間軸や変数を採用するにしても，仮に一定のものを採用しなければ，そもそも問いが成立しない。

　それに対して，日々は続く。その一定の時間軸や空間軸の中だけで利用者の世界が完結しているわけではない。それゆえ，ベースの支援もまた，続く。介護・介助も続くし，相談・コーディネートや見守りも明確な終わりがあるわけではない（あるとしたら利用者の死だろうか）。ケア従事者の営みもまた，利用者の日常が続くように，まさに「日常」として続く。

　このように考えると，質を問う姿勢と，ベースの支援が持つ日常性という性格とは，実は相反する。たとえば質を問う姿勢で見れば，「問題の先送り」や「見過ごし」「やり過ごし」に見えたとしても，日常というのはそういうものでもある。むしろ，日常が続くこと，そしてその中では小さな不測の事態が起きることも多く，また明日どうなるかはいつも不明だということからすると，質

を問う姿勢のように期間を区切って評価しようとする姿勢は，むしろ柔軟性や臨機応変さを損なうものに見えるかもしれない。ベースの支援には，ケアや支援であるがゆえに質は問われるのだけれども，日常の支援であるだけに質を問うという姿勢が無効化してしまうようなところがある。いわば，日常性のディレンマといってもいいかもしれない。

それでも質を考えるなら

　かといって，この章の最初に述べたように，質という問いを安易に捨ててしまうわけにもいかない。だとしたら，ベースの支援について質はどのように問えるのだろうか。これまでの議論からいえることだけは確認しておきたい。

　第1に，質を評価するうえでは，常に複数の時空間パターンを想定する必要があるということである。たとえば，いまあるケア従事者が利用者に暴言を吐いたとしよう。それはそれとして質を評価できるかもしれない。前後に何があろうと，暴言は暴言だ，ということも可能だからである。だが同時に，前後に視野を広げ，それまでどのような付き合い方をしてきた関係なのかを視野に入れて，その暴言の意味を考えるという質評価の仕方も必要になってくるだろう。あるいは，その利用者がどのような人間関係や空間の中で生きているかを考慮し，その中で暴言の意味を考えるという質評価も必要になってくるのだろう。

　これはどの評価軸が正しいという話ではない。たとえば時間軸を長くとらなくては評価ができない，という話ではないのである。いまこの瞬間だけを切り取って質評価をする視点が間違っているわけではない。それは「いままでいい関係を維持してきたのだから，冗談で暴言を吐いたっていいはずだ」といういい方がいつでも許されるわけではないということでもある。だが他方で，いまこの瞬間を切り取った視点だけで質を評価していけば，これまでやこれからの可能性をつぶすことにもなる。むしろ，複数の質の可能性を常に担保した評価の仕方が必要なのではないか。

　なお，これは，権力が薄まっているという仮定のもとで成立することである。権力が薄められていないのであれば，視野を広げて考えている場合ではないだろう。利用者からすれば，その権力関係がその人の世界を覆い尽くしているのだから。そのため，このような議論は権力が薄められていることを前提とする。

第2に，いまはどのような意味を持つかわからないようなことにも，それとして意義がありうる，という質評価の仕方も可能だということである。たとえば，利用者との関係がいいとはとてもいえず，介護・介助や相談・コーディネートが不首尾に終わることが続いていたとしよう。何が問題なのかも定かにならなかったり，それは定かになっていても解決法がまったく見えなかったりすることもある。だとしても，それでも通い続ける，かかわり続けるということが，それ自体として意義がある，といういい方が可能である。なぜなら，行為の意味が長い時間をかけて変わることもありうるからである。

　またたとえば，利用者と他の人や機関をつなげようとして，なかなかうまくつながった感じにはならず，誰も得をしたように見えないこともあるかもしれない。労多くして実りが少ないように見えることは多い。確かに，いまは何の意味もないかもしれないし，むしろ害すらあるかもしれない。だが，本当にいつまでもそうなのかはわからない。さらに別のところにつながったときに別の意味を持ってくるかもしれない。

　つまり，ただ「続ける」こと，あるいはただ「広げる」ことなど，それ自体としては大して意味を持ちようがないことであっても，それでも意義がある可能性がある，と考えることができる。ベースの支援には，わかりやすく成功した瞬間が少なく，むしろ「失敗」が多いと第**2**章で述べた。「失敗」ばかりが続き，何のために「続けている」のか，「広げている」のか，わからないことも少なくないだろう。だが，それ自体に意義がある可能性は常にある。生活という長く続く営みの中で，何がどうなるかわからないからである。「成功」につながらないような，「失敗」でしかない営みであっても，それ自体がいつか意義を持つ可能性は，いつもあるのである。

　これら２つの論点を踏まえなければ，ベースの支援の質を論じることは難しい。最低限の安全管理などは別として，支援の中身について質を考えようとするなら，たとえば安全管理のように一律に同じ条件を課すような形での評価は困難である。また，事前教育による質の担保や，消費者主義の導入，ピア・レビューの導入などは，一定の意味を持つことは確かにしても，弊害も少なからずあり，これらのどれかひとつに頼ればいいというものではない。

　では，こうした複数の時空間パターンの想定や，現状としては意味を持つと

開かれた可能性へ　● 117

はいえない営みが有する可能性を捨てないという姿勢は，どのようにして可能になるだろうか。これらを数値で簡単に表す方法は，現状として私にはあまり想像できないし（ありうることを否定するわけではない），図表で表すことなどもなかなか難しそうである。おそらく，一定の手間と時間をかけたやり方しかないのだろうと思う。

たとえば，報告書を一枚まとめれば済むような，あるいは評価者が一度訪れて中を数時間見学すればそれで済むような，そうした形での質評価では，これらの点は抑えられない。短い時間に単純化した形で評価しようとする方向性とは逆のやり方でなければ，ベースの支援の質は評価できないのである。

ピア・レビューについて論じた際に，ベースの支援を長らく続けてきた人たちがほかの支援の現場を評価するやり方について触れた。たとえば，作業所の利用者が仕事の後に何をしているかと職員に聞くことで，利用者が仕事以外の関係をどのように築いているか，また職員はそのことにどのように関心を持っているかなどを探る，などだった。これらのやり方はどれも，具体的に挙げられる点そのものに関心を持ち，それだけで評価しようというものではない。それを手がかりに，その現場で何が起きていて，ケア従事者がそれをどう捉えているのか，探っていこうとするものだった。

おそらくそのように，時間と手間をかけて探っていかなければ，ベースの支援の質は見えてこない。質評価を本当にやろうとするのであれば，それだけの人手と時間をかけること，そしてそれだけの人材を育てることが不可欠になってくるだろう。評価にかける手間と時間，そして人材づくりを省くことは，ベースの支援の質を評価するうえではまず避けるべきことなのである。

ケア従事者自身にとって

先に述べたのは，第三者からの質評価についてだった。それとは別に，ケア従事者自身にとって，自らのケアや支援についての質を問う気持ちに対しては，どのような評価の仕方が応えられるだろうか。先に挙げた2つの点はもちろんとして，おそらくもうひとつ重要なのは，質という問いをときどき相対化する契機を持つことである。

忘れてはならないのは，ベースの支援においても質を問うことは意義がある

118 ● CHAPTER **4** ケアの質

のだが，担い手だけから質を議論しているのでは，利用者その人から見える世界を見落としてしまうということである。利用者は，本来であれば，ケア従事者によって支配される存在ではない。現状として支配できてしまうほど，権力関係がその利用者の世界を覆い尽くしていることもあるが，そうでない環境をつくっていけば，ケア従事者からして，支配しきれない他者である。この点を繰り返し確認していくことが，質の議論には不可欠なのではないだろうか。

　私の知る，ベースの支援の担い手たち（対象が障害者であっても，高齢者であっても，女性であっても）は往々にして，利用者の「したたかさ」「しぶとさ」について語る。「なんのかんのいって，あの人はうまく生き延びていくよ」「こっちの思いどおりになんかできるような甘い相手じゃないよ」「こっちがどうこうしようとするより，本人の力に任せればいいよ」。こうした表現は，経験の長い人たちの口からふとした瞬間によく漏れ出てくる。言葉だけをとれば，利用者に対して失礼な表現に聞こえるかもしれない。だが，そういうときのその人たちの表情はむしろ，利用者に対する敬意と尊敬の気持ちにあふれているように見える。

　ここにはベースの支援を担ってきた人たちの実践知が凝縮されているように思われる。これらの表現は，字義どおりに見れば，ベースの支援を担う人たちが，自分の質を不問に付して，利用者にお任せしているかのようにも読める。だが，おそらくそうではない。繰り返し述べてきたように，ベースの支援を担っている人たちにとって，自分たちの質は，かなり深刻な問いである。日々「失敗」を経験しているのだから，自分たちのやっていることの積極的意義や意味を求める傾向は強い。長年ベースの支援を担ってきた人たちであればあるほど，実は質について人一倍悩み，考えてきている。

　だが，自分たちの質についての問いに拘泥することは，おそらく危険なのだろう。複数の質の問い方があるにもかかわらず，どうしてもひとつの問い方に囚われてしまいがちだろうし，他の視点を見失いがちである。自分自身の質ならまだしも，同じベースの支援を担うほかの人たちに対して，厳しい評価を下してしまうことがある。だがそうやってほかの人を排除してしまったとき，利用者にとっての世界全体が窮屈で苦しいものになってしまうこともある。「優れた」ケア従事者に囲まれた生活が過ごしやすいものだとは限らないし，その

6　開かれた可能性へ　● 119

「優れた」はある視点のみからした「優れた」に過ぎないのだから。

　そのときに，利用者の「したたかさ」「しぶとさ」について語ることが意味を持つのだと思う。利用者は，単にそのケア従事者にとっての「利用者」ではない。それ以外のさまざまな側面を持ち，ときに人間関係を持ち，その人なりの世界を持っている。そこからケアや支援を捉えかえそうとすると，ケア従事者の質の前に目につくのは，その人の世界の広さ，その人なりのサバイバル術，その人なりに事態に合わせてやりくりする能力のほうなのかもしれない。そちら側から見れば，ケア従事者の右往左往などカワイイものだ——そんな視点の変更をときどきすることが，ベースの支援を続けていくうえで，重要な意味を持つのではないだろうか。

SUMMARY

① 専門職は専門職によって評価されるという前提が崩されつつある現在，専門職についても外部評価の仕組みがつくられつつあるが，難航している。

② ベースの支援については，利用者に慣れてもらうことが大きな意味を持つため，専門職のように事前教育の強化があまり適切とは思われず，かといって消費者主義も，「失敗」を重ねていくことで利用者との関係を育むプロセスが確保できないので，限界がある。

③ 支援の評価を考えるうえでは，一つひとつの支援やケアの質だけを考えるのではなく，全体として利用者の周囲をどのような世界が取り囲んでいるかという視点を持つことが重要である。

④ 虐待防止においては，個々のケア従事者を啓蒙するだけでなく，利用者が多様な人たちに頼ることができ，多様な場を持つことができるようにしていくことが大きな意味を持ちうる。

⑤ 個々のケア従事者が利用者に対してなしたことやふるまいの意味は，それまでのかかわりによっても異なり，時間が経つにつれて変わることもあるため，ある一時点を取り上げての評価にはもともと無理がある。

⑥ それでも質を評価するのであれば，時間軸を多様に用いながら，現在は結果が出ていないこともまたそれとして評価するような視点が必要であり，それだけ現場とかかわりながら評価していくことになるだろう。

CHAPTER

第**5**章

地 域（1）

学校を例に排除／包摂を考える

INTRODUCTION

　この章と第**6**章は，「地域」をテーマにする。「地域」について考えるということは，そこに住むほかの人たちとの関係について考えることでもあり，第**1**章でケアや支援と密接に結びついていると指摘した，排除／包摂について考えることと直結している。そのためこの章では，具体的な地域での暮らし方などについて議論する前段階として，排除／包摂そのものをテーマとして，学校を事例に考えてみたい。

1 古典的な排除のその先に

　近代の古典的な排除のイメージといえば，山奥の辺鄙なところにつくられた入所施設に閉じ込められ，家族や友人とも断絶し，ほかの社会関係を持つことができないような暮らしだろう。あるいは，家庭内にいたとしても，家を出る機会はほとんどなく，やはりほかの人たちとのかかわりを奪われた生活がイメージされるだろう。実際，1960 年代頃までの日本社会であれば，重度障害者の多くは「就学免除」との名目で学校から排除され，家にいても家族以外の介助者が訪れることはほとんどないため外出の機会も限られていた。あるいは，入所施設に入れられるとなると，人里離れたところで，介護や介助も集団での流れ作業のようなものしか受けられない暮らしを強いられていた。

　しかし今日では，このような古典的な排除は少しずつ減ってきている。もちろん，なくなったとはとてもいえない。高齢者虐待防止法や障害者虐待防止法の成立を背景に，近年いくつもの虐待事件が報道されているが，そこには古典的な排除のイメージがまだまだ現実に存在することが示されている。成人した知的障害者の 3 分の 1 が入所施設で暮らしており，精神病院にはまだ多くの「社会的入院」に相当するだろう患者が残されている。その意味では，古典的な排除は今日でもまだまだ生きている。だがそれでも，たとえば虐待防止法が制定され，それに基づいて事件が報道されるということに象徴的に示されているように，こうした古典的な排除は少なくとも批判の対象とされるようになった。このことには，古典的排除が今日においては受け入れがたいものだと人びとが受け取るようになったことが示されている。第 1 章で述べた生活モデル化は，確かに進みつつある。

note

1)　近代以前の身分制社会では，原則として人は社会における地位の割り当てを受けて個人となり，複数の部分システムに属することはできなかった（Luhman 2005＝2007: 210-213）。そうした地位を持たない者たちは，排除された集団の中に属した。だが，それらの集団も，さまざまな経済的・社会的・宗教的な形で社会とかかわっており，それなりの位置を占めていたともいえるようである。たとえば，強制隔離以前のハンセン病者集団は，地域社会と一定の関係を保っていたことが明らかにされている（廣川 2011）。地域社会との明らかな断絶は，むしろ近代以降のものなのかもしれない。

こうしたことは，現場にもすでにある程度影響を与えている。今日では，形式上は「就学免除」は認められないことになっているし，障害児であろうがなかろうが，原則として同じ学校の同じ学級に所属することが多くなってきている。入所施設の多くが，大規模な施設での流れ作業によるケアから，小規模なグループごとのケアへとやり方を変えつつあり，また入所者の外出機会を増やしたり，周辺地域の住民との交流機会を設けたりすることに積極的になりつつある。

いわゆるケアや支援の現場でなくても，私たち自身の暮らしにもその影響は出てきている。電車の中で，障害を持つと思われる人が介助者とともに乗っているのを見る機会は，この20年間で明らかに増えたのではないだろうか。

このように古典的な排除の形態が少しずつ消えつつある中，いま問われるのは，それでは排除が解決したのか，という点である。一般的に，「排除（exclusion）」という言葉と対比的に用いられるのは，「包摂（inclusion）」である。古典的な排除がなくなるということは，一定程度は包摂が進んだということである。それは，排除が解決したということを意味するのだろうか。

しかし，障害者に対する排除や差別がなくなったといえるのかといえば，とてもそうはいえないだろう。もしかしたら，緩まったとすらいえず，むしろ強まった面すらあるかもしれない。たとえば近年，私が大学で出会う学生たちには，同じ学級に障害を持つ子どもたちがいたという人が多い。ではその学生たちが障害児や障害者に対して持っているイメージはといえば，ひょっとしたら一度も障害者に会ったことのない人のほうがむしろ柔軟かもしれないと思うくらい，強固に排除的であることも珍しくない（なお，これは学生たちを非難しているわけではない。後述するように排除的な空気で満たされている学校で真っ当に社会化されれば，そうなってあたりまえである）。

また，知的障害者や精神障害者が以前よりまちなかを出歩くようになったからといって，その人たちが私たちの一部として認識されるようになったといえるかといえば，そう単純ではないだろう。確かに，「自分には関係ない」と思える範囲なら多くの人たちが自分たちの関知しないところだとみなすだろう。だが，ひとたび「自分に迷惑がかかった」と思えば，むしろ強烈な反発や非難が向けられる。[2]「迷惑」といっても，レジでもたもた時間がかかったという程

度のことから，直接に暴力を受けるというレベルまでさまざまだが，こと「迷惑がかかった」と認識するなり強固に排除的になる人は少なくない。その傾向はもしかしたら強まっているのかもしれない。

つまり，排除（exclusion）の解決のために何が必要かと考えたとき，その反対に包摂（inclusion）すればそれでいいのかといえば，決してそう簡単な話ではないのである。次節では，この点を社会学での議論に基づいて整理しておきたい。

包摂と排除の関係

意味的排除

社会学の中では，排除は2つに分けて論じられることが多い。ひとつには，そもそも相互作用の対象とならないような，コミュニケーションそのものから排除されているような排除である。ドイツの社会学者のニクラス・ルーマンの考えに基づいて相互行為過程での排除／包摂を論じた渡會知子の議論では，「意味的排除」と呼ばれている（渡會 2006: 605-606）。

この例として挙げられるのが，第 **2** 章でも触れた，青い芝の会の指摘である。青い芝の会は，1970年代に，それまでの障害者運動とは異なる主張を始め，その後の日本の障害者運動の礎をつくった。きっかけのひとつが，横浜での親による障害児殺し事件であり，親の減刑を嘆願する運動に対して，青い芝の会は痛烈な批判を展開した。

そのひとりである横塚晃一は，親に対する同情の言葉が聞かれても，亡くなった子どものことを思う言葉が聞かれないと指摘している。さらに横塚は，サリドマイド事件など，障害児が生まれたときに子どもの命が奪われているケースがあるといい，そうした話がなされるときにも，子どもが亡くなったこと自

---
note
2) 貧困や犯罪に関していうなら，欧米社会も日本社会もともに，徹底して排除しようとする社会になりつつある（Young 1999＝2007）。そのため，「障害者」というだけなら包摂されても，「罪を犯した障害者」となれば激しい排除の対象になりがちなのが現状だろう。

体はあたかも悪いことではないかのように語られているという。このことをもって，横塚は次のように述べる。

　普通，子供が殺された場合その子供に同情が集まるのが常である。それは殺された子供の中に自分を見るから，つまり自分が殺されたら大変だからなのである。しかし今回私が会った多くの人の中で，殺された重症児をかわいそうだと言った人は一人もいなかった。ここで思うのだが，これをひと口に障害者（児）に対する差別といってよいものかどうか，そう簡単には片付けられないものがあるように思う。これを説明するのに私は適当な言葉を知らないが，差別意識というようななまやさしいもので片付けられない何かを感じたのである。（横塚 1975⇒2007: 80）

　ここには，「人」として認知されることすらないという，コミュニケーションの基底的なレベルでの排除がなされていることが示されている。コミュニケーション上は，（横塚ら以外は）誰も違和感を抱かないのだから，コミュニケーション自体はむしろ円滑に行われ，問題がないように思えるだろう。だがそこで明らかに排除されていることがあり，それが持つ意味を感じ取ったため，横塚は「差別意識というようななまやさしいものでは片づけられない何か」という表現を用いたのだろう。

　こうした「意味的排除」は，そもそも「問題」として認知されなくなるようなレベルでの排除であり，これだけある程度は包摂が進められてきた社会の中では，あまり生じなくなっているようにも思える。だが，日常生活でもしばしば私たちはこれを経験している[3]。

　たとえば集団の中で，「恋バナ」で盛り上がるときに，その場にいる人たちが当然のように異性愛のシスジェンダーによるセックスをともなう「恋」だけ

───────────────────────────────note

3) たとえば，ケン・ローチ監督『ブレッド＆ローズ』（2000 年，イギリス）という映画では，主人公たちヒスパニックの男女が掃除人として働いているとき，エレベータを降りた白人たち（おそらくそのビルにある会社で働いている高給取りたち）が彼ら彼女らを，声もかけずに跨いでいくという象徴的なシーンがある。白人たちは掃除人たちを認知していないのではないが，ほぼモノと変わらないものとしか認知していないのである。このようなコミュニケーションの仕方は，ある身体障害の人（入所施設に長くいた）にいわせれば，入所施設では普通に見られるものだという。職員は職員たちで楽しそうに会話し，そこにいる入所生があたかもモノであるかのように無視するのだという。

を語っているのであれば，それ以外の「恋」をした人，そもそも「恋」に違和感がある人などの存在が，実質的に消されていく。異性愛のシスジェンダーによるセックスをともなう「恋」を語ることが悪いというのではないが，それ以外の可能性がまったく顧慮されないとき，それ以外の「恋」をする人たち，あるいは「恋」に違和感がある人たちは，「いない」ことにされている。

またたとえば，言葉の問題だけでなく，しぐさ，ちょっとした目線，空気などもまた，コミュニケーションである。知的障害や認知症などによって発話がほとんどない人のそばで，複数の介護・介助者が会話するとき，どのような会話の仕方をするかということもある。発話がない以上，会話に参加できないのは当然である。だが，その人が参加できるような会話と，そうではない会話という違いはある。その人のほうを振り返りもしないような，あたかもいないかのようになされている会話は，参加できるようなものではない。会話に参加している当人たちは会話を楽しんでいるだけなのだが，そこで示されるしぐさや視線などから，排除が成立してしまっているのである。

本章の冒頭で述べた古典的な排除がなされている状況では，こうした「意味的排除」が覆う部分が大きかっただろう。そうした時代においては，多くの人々が，成人した障害者と会うことも少なく，介護を必要とする高齢者についてリアリティも持たなかっただろう。発達障害や精神障害については，そのような存在がありうるという想定もなかったのかもしれない（「狂気」という存在については認知されていただろうが）。

そしていま，古典的な排除の先に私たちは進もうとしている。そこで問われる排除とは何だろうか。

▌「人」であればいい，わけではない ▌

では，私たちが日常的に感じ取る排除という経験は，いったいどのような局面で感じ取られるのだろうか。「意味的排除」は排除として発見されにくい。ひとつには，すでに最初から排除されているのだから，排除されている側からの異議申し立てもなされにくいからである。そして，排除する側は往々にして，コミュニケーション自体はスムーズになされているので，自分たちが排除しているということには気づかない。

126 ● CHAPTER 5 地域（1）

排除という経験がそれとして成立するのは，実は一定程度の包摂がなされる
ときである。社会学で多く指摘されてきたのは，私たちが自分は排除されたと
経験する，あるいは誰かが排除されていると経験するのは，まさに包摂されて
いるその瞬間だということだった（渡會 2006: 607-611；水津 1996a: 335-338）。
何らかの形である程度は包摂されていなければ，そもそも排除という主観的経
験（自分が排除されたと感じるという意味でも，誰かが排除されていると捉えるという
意味でも）自体がなかなか成立しない。包摂されているとき，その包摂のあり
ようこそが，排除という経験を生む。

　たとえば，先に挙げたルーマンや渡會の議論が，この点についてどのように
論じているかを取り上げよう（渡會 2006）。ルーマンによれば，包摂とは，「人
（パーソン）」としてコミュニケーションすることである。ルーマンのいう「人
（パーソン）」は，ある認知の形式であり，いわゆる人格という意味とは少し異
なる。形式でしかない以上，「人（パーソン）」のありようは多様にありうる。
そして，その「パーソン」としての理解が，極端に狭いときがある。渡會の表
現を用いるなら，「意味理解の多様性の極度な制限」がなされるときである。
それが排除という経験を生むという。具体的にいえば，たとえば肢体不自由の
少女が転んだときには，そこに石が転がっていたとか，誰かが押したとか，そ
ういうことを抜きにして，肢体不自由のせいにされがちである。たとえば街を
歩いているフィリピン系の女性に対して日本人男性がいきなり「値段」を聞く
ときがある。その女性の職業が別のものであるという可能性が顧慮されていな
いのだろう。こういうときに，私たちは排除を経験する（渡會 2006: 608）。

　このとき，この人たちは「パーソン」とみなされていないわけではない。た
だ，その「パーソン」についてほかの理解が行われる可能性が極度に制限され
てしまっている。

　本来であれば，私たちが相手とコミュニケーションを重ねていくのは，その
人にいわば「謎」の部分があるからである。私たちが他人とのかかわりでいろ
いろ工夫したり考えたりするのは，その相手が何をどう考えているのか「謎」
な部分が残るからである。たとえば家族であったとしても，いかに親しい友人
であったとしても，である。親しければ親しいほど，お互いに「謎」の部分は
少なくなり，コミュニケーションは安定化するだろうから，気遣いも減るだろ

う。だがそれでも私たちはお互いに常に「謎」を持つ。少なくとも、「謎」を持っていることが前提になっており、だからこそお互いはお互いにとって意味を持ち、私たちはお互いにかかわろうとし続ける[4]。その「謎」が極端に切り捨てられているとき、私たちは排除を経験する。

このように、排除の経験は、まさに「人（パーソン）」としてコミュニケーションしているときにこそ生じる。それは主に「人（パーソン）」として理解されるときに、極度に制限された理解の形でなされてしまうときであり、本来あるはずの多様な意味理解の可能性が切り捨てられるときである。だから、「包摂は必ずしも排除の解決を意味していない」（渡會 2006: 609）。

もう少し例を挙げてみよう。たとえば、重度の自閉だとされる人が、繰り返し同じ行動を続けているとき、それは自閉症ゆえの「こだわり行動」だと片づけられることが多い。本当はそのときその場では、その人なりの意味や理由、それによって言いたいことがあったかもしれないのに、そうしたことは顧慮されない。たとえば、認知症の人がひとりで歩き回っては帰る道を忘れて迷子になることは、ながらく「徘徊」症状と呼ばれてきたが、本当は本人の思いからすれば、どこか行きたいところがあったり、ここにいられないと思ったりして歩いているのであり、「徘徊」しているわけではないかもしれない。にもかかわらず、「徘徊」症状という呼び方だけがなされてきたことによって、本人なりの思いが込められている可能性が捨象されてきた。このとき、重度自閉の人や認知症の人が、「人（パーソン）」とみなされていないわけではない。ただ、私たちが一般に「人間的」と考えるような「謎」の可能性は極端に削られ、その人なりの意味がある可能性は顧慮されず、自閉症や認知症ということからもたらされる「症状」としてしかそのふるまいが理解されない。これらも端的に、包摂してはいるのだが、その包摂の仕方ゆえに排除が生じている瞬間といえるだろう。

杉本学もまた、排除されている人たちは排除する側の人たちと同じ社会に属

---

note

4) 「女性向け」とされる漫画や小説では繰り返しテーマにされていることなのだが、「完全に思い通りになる他者」というのは、「大切な他者」になりえない。たとえば、新井素子の『そして、星へ行く船』（集英社文庫コバルトシリーズ、1987）、なるしまゆりの『ぼくと美しき弁護士の冒険』（講談社、2013-14）などは、相手の心や感情を操ることのできる特殊能力を持つ人に恋人ができたとき、その恋人は操られただけなのではないか、そうした状況で果たして愛は可能なのかということがテーマになっている。

しており，だからこそ排除という経験が成立するということを指摘しているが，そのうえで関係性の違いについても指摘している。排除する側の人たちの間のつながりは密接なものであるのに対して，排除される人たちと排除する人たちとの関係はより抽象的な共通性に基づいたものだという。たとえば「同じ人間だ」といいつつ，その程度の抽象的な共通性しか見出されない関係と，それ以上の特殊で密接なつながりがあるとみなされる関係とでは，大きく異なり，前者の関係にしかないとされることは排除でもある（杉本 1999）。

そして，水津嘉克もまた，排除がなされるとき，排除する側は往々にして排除される側との相互作用そのものを断絶しはしないと指摘する。水津によれば，相互作用を断絶するのではなく，その中身を変えるのだという（水津 1996a）。水津はこれを「非積極的排除」あるいは「包摂的排除」と呼ぶ。

これらの指摘からすると，渡會のいう「多様な理解の可能性の極端な縮減」は，単に一面的な理解をもたらすというだけでない。排除する側は，それ以外の人たちにはしないようなさまざまなふるまいを向ける。排除される側からすれば，単に極端に理解を狭められたというだけでなく，ときに私的領域を侵害され，自分の見る現実を否定され，主体的な人間であることも否定されるような経験となる。

これらの議論に共通するのは，包摂が排除の解決ではなく，包摂のありようこそが排除の経験を生む，という点である。

そして，これらの議論が明示はしないが共通に有している前提がもうひとつある。それは，包摂が排除でもあるのだとしたら，排除のない包摂というのが本当の意味でありうるのか，という疑問である。

よく「障害を持つ○○ちゃんではなく，○○ちゃんが障害を持つ，と捉える」といった表現で，包摂が語られる。「障害を持つ○○ちゃん」というと，本来有する多様性や豊饒性を損なう表現になる。いかに「○○ちゃんも同じ学校の生徒だ」「同じクラスの仲間だ」といったところで，それ以外の生徒やクラスメイトのように特殊で密接なつながりが見出されないなら，やはりそれは排除という経験につながる。そしてそのことはおそらく，相互作用の中で他の人たちには向けないだろうことをその○○ちゃんには向けてしまう，という事態を招く。それに対して「○○ちゃんが障害を持つ」のであれば，本来有す

2　包摂と排除の関係　●　129

る多様性や豊饒性が残され，特殊で密接なつながりを前提としており，結果的に相互作用の中で他の人たちには向けないだろうことを向けることは少なくなるようにも思える。

　だが，この表現は，ひどく月並みで安易に聞こえないだろうか。少なくとも「〇〇ちゃんが障害を持つのであって，障害者の〇〇ちゃんがいるわけではないよね」という表現を多用する人なら排除をしないかというと，そう単純ではない。いいかえれば，「多様性の極度な制限」というとき，どこからどこまでが「極度」なのかは，定かではない。特殊で密接な関係性と抽象的関係性との線引きも明確ではない。相互作用の中身が変わるといっても，ここから先に入ると中身が変わるというラインが引かれているわけではない。

　だが，間違えてはならないのは，排除の経験に比較的つながらないありようを探ることは可能だということである。「真の包摂」なるものを安易に求めるというより，少しでも排除につながらないありようを問い続ける。排除を問題化するとは，そうした試みなのだろう。

学校におけるインクルージョンをめぐって
　　　　　　　　　　　　　▶排除／包摂を考える

学校と包摂

　第2節では，包摂は排除と表裏一体でもありうるということを述べてきた。このことは，学校教育と障害との関係を考えていくと，わかりやすい。学校という場が，集団生活を強制される場であるため，包摂が排除となる瞬間が見えやすいのである。

　現代日本における学校という場は奇妙な場で，一定の年齢層に属する子どもたちは，全員がそこに通わなくてはならないとみなされている。そして子どもたちは強制的に交流させられる。ある程度同じことをさせられ，気が合わない人間とも同じクラスに所属させられる。それ以外の社会関係は，家族や親せき程度で，子どもたちにとっては圧倒的に大きな意味を持つ世界である。そこでは，大人の社会では考えられないほどの濃い人間関係をつくらされ，子どもた

ちはその中でサバイバルせざるをえない。

さらにいえば，教員という圧倒的な権力者がおり，子どもたちは，教員に従うにせよ，反抗するにせよ，教員との権力関係の中で自らの立ち位置を決めていかなくてはならない。確かに，圧倒的権力者であるからといって，教員が子どもたちの関係を思うように動かせるわけではなく，教員の目を盗んで，子どもたちは自分たちの関係を育んでいる。ただそのことは，子どもたちの関係が教員から自由だということを意味しているわけではない。よくも悪くも，教員のふるまいは（本人の意図とはまた少し別に）子どもたちの関係に大きな影響を与える。

そうした特殊な世界である学校は，包摂／排除の線引きが露骨に示される場でもある。いいかえれば，学校という場における包摂／排除の現れ方を見ることで，包摂と排除の関係について，生々しい姿を知ることができるだろう。[5]

発達保障派と共生共育派

なかでもここではとくに，「障害児」をめぐる包摂と排除の関係について考えていきたい。戦後20年ほどの間は，学校教育はほとんど障害者に開かれていなかった。軽度の障害者は別として，重度の障害者には「就学免除」という形で，学校に通うこと自体を認められていないことが多かった。1970年代頃の日本の障害者運動の担い手たちは，多くが学校には通っていない。

それに対して，1979年の養護学校義務化によって，養護学校を整備することが地方自治体に課せられた。往々にして障害者を養護学校に通わせることが義務であるかのように誤解されているが，そうではなくすべての子どもが学校に通えるよう，地方自治体に義務づけた法律である。そのため各地で養護学校が建てられ，それまでは学校に通うことなど考えられなかったような重度の子どもたちも学校に通うようになった。

さらには，1981年の国際障害者年に際して，「すべての子どもを通常学級

――――――――――――――――――――――――――――――――――――――note

5) 在日韓国・朝鮮人教育や「福祉教員」の実践などの分析から，教育現場におけるマイノリティの「包摂」を問うたものとして，倉石（2009）がある。本書では「障害児」をめぐっても，ごく大まかにしか触れていないので，マイノリティの「包摂」という自己矛盾すら抱えた試みの困難と苦闘については，ぜひ同書を参照してほしい。

3 学校におけるインクルージョンをめぐって ● 131

で」とうたわれるようになり，養護学校や特殊学級に分けることを前提とするのではなく，通常学級に所属し，必要に応じて補完的な教育を行うことがめざされるようになった。こうした試みは「インクルーシブ教育」と呼ばれている。

そして，1994年にスペインのサラマンカで「特別なニーズ教育に関する世界会議」の声明が出され，障害にとどまらず子どもたちが個別に有するニーズに応えていくことが課題とされた。そして，2006年の学校教育法の一部改正により，養護学校・聾学校・盲学校はまとめて「特別支援学校」と呼ばれ，特殊学級は「特別支援学級」と呼ばれるようになった（実施は2007年）。

こうした教科書的な語られ方からすると，学校はより包摂的（インクルーシブ）になってきたという単線的な変化しかないように見える。だが，こうした捉え方は一面的すぎる。通うところがあるか，通う先がどこであるか，というだけではない，学校のありようや教室のありようが見えてこないからである。

現在の日本の障害児教育の主流は，「発達保障」という考え方にのっとっている。発達保障とは，簡単にいえば，子どもたちの発達の仕方はさまざまであり，その子に応じた形での発達を可能にする教育を施そうとする考え方である。この考え方に依拠した立場に，障害児には障害児のための特別な教育を施すべきだということを既定路線として考える立場がある。これを発達保障派と呼んでおこう。

日本では1970年代から今日に至るまで，こうした発達保障派の立場に対して，痛烈な批判がなされてきた（北村 1987；渡部 1973；篠原 1986）。この批判を繰り広げてきた人たちは，どんなに重度な「障害児」（この立場の人たちは，そもそも「障害児」という分け方そのものを批判的に捉えることが多いので，「　」をつけて表記する）でも，ほかの子どもたちと同じように一般のクラスで（この立場の人たちは「普通学級」と呼ぶが，発達保障派は「通常学級」と呼ぶ）で学ぶ機会を保障することを求めて運動してきた。ここではこの人たちを共生共育派と呼んでおこう。[6]

note
6) こうした呼称自体が，それぞれの立場によって異なり，どの呼称を用いるかは難しいところである。たとえばここでいう共生共育派は，ここでいう発達保障派をしばしば「分離教育派」と呼ぶ。だが，発達保障派の立場からすると，自分たちは分離が必要だと主張しているわけではなく，特別支援教育を施すことを重視しているというだけだというだろう。なお，発達保障派は「発達保障」を自らの重要な指針として掲げるため，この呼称で呼んでいるが，本来であれば，「発達保障」という考え方自体は必ずしも分離

132 ● CHAPTER 5 地域 (1)

両者の論点の違いは何だったのか。どちらの論者たちも，障害を持つ子ども
に一定の配慮が必要なことは認めている。たとえば人工呼吸器を常時装着して
いなければならない子どもには，学校に看護師が常駐する，体育の参加は形を
変える，などの配慮が必要になるだろう。知的障害を持つ子どもに，ほかの子
と同じような形で同じレベルの成績をとることを求めることには無理がある。
これらの点については，共生共育派はむしろ積極的に学校側によく考えるよう
に求めている。この点で違いがあるわけではない。

　また，障害を持つ子どもだろうが，そうでない子どもだろうが，ほかの子ど
もたちとかかわる機会を持つことの重要性は，どちらの論者たちも認めるとこ
ろだった。発達保障派は障害児は特別支援学級や特別支援学校で学ぶことを前
提としているが，ほかの子どもたちと「交流」することは重要だと考え，交流
学習は推奨してきた。

　それでも両者は大きく異なる立場である。主な問題は，メンバーシップをど
う考えるかということにある。発達保障派は，障害を持つ当該の子どもが，ほ
かの子どもと「同じ」存在であるという前提に立つより，まずはその子どもが
障害児であるということを前提にして議論を始める。そのため，特別支援学級
や特別支援学校は子どもたちに必要なものだとみなされる。

　それに対して共生共育派は，障害を持つ子どもは，ほかの子どもと「同じ」
存在という前提にまず立とうとする。もちろん，「障害」（この内実の位置づけは
また少し別の議論となるが）はあるのであり，それによって必要な工夫は出てく
るが，それはあくまでも「同じ」という前提のうえで考えるべき課題だとして
議論を始めるのである。

　後者の含意を理解するために，ひとつ事例を挙げよう。ある特別支援学校に
通う女の子が，トークエイド[7]を用いて母親に，交流学習について語ったことが
あるという。その特別支援学校は積極的に交流学習を行うところであり，週に

---

note

　を前提とする必要はない。なお，このように立場が分かれる背景には，「学校」という場を何のための場
　と捉えるかという，「学校」観の違いもある。北村（2015）が指摘するように，現状の「学校」は複数
　の意味を持つ場であり，どれをクローズアップするかによって捉え方も変わってくる。最後に，ここでは
　あえて 2 つの立場を分け，対立図式で捉えているが，実際には多くの論者はこの中間に位置しているこ
　とも付言しておきたい。
7）　音声や筆談が困難な人に向けて開発された機器で，かな文字などのキーボードをタッチして作成した
　　文章を，合成音声で読み上げることができる。

3　学校におけるインクルージョンをめぐって　● 133

複数回，すぐ隣にある一般の学校と昼休みに一緒に遊ぶ時間を設けていた。特別支援学校には女子が少なく，その女の子にしてみれば，数少ない女子と遊ぶ機会だったようである。

　その特別支援学校に通う女子がトークエイドで語ったという言葉は象徴的である。交流学習について，「うれしいのは　おんなのこと　あそべること」と語られていたという。そして，「かなしいのは　なかまに　なれないこと」とも語られていたそうである。子どもの目には，自分がいかに遊んで「もらえた」としても，「なかま」とは認識されていないことが，明らかだったのだろう。

　そしてこの話は，自身は一般のクラスで健常児として育ち，交流学習を経験してきた人にも，よくわかる話なのだろうと思う。交流学習で出会う障害児たちを，「なかま」と思っていたかと問われれば，多くの人がイエスとは言わないだろうからである。

　共生共育派が問題にしてきたのは，まさにこの点だった。障害児への配慮が必要だったとしても，「なかま」であることを奪ってはならない。それが共生共育派の立場であり，この点こそが発達保障派と袂を分かつ点だったのである。

┃ 包摂の進展は排除の進展でもあった ┃

　先に述べたように，戦後の歴史はインクルーシブ教育の進展として語られうるだろう。だが，別の視点から捉え直すことも可能である。確かに「就学免除」が一般に行われていた時代からすれば，包摂は進められているかもしれない。だが同時にこれは，排除が強められる歴史にも読むことができる。

　まず，養護学校義務化は，確かに「就学免除」を認めず，すべての子どもたちに学校に通う権利を保障することになった。しかし，それまではほかに行先がないことから一般のクラスに在籍していた障害児たちを，養護学校へと追いやることにもつながっていった。具体的には，それまではあまり意味を持たされていなかった就学前健康診断が，実質的に障害児のスクリーニングとして使用され，障害があるとわかった子どもについては教育委員会が「教育相談」によって養護学校入学を勧めるものとして活用されるようになった。

　このことに対して全国で強い反発が起きている。1970 年代から 80 年代にか

134 ● CHAPTER **5** 地域（1）

けて，日本のさまざまな地域で就学運動（子どもたちを学校から排除させないとして，普通学校や普通学級に通うことを保障するよう学校や国に要求する運動）が広がった。担い手には，すでに成人した障害者もいたが，障害児の親，教員，心理学の専門家，そしてそれらのどれでもないけれども，自分の子どもと一緒に保育園などで過ごしてきた子どもたちが同じ小学校に通わないのはおかしいと憤る一般の親たちもいた。

　さらにいえば，地域の学校の中に特殊学級（現在でいうところの特別支援学級）ができるようになった変化も，一方では包摂の進展でもあるのだが，他方では排除の進展でもある。特殊学級がなかった時代であれば，一般のクラスの中で持て余されたり，問題にされたりしていた子どもたちも，わざわざ遠くの学校に通わせることもないと，それ以上問題化されることはなかった。それが，特殊学級ができることによって，教員たちも気軽に「障害児」というラベルを付与できるようになったともいえるからである。

　実際，特別支援学級や特別支援学校に通う児童・生徒たちの数は増え続けている。これを，障害児が単純に増えた，あるいは障害児の中で放置されている子どもたちが減ってきた，つまりは配慮とサービスがいきわたるようになったという変化と見ることもできる。だが，より多くの子どもたちが「障害児」のラベルを貼られ，分離教育を課せられるようになった歴史だと見ることもできる。少なくとも，少し前の時代であれば「障害児」と呼ばれなかっただろう子どもたちが，続々と「障害児」と呼ばれるようになっている可能性は決して小さくはない（鈴木 2010: 52-54）。

　このように，学校と障害の関係を見直すと，前節で示した排除と包摂の密接なかかわりがよく見えてくる。排除に抗うためには，単に包摂すればいいというものではない。どのような包摂なのかが重要な鍵となる。

何を包摂と考えるか（1）──原学級への所属

　さて，それでは障害のある子どもたちを包摂するとはどのようなことだろうか。共生共育派がしばしば問題としてきたのは，子どもたちの所属の問題である。たとえば一時的な交流学習をしても，子どもたちは障害児を「なかま」とはみなさない。単なる交流だけではなく，メンバーシップを勝ち取らなくては

3　学校におけるインクルージョンをめぐって　● 135

ならないと考えたのである。

ただ，所属だけが問題なのではない。もちろん，形式的なメンバーシップがあるということは，包摂の前提条件となりやすいだろう。それでも，実質的なメンバーシップとは何かということを考えると，話はそう簡単ではなくなる。具体的な学級や子どもたちの関係を考えたときには，一般論や制度論だけでは語れない，個別の関係の中で生じる問題がある。

今日では，地域の学校に通うなら原則として障害児も，普通学級の子どもたちと同じ学級に所属するのが一般的である。ただし，障害ゆえの特別支援教育を受けるために，教科の授業については別の教室で学ぶ，という形をとっていることが多い。そうした子どもたちは，給食や音楽の時間を一緒に過ごすだけである。

それも，合唱コンクールなどでは，ほかの子どもたちとうまく揃えて声を出せない子どもは，口パクを強制されたり，ひとり外されたりすることも少なくない。あるいは，給食の時間であっても，教員の前でひとり座らされるだけで，ほかの子どもたちとかかわる機会はほとんど持てていないことも多いという。

その意味では，形式的なメンバーシップはすでに持っているが，実質的なメンバーシップは与えられていないというケースはまだまだ多い。

何を包摂と考えるか（2）——「理解」の両義性

それでは，実質的なメンバーシップを獲得していくうえで，何が必要になるだろうか。

発達保障派は，障害を持つ子どもたちを包摂していくためには，「障害理解教育」を推進すべきだと考えてきた。これは，いわゆる障害児ではない子どもたちに，障害の特性について学ぶ機会を持たせることで，障害児に対する理解を深めさせようとするものである。

確かに，障害の特性について知ることは大切なようにも思える。子どもたちは，容赦のないコミュニケーションで日々を過ごしている。自分と違うふるまい方をしたり，自分と違うやり方をしたりする子どもの存在には敏感である。そうした中で，子どもたちの間で諍いが起きたり，問題が起きたりしたときに，子どもたちはその原因を「変な子」のせいにしがちだろうし，「変な子」と認

定されれば，その子どもはたとえ学籍はあったとしても，そのクラスの中での
メンバーシップを実質的には失うかもしれない。そうしたときに，その「変」
と見える行動様式が何に基づいているのか，説明することは，子どもたちのコ
ミュニケーションを円滑にするうえで重要なようにも見える。同じクラスに障
害児がいるというときに，教員が子どもたちに対して，その子どもの障害特性
について話す機会を持つと聞くと，いかにも良い教育をしているように見える
だろう。

　ただ，障害の特性について語るときに，その当該の子どもが，ほかの子ども
たちの前に，どのような存在として立ち現れるかということを考えてみると，
話はそう単純ではない。ある学生が話してくれたことによれば，小学生の頃に
ほかの子どもたちに暴力をふるってしまいがちで，病院で「発達障害」と診断
されたそうである。そしてある日，教室で教員がほかの子どもたちを前に，そ
の人が「発達障害」であると話し，その障害特性についても説明した。それ以
降，ほかの子どもたちがその人にちょっかいを出すことは減ったそうなのだが，
その人は振り返って「あれは何ともいえない経験だった」と語る。それまで対
等に喧嘩をするクラスメイトのひとりだったその人が，クラスの中で「障害
児」と認定されていく過程だったのだろう。もちろん，これは教員の語り方に
もよるのだろうし，「何ともいえない経験だった」というのとは少し違う説明
の仕方になるケースもあるだろう。だからいつでも障害特性の説明が「何とも
いえない経験」につながるとはいえないのだが，それでもその当該の子どもが
「○○ちゃん」というよりも「障害児」としてのみ立ち現れてしまうような説
明の仕方になってしまうことは，あまり珍しくはないのではないか。

　そうなると，その子どもとのコミュニケーションは，「障害児とのコミュニ
ケーション」となっていく。本来，子どものふるまいや子ども同士のやりとり
の中には，「障害のため」だけではないさまざまな要素がかかわっている。当
該の子どもがほかの子どもを殴ったとして，それは「障害のため」なのか，あ
るいはほかの子どもが先に手を挙げていたからなのか，あるいはまた別の子ど
もがけしかけたのか。その「殴る」というふるまいとやりとりの背景には，さ
まざまなことが考えられる。ところが，その子どもが障害児としてのみ受け取
られるようになると，「殴る」のは「障害のため」とされ，同時にその子ども

とのコミュニケーションは，すべて「障害児とのコミュニケーション」になってしまう。

　これは，まさに包摂ではあるのだが排除でもあるという一例である。先に挙げた渡會の表現でいうなら，「意味理解の多様性の極度な制限」を「障害理解教育」は推進しかねない。

　こうしたことは，おそらく実際に「障害理解教育」を実践するかどうかに限らず，今日の多くの学校で起きていることなのだろう。障害者を差別せよと教える学校はほとんどなく，障害者には優しくせよと教えるところがほとんどだろう。だがそこで語られる「障害者」は「意味理解の多様性が極度に制限」された像でしかなく，そのメッセージを浴び続けてきた私たちは，「障害者」というだけで「意味理解の多様性を極度に制限」してコミュニケーションしてしまいがちである。

　たとえば，学生はよく「障害者の方とどのように接すればいいのか」という問いの立て方をする。これはなかなか奇妙な問いである。そもそも，「健常者」には，あるいは「学生」「教員」というときには「の方」とはつけないのに，なぜ「障害者」には「の方」がつくのだろうか。そして，「接すればいいのか」という問いの立て方が，なぜ成立するのだろうか。

　学生の多くは，学生同士のコミュニケーションにもさまざまな悩みを抱えており，コミュニケーションの仕方についてよく考えている。だが，ほかの学生とのコミュニケーションでは，「何を話すか」「どううまくやっていくか」「どうやって仲良くなるか」などがテーマ化されることはあっても，「どう接すればいいのか」という問いの立て方にはならない。「接する」という表現の中には，「話す」「うまくやっていく」「仲良くなる」というところまで踏み込むことは決してないという前提が込められているともいえるだろう。

　このことは，「理解」を推し進めれば変わるわけではない。「理解」の中身が問題なのである。「理解」が，相手のふるまいや相手とのやりとりをすべて「障害のため」であると意味づけるものになるのであれば，この傾向はむしろ強まるだけである。いかに「理解」を推し進めたとしても，その「理解」が「意味理解の多様性の極端な制限」を助長するものでしかないのなら，それは排除／包摂を強めるだけだろう。

138 ● CHAPTER 5 地域（1）

包摂／排除のダイナミズム──教室で起きていること

　そして，現実の教室のありようはもっと多様であり，もっと複雑である。本当の意味で，包摂／排除について学校から学ぶことがあるとするなら，実はこの多様なありようのほうなのかもしれない。包摂という名の排除が進展する瞬間，あるいは排除が少し和らいでいく瞬間，それらが現実の教室の中ではさまざまな形で生じる。[8]

　先に述べたように，インクルーシブ教育が進展しつつある成果なのか，学生の中には少なからず，障害児が同じクラスに在籍していたと述べる人がいる。その経験を否定的に語る学生も少なくないし，あまり意識していなかったと語る学生もいる。そうした学生たちの経験の中には，実質的なメンバーシップが何によって形づくられるのかという問いを提起するものがたくさん含まれている。

　たとえば，クラス担任のふるまい，態度などによって，子どもたちの関係はかなり大きく影響を受ける。ある学生は，同じクラスに障害児がいたが，教員が非常に意欲のない人で，ほぼ放置の状態だったので，みんな障害児のことを無視していた，と話す。教員の背中を子どもたちは実によく見ている。確かにクラスの一員だったのだが，教員の姿勢を見た子どもたちは，その子どもを無視すべき存在とみなしたのだろう。

　別の学生は，常に同じクラスに障害児がいたが，学年によってその子たちのイメージが異なるという。ある学年では同じクラスの障害児には，ずいぶんイラつかされることもあったが，ほかのクラスの子どもたちが「あいつ変だよ」というのを聴くと，ついその子の肩を持ってしまったそうである。ここにはその障害児が明らかにメンバーシップを持つ存在だったことが示されている。だが，次の学年のときは，同じクラスにいたその障害児のことをほとんど覚えていないという。なぜなら当時の担任が，親に有名なほど「熱心な」教員で，障

---

note

8)　日常生活の中で行われる排除はしばしば，相手をそれとして認知していても，周囲とうまくやっていくために，せざるをえないものとしてなされている。水津はこれを「同調的排除」と呼んだ（水津 1996b）。「関係的報酬」を求める先をどこと見定めるかによって，学校でいうなら，クラスの中にどのような空気が流れ，それに子どもたちがどのように同調するかによって，子どもたちの行動は変化する。それが，排除するという意識なしになされてしまう排除へと結実することがある。

害児の世話をいつもしていたからだという。そして，自分たちが障害児にいた
ずらしたり悪口をいったりするとひどく叱られたそうである。そのため，自分
たちはその障害児とは基本的にかかわらず，距離を置いて過ごしていた，その
ためにほとんど記憶がないのだ，という。いわば，教員による配慮が，ほかの
子どもたちと障害児との間のメンバーシップ育成を阻んでしまったのだともい
えよう。

　これは特別支援教育支援員にも当てはまることである。たとえば支援員が，
障害児が「良き児童・生徒」であることを支援するのであれば，教員と当該の
子どもとの間でスムーズに物事が進むことをサポートすることになり，子ども
が居眠りしたり教室を飛び出したりしたら，止めることが支援になるだろう。
身の回りの介助が必要であれば，それをすべて支援員が行うのが支援というこ
とになるだろう。だが，障害児がほかの子どもたちと「ともにいる」ことを支
援するのであれば，内容は変わってくる（佐藤 2017）。子どもが居眠りするの
はよくあることであり，それをいちいち止めてまわることが支援とはいいがた
くなってくる。

　また，身の回りの介助は，教員や支援員がすべて行うよりも，子どもたちの
暮らしや関係の中に自然な形で入り込む手助けに任せていくことが重要だと，
共生共育派の人たちはよくいっている。先に挙げたように，教員がすべての介
助を担っていたときには，当該の子どもとほかの子どもたちがかかわる機会は
実質的に奪われてしまう。支援員もそれは同様だろう。介助や介護は暮らして
いる中で必要になるものなのだから，ともに暮らすのであれば，その中で子ど
もたちが普通に介助や介護を担うときがあるのはあたりまえである。

　ただ，他方で，同じく子どもたちが身の回りの介助を担うにしても，それが
自然で自発的なものというより，教員等から強制されたものであるとき，事態
はまた大きく変わってくる。学生で，いわゆる「優等生」タイプだった人には，
「お世話係」をさせられていた人が少なからずいる。修学旅行では同じ班にさ
せられ，実質的に面倒をみることを教員によって強制されていることがある。

　そうした「お世話係」だった人たちの思いは，なかなか複雑であることが多
い。「仕方がない」「でも自分だってもっと好きに遊びたかった」「かわいそう
な子だし」「でもうんざり」など，言葉にしにくい思いを抱えているようであ

140 ● CHAPTER 5 地域（1）

る。実は，障害児もともに学ぶことについて否定的な発言をする学生には，この「お世話係」だった人も少なくないのである。

　また，たかだかおもちゃの位置づけひとつでも大きく変わってくるようである。ある学生が，自分のクラスに制度上は障害児が所属していたが，ほとんどの時間を別に過ごしており，たまの遠足などのときだけ一緒にいさせられたに過ぎなかったという。当時の教員は「○○ちゃんも同じクラスのメンバーだからね」というが，とてもそうは思えなかったそうである。一緒に給食を食べさせられたときは，「気持ち悪くて」ほとんど食べ物が喉を通らなかった，いま思うと失礼なことだった，と振り返る。

　それに対して別の学生が，制度上はほぼ同じ状況に置かれていた（原学級は同じ，日頃は別）のだが，障害児に対するイメージがかなり異なると述べた。その人によれば，特別支援の子どもたちが通う教室にはたくさんのおもちゃがあり，ほかの子どもたちはそのおもちゃ目当てでよくその教室に出入りしていたため，同じ場に障害児がいることがあたりまえだったそうである。

　その話を聴いた前者の学生は，自分の過去を振り返って，特別支援の子どもたちが通う教室にたくさんのおもちゃがあって自分たちも触りたかったのだが，先生たちに「これはこの子たちのものだから」と触ることを禁じられていたと述べた。

　このように，おもちゃをどう位置づけるかによって，子どもたちのかかわり方や感覚が大きく変わっている。たかがおもちゃの位置づけでしかないのだが，こんな小さなことでも子どもたちの関係は大きく変化する。

　そのほかにも，授業中にじっとしていられない子どもがいたとき，その子が教室を出入りするのを教員が止めてまわっていれば，授業は進まない。だからといって放置していれば，ほかの子どもたちからすれば「なんであいつだけが」ということになる。そこで，共生共育に共鳴していたある教員は，「全員教室は出入り自由」と決めたそうである。そうしたところ，最初のうちは誰も教室に残らなかったり，出入りが激しかったりして，授業にならなかったそうなのだが，しばらくすると歩き回るのにも子どもたちは飽きてきて，最初に教室を飛び出していた子どもも戻ってくるようになり，いつのまにか授業が成立するようになっていたのだという（教員側の工夫や試行錯誤については片桐〔2009〕

3　学校におけるインクルージョンをめぐって　● 141

が参考になる）。

　ただ，教員や介助員の影響が大きいからといって，その意図どおりに教室が動くというわけではなく，そこにいる子どもたちがいつも同じ方向を向くようになるというわけではない。影響の大きさは，当事者たちの意図とは異なる方向に向かうことも少なくないし，子どもたちの大半がある方向を向くようになったとしても，数十人もいる教室の中では，ほかの子どもたちと異なる方向を向く人もいる。たとえば同じクラスの子どもたちの大半が，障害児を「困った」子として扱う教員の姿を見て，自分たちも「困った」子として扱うようになったと語り，それに対して強い違和感を持っていたと述べる人もいる。経験は，いつも決して一様ではないし，教員や介助員が見る現実と子どもたちから見える現実が同じとは限らない。

　そして，ときに，教員が立ち入りすぎないことの大切さも見えてくる。ある学生の昔話によると，その人（当時は小学生）と同じクラスに知的障害で自閉だった（と思われる）男の子がいたという。その男の子は周囲からかなり激しいいじめを受けていたが，その人はとくにかかわりを持たなかったそうである。ところがある日，放課後の教室でその男の子が書いているノートを見る機会があったところ，そのノートには，クラスの子どもたちの名前を書いた墓標が全員分書かれていたそうである。それを見たその人は，あまりのかっこよさに感動し，「見ろよ，すげーかっこいいぞ！」とほかの子どもたちに見せてまわったそうである。そしてそれを見たほかの子どもたちも，そのかっこよさに感動し，その男の子に一目置くようになったのだという。

　この話を聴いたとき私は，大人がそこに介入しなかったことの意義について考えさせられてしまった。少なくとも私のようなあまりセンスのない人間は，クラスの子どもたちの名前が書かれた墓標が並ぶノートを見たら，「かっこいい」と感じる前に，いろいろと余計な詮索をしてしまいそうである。ほかの子どもにそのノートを見せるなど考えもつかないだろう。だが確かに，小学生高学年くらいであれば，墓標はかっこいいし，卒塔婆もイケていると思うかもしれない。

　このように，インクルーシブ教育の現場で，教員や支援員が何をめざして支援し，何にどのように配慮するかという問題には，排除と包摂にまつわる重要

な課題が凝縮して詰め込まれている。ここには排除の解決ということの困難さも多く示されているのだが，同時にそれが実はちょっとした工夫で可能になっていくこともまた，多く示されている。

「そこにいる」ということ

これまでに教室でのさまざまな出来事や取組みについて述べてきたが，ここで生じていることは，おそらく学校だけではなく，地域のさまざまな現場で生じていることでもある。コミュニティカフェやデイサービス，グループホーム，就労継続支援の事業所など，あるいはまちなかなど，障害を持つ人や何らかの困難を抱える人が周囲とかかわる場面であれば，どこでも起きている。しばしば教員の代わりに権力を持ってしまっているのはケア従事者だったりもする。もちろん，学校のような閉鎖的空間で教員のように圧倒的に権力を有する存在がいるわけではないが，それでも根底において包摂／排除のダイナミズムは共通している。学校だけのことではなく，私たちの地域に遍在しているものである。

そして，これまで述べてきた出来事や取組みの中には，いわゆる「包摂／排除」という言葉がふさわしくないように思えるものも含まれていることに注意したい。たとえば，特別支援学級に置いてあるおもちゃをほかの生徒たちも自由に使っていいとされ，生徒たちがおもちゃ目当てで特別支援学級に出入りしていたとき，生徒たちが特別支援学級の生徒を「包摂」していたとまでいえるかというと，おそらくそこまでいうのは少し難しく感じられるだろう。あるいは，墓標にクラスのメンバーの名前を書いていたノートを皆で見て，「かっこいい！」というとき，その書いた本人が「包摂」されたとまでいえるかというと，本当はそう単純ではないのだと思う。

そこで起きているのは，日本語で「包摂」という言葉が一般的に持つほど強い（「熱い？」）ことというよりは，もう少しシンプルで淡泊な，ただ「そこにいる」ことをお互いに了解する，といったようなことだろう。たとえば，おもちゃの向こうに，「変な子」「ちょっとおかしな子」だけれども，確かに普通に生きて生活している生徒が「そこにいる」ということを体感的に理解する。あるいは，皆にいじめられていたような障害児ではあっても，ときに「かっこい

3　学校におけるインクルージョンをめぐって　● 143

い」ことをやらかすヤツでもあると印象づけられる。その程度の何かである。いわゆる、「心からの友達になる」「人間関係ができる」といったカッコいいものではない。単に「そこにいる」ということがあたりまえになるような変化でしかない。

　ただ、ここでいう「そこにいる」は、ルーマン＝渡會が述べたような「多様な理解の可能性の極端な縮減」とは少し様相が異なる。たとえばおもちゃの向こうにいる子を毎日見ているうちに、「極端な縮減」にとどまらず、少し異なる理解の可能性が生まれうる。墓標の絵という「かっこよさ」を知るのは、まさに「極端な縮減」の向こうへ、新たな理解の可能性に開かれた瞬間である。

　つまり、ここで生じているのは、単純に「包摂」というよりも、むしろ現状として存在する包摂／排除が少し緩んだという事態であり、現状の理解の形が揺るがされていく可能性が生まれたという瞬間なのである。それがどこに向かうのかはまだわからず、ひょっとしたらそこで出会っている人を人間的に嫌悪することにすらなるかもしれない。ただそのときの嫌悪は、「障害児」への嫌悪というより、もう少しいろんな側面を持った具体的な「人」への嫌悪に近づくだろう。「障害児」という枠で相手を「理解」してしまうのとは異なる可能性が生じたことこそが重要なのである。

　そしてそれは、「そこにいる」ことがまったく前提となっていない人たちを前にしたときに、大きな違いとなって現れることがある。就学運動などによって、重度の障害を持つ子どもたちと同じクラスで学び続けた子どもたちの中には、大人になったときに、ほかの人からすると驚くような態度を示す人がいる。いわゆる「意識が高い」人ではないのだが、重度の知的障害である元クラスメイトが介助つきの一人暮らしを始めるというときにも「ああ、そうなんだ」としかいわず、大して驚かなかった人もいる（私などははじめて聞いたときには心底驚いたのだが）。あるいは、職業的にかかわる介助者たちであれば示すであろう礼儀や距離を置いた態度とは異なり、踏み込んだことも平気でいったり、喧嘩もしたりする。

　このように、「包摂」が達成されることが重要というより、ただ「そこにいる」のがあたりまえになることで、現状の包摂／排除とは異なる地平が生まれてくることが重要なのかもしれない。この点については第 *6* 節で改めて述べ

144 ● CHAPTER **5** 地域（1）

よう。

4 包摂の向こう側

▶ それは「参加」なのか

不登校と包摂

　先に，一方には発達保障のために特別支援学級などに分離して特別教育を施すべきだという発達保障派の立場があり，他方には同じメンバーシップを保つことこそが重要だとする共生共育派の立場があると述べた。これらの論争は，前者が圧倒的に有利な中で続けられてきたが，この論争とは少し水準が異なる，重要な論点がある。それは，不登校と呼ばれる状況があることをどう考えるか，という点である。

　「不登校」という表現は，それ自体がこの現象をどう捉えるかという議論の中で選び取られてきたものであり，当初は「登校拒否」と呼ばれることのほうが多かった。1970年代から，特別な疾患や非行とは異なるが，学校に来られないという子どもたちがいることが問題視されるようになった。当初は学校に通えるようになるよう，教員や親，友人たちによる説得が有効だと思われていたが，徐々にそうした問題ではないとみなされるようになった。東京シューレなどのフリースクールを通して，不登校児だった当事者たちが発言するようになるにつれ，不登校は，学校という空間や制度を拒否する主体的な行為としてみなされるようになった（奥地 1991）。

　確かに，学校という空間は不思議な空間といえば不思議な空間で，同世代の子どもたちが強制的に場を共有させられ，ときにともに作業をさせられ，人間関係を育まさせられる。いかに気の合わない人間同士であっても，同じクラスであれば，少なくとも同じ空間に身を置く時間が非常に長い。しかも，教員という権力者がいる。教員個人によって生徒たちの関係をコントロールすることは往々にして困難だが，生徒たちの関係は常に教員という権力者の存在を前提にしており，たとえば成績優秀な子どもが高い地位を得たとしても，あるいは逆にいじめにあったとしても，そこには「成績優秀」であることが教員たちに

4 包摂の向こう側 ● 145

よってどう評価されるかという前提が大きくかかわっている。このような奇妙な空間に対して，拒否的感情を抱く子どもがいてもおかしくはない。

　そう考えるなら，不登校は，当該の子どもがその場に包摂されている中で，自らの意思として「参加」を拒んだものだといっていいのかもしれない。「参加」と包摂は概念として異なるものである。包摂は社会や集団の側が個人を一員とみなすかどうかであり，「参加」はその個人がその社会や集団に属することを意思するかどうかによる。

　そのような立場に立ってみると，発達保障なのか共生共育なのかという論争は，ずいぶん本人とかけ離れたところでなされている議論のようにも見えてくる。たとえば，どのような障害があっても一般のクラスで学ぶ権利を保障すべきだという議論は，一般のクラスなどで学びたくもないという思いを本人が抱いたときには，ほとんど意味をなさないように見える。また同時に，どのような障害があっても発達を保障するために別の学級で学ぶ機会を用意すべきだという議論であっても，「発達」（それもそこで求められるような「発達」でしかない）などなぜ保障されなくてはならないのかという思いを本人が抱いたとき，まったく違うものとして見えてくるだろう。

　ここに示されているのは，包摂という議論の仕方が，まずは本人の意思や参加とは異なるところで論じられるものだということである。第1章でも述べたことだが，本質的には，包摂は「本人のため」ですらない。「本人のため」は本人の意思を抜きにして考えられることではないからである。あくまでも，「私たち」のひとりとみなすかどうかという問題なのである。

ある場を選ばなくとも──排除の「蓄積」を避ける

　学校という場を拒否すること自体は，否定されることでも何でもない，と考えることは可能である。学校が排除することは否定されたとしても，本人や家族が学校を拒否すること自体は，あたりまえにありうることである。現状の学校が変わる必要や必然性があることはさておいたとしても，その改善のための時間，子どもたちは現に生活を続けなくてはならない。その時間を耐えることはあまりに多大なコストとなるかもしれない。

　そしてそもそも，学校という場に多少の改善があったとしても，すべての人

146 ● CHAPTER 5　地域（1）

が包摂されるという前提を立てていいのかという問題もある。すべての人たちがある仕組みに適応して生きていかなくてはならないと考える必要はないかもしれない。

　第1章で用いていた表現を用いるなら，重要なのは「参加」であって，包摂そのものではない。包摂は「参加」の前提となるから重要なのであって，それ自体が何より肝要だとは限らない。「生活の質」を考えたときにもっとも重視されるのは「参加」である。

　しかし，現状として，たとえば学校という場ではないところで，子どもたちが普通に過ごせる場は決して多くはない。それはおそらく，あまりにも私たちの社会において，子どもが学校に通うべきだという規範が強すぎるからである。むしろ，問題はこの点にこそあるのかもしれない。

　実際に，子どもたちが学校という場への「参加」を拒否することで，現状として社会的に多大な不利を被ることは多い。学校に行かないことが，非難の対象となることによって，多くの子どもたちが激しく傷つけられ，自尊心を奪われている。学校のある時間に外を歩き回る子どもたちに，大人たちが向ける視線は厳しく，子どもたちが学校以外の場で普通に学ぶことや遊ぶことを困難にしている。また同時に，学校に行かなかったということが偏見を招き，職業選択の幅を大きく狭められてしまったり，人間関係の幅を大きく狭められてしまったりすることがある。

　もちろん，意思決定が何らかの結果をもたらすのは当然である。だがそれが，排除の「蓄積」になるのであれば，話は別である。現状としては，学校に行かないという意思決定は，しばしば排除の「蓄積」につながっている。改善されるべきは，この排除の「蓄積」につながってしまう仕組みのほうなのかもしれない。既存の学校とは異なる場，子どもたちの生きる場が，もっといろいろな形で存在し，既存の学校に行かなかったことがあまり大きな社会的不利につながらないという社会こそが，求められているのだろう。

　いいかえれば，包摂／排除が問われるとしても，ひとつの場や集団における包摂／排除だけを問題にしていればいいわけではない。それらの場や集団での包摂／排除が，相互に連関してしまっていないか，積み重なってしまっていないか，これこそが問われるべきだともいえる。

4　包摂の向こう側 ● 147

それでも問いは残される

　ただ，排除の「蓄積」を避けるという課題が出てくるからといって，本人が「参加」しないことを本人の選択として称揚すればいいのかというと，そう単純な話ではない。

　学校に通わないことはひとつの選択として認められていいはずである。ただそのことと，現在学校に通わない子どもが「不登校を選択した」といえるかというと，そう単純ではない。少なくとも不登校の子どもたちの多くは，自分が「選択した」という意識はあまりないようである（貴戸・常野 2012）。どちらかというと，「学校に行きたい」という思いを抱きつつ，同時に絶対に行きたくなかった，行けなかった，という人が多いようである。現状の日本社会では，まだ不登校は選択の対象といえるほどあたりまえのルートとは言い難い。少なくとも，本人や親以外の人間が，「選択した」と決めつけることは，いささか暴力的だろう。

　それと同じようなことは，障害を持つ子どもの学校を「選ぶ」ということについてもいえる。現状として，子どもにどんなに重い障害があろうがなかろうが，地域の学校に，それも一般のクラスに所属することは可能である。だから，ある意味では常に親たち（小学校レベルでは子ども自身が選ぶというのはあまり現実的ではない）は常に学校を「選ぶ」ことが可能である。

　だが，そこでいう「選ぶ」とは何だろうか。一般に，子どもに「障害」があるとわかった時点で，教育委員会や学校の多くが特別支援学級や特別支援学校を勧める傾向にある。一般のクラスに入ったところで，その担任の言葉やしぐさの端々から，「この子はここにいるべきではないのに」というメッセージが与えられることもある。そうした状況の中で，親たちはまさに苦渋の選択をする。一般のクラスに通わせるにしても，特別支援学級に通わせるにしても，特別支援学校に通わせるにしても，多くの親は迷いに迷ったうえで，これでいいのかという思いを抱えながら，それでも何とか選択していく。

　翻って，いわゆる「健常児」の親がそのような選択を迫られる機会はほとんどない。もちろん，小学校から地域の学校ではなく私立などを選ぶ親もいるが，そうした際に地域の学校で拒否的に扱われることを前提にして選ぶわけではな

い。そこでの選択の意味は，いわゆる障害児の親たちに課せられているものとは明らかに異なる。

　だとしたら，この「選ぶ」は，個人の意思であり尊重すればいい，というだけでは終わらない。選択の前提に何があるかは，やはり問われるだろう。

⑤　包摂／排除と「生活の質」

　本章では，学校をめぐって発達保障派と共生共育派の考え方を対比させ，さらに不登校を取り上げることで，包摂がすなわち排除の解決になるわけではなく，その包摂の仕方こそが問われること，そしてそれは教室の本当にちょっとした工夫やしぐさの積み重ねで変わってくること，さらには包摂／排除とは少し異なる平面に，本人の自発的な参加／不参加という論点もあることを示した。

　これらのことは，学校だけにとどまることではなく，私たちの社会全般のさまざまな領域・場面に当てはまることである。次章ではその一端を示すことにしたい。

　そのうえで，本章の最後でもう一度いくつかの点を確認しておきたい。

▋「本人のため」と「私たちのひとりとみなすかどうか」

　学校をめぐる議論は，第1章の最後で示したような，「生活の質」を上げるということと，包摂／排除ということとのズレを，よく示してくれる。

　たとえば，共生共育派の議論を学生に紹介すると，多くの学生が強い反発を示す。そしてしばしばいうのが「一般のクラスで他の子どもたちとともに学ぶのは障害児のためにならない」ということである。とくに「障害児はいじめに遭いやすい」といい，「（知的障害のある子どもの場合は）勉強にもついていけない」「だから普通学級に入れるのはかわいそうだ」という学生は多い。

　そもそも，障害児がたとえいじめに遭いやすいとしても，いじめられた被害者を排除して，加害者たちを問題にしないという姿勢はどうなのか，という問題があるのだが，それはさておこう。「勉強についていける」かどうかを重視するにしては，自分たちの小学校や中学校は「友達と遊ぶ場所」で，「勉強す

5　包摂／排除と「生活の質」　● 149

るのは塾」といっている学生も多く，論理的に一貫していないような気もするのだが，それもさておこう。

　ここで象徴的なのは，「障害児本人のためにならない」という論理が普通に使われていることである。そして確かに，「本人のため」になるかどうかはわからない。人生を生き直すことなど誰にもできないから，一般のクラスで育ったほうが幸せだったのか，特別支援学校や特別支援学級で育ったほうが幸せだったのか，本当の意味では誰にもわからない。

　「本人が望むならそれでいいのでは」といういい方をする人も多い。「本人が望む」なら，「本人のため」にはなるのかもしれない。だが小学生や中学生に選べというほうが，無理がある。といっても，選ぶことができないといいたいのではない。子どもが選んだのだからいいのだという姿勢は，実にしばしば単に大人の側の責任放棄である。

　いずれにしても，「本人のため」「本人が望むなら」といういい方は，この問題（障害児が一般のクラスに通うのをあたりまえとみなすかどうか）には適さない。「本人のため」「本人が望むなら」といういい方は，共生共育派ですらしばしば用いるのだが，それは教育というシステムがそうした表現を求めるからであり，本来はそういう言葉はふさわしくないと考える人も多い（古川 2003: 79-80）。

　そうではなく，障害児を私たちの一部とみなすかどうかという問題なのである。「本人のため」かどうかという問題ではない。そういう言葉でごまかさないほうが，話はわかりやすい。「本人のため」という論理は，あくまでも障害児のことだけを考える論理である。それに対して，私たちの一部とみなすかどうかという問題は，障害児だけの問題ではない。まさに私たちが私たちをどうみなすかという，社会全体の問題なのである。

　なお，私たちの一部とみなすからといって，同じクラスにいなくてはならないという問題でもない。人によっては，いまの状況であれば別の授業を受けたほうがいいというケースもありうるかもしれない。たとえば，一般のクラスでは手話を使える人が少ないのだから，日本手話を学べる学校に通う権利を保障することもまた，その人が自由に駆使できる話し言葉にアプローチできるようにするという意味で，結果的には，私たちの一部とみなすことの一環になるかもしれない。私たちの一部とみなしたうえで，それではどのような仕組みをい

まここで考えるべきなのか。それが問われているのである。

排除とニーズ

　といっても，排除／包摂のありようと，ニーズをどう定義するかということとは，論理が異なるけれども密接に結びついている。第1章では，現状で見えているニーズのありようが，排除／包摂という論点を取り入れるとさまざまに異なる形で解釈できると述べた。ここで，本章での事例を用いながら，排除／包摂という論点がニーズの見え方の何を変えるのかを改めて整理したい。

　第1章で取り上げた三浦文夫の古典的な定義では，「広義のニード（あるいは依存状態）」とは，「ある種の状態が，ある種の目標や一定の基準から見て乖離の状態にある」ものを指し，そのうちで「回復・改善する必要があるとみなされる」ものが「狭義のニード」である。そして，排除／包摂がどこにどう生じているとみなすかということによって，ここでいう「一定の基準」がどこに定められるべきかが決まってくる。

　何が「乖離の状態」とみなされるかは，さまざまである。たとえば，「本来，同じクラスで学ぶべきなのに学べていない」，あるいは「本来，子どもたちと対等な関係を構築できるはずなのに，『お世話係』がいることによってできていない」，または「本来，学校で少しでも楽しく過ごすべきなのに，それができていない」とみなされることもあるだろう。

　「乖離の状態」をどこに見出すかによって，何が「回復・改善する必要がある」とみなされるかも異なってくる。「本来，同じクラスで学ぶべきなのに学べていない」というのなら，「別のクラスになっている」ことが「回復・改善する必要がある」ことである。また，「本来，その人に合った教育を受けるべきなのに，それができていない」ということが「乖離の状態」だというなら，「その人」が障害児であるなら，特別支援学級に行くことが狭義のニードとみなされる。「本来，子どもたちと対等な関係を構築できるはずなのに，『お世話係』がいることによってできていない」ということを「乖離の状態」とみなすなら，「お世話係」を外すことが「回復・改善する必要がある」ことだとみなされるだろう。その場合，「お世話係」をつけられていた子どもが一般のクラスにいるのか，特別支援学級にいるのかは，また別の話となる。特別支援学級

にいても，その学級の中で「子どもたちと対等な関係を構築できる」と考えるのなら，特別支援学級に行くことはむしろ狭義のニードとなるだろう。だが，そうみなさないのであれば，一般のクラスの中で「お世話係」を外すことがニードとなる。

ここでポイントとなるのが，「本来～」という言葉の中で用いられる「人」や「子ども」といった言葉の意味によって，これらの言明の意味が違ってくるということである。言い換えれば，当該の人をどのような集団やカテゴリーに属すると捉えているかによって，これらの言明の意味が違ってくる。

「本来，同じクラスで学ぶべき」というのであれば，その子どもが他の子どもたちと同じカテゴリーに属するという前提がある。もし障害児は違うというのなら，障害児が他の子どもたちと同じカテゴリーに属していないと考えていることになる。

「本来，その人に合った教育を受けることが必要なのに，できていない」というのなら，その「人」というときにどのようなカテゴリーが想定されているかによって意味が変わってくる。「人」の中に，障害児と健常児という違いが前提となっているのなら，障害児は特別支援学級へ，ということになる。「人」の中に，「成績優秀者」と「あまり成績のよくない人」という区別が前提となっているなら，「成績優秀者」と「あまり成績のよくない人」は別のクラスにすべきだということになる。「人」の中に，「男児」と「女児」という違いが前提としてあるなら，「男児」と「女児」は別のクラスにすべきだということになるだろう。

「本来，子どもたちと対等な関係を構築することができるはずなのに，『お世話係』がいるためにできていない」という表現は，そこでいう「子どもたち」が何を指しているかによって意味が変わってくる。同じクラスであれば何でもいいという発想に立つなら，特別支援学級が適しているということになるかもしれない。もっと広く「子どもたち」を捉えるなら，一般のクラスの中で「お世話係」を外すことになる。

つまり，「本来～」という言明（「乖離の状態」＝広義のニード）の位置づけに，私たちが人間集団をどのようにカテゴライズしているかということが示されているのである。これが「本来～」という言明の実質的な意味内容を決定する。

いいかえれば，三浦の表現を用いるなら「ある種の目標や一定の基準」を左右するのが包摂／排除のありようなのである。つまり，ニーズを何とみなすかというとき，その前提をつくるのが包摂／排除のありようなのである。

　逆にいえば，共生共育派が統合教育とその中身にこだわってきた理由も，この点にある。障害児とそれ以外の子どもたちを別のカテゴリーとして捉えなくなった人たちは，「乖離の状態」やニードに関する感覚が大きく異なる。障害児との統合保育を丁寧に実践してきた保育園を卒園した子どもたちは，小学校で障害児たちが特別支援学校に割り振られるのを見て，「なんで？」というそうである。その子どもたちからすれば，障害児だけが特別支援学校に割り振られるのは「乖離の状態」なのだろう。比喩的にいえば，景色の見え方，事態の捉え方そのものが違ってくるのである。

　ニーズという考え方だけでは，この領域には手を出すことができない。何が必要かという議論はできても，その前提となる「本来どうあるべきか」という「乖離の状態」をどこにどう見出すかということについて，前提となる人間集団のカテゴライズの仕方にまでは，ニーズという概念は踏み込めない。だからこそ，排除／包摂に目を向けることが，これからのケアや支援を考えていくうえで必要なのである。

　すでに何度か述べたように，ニーズという考え方自体を放棄する必要はない。それを用いたほうが，状況が整理できる瞬間は多くあるからである。ただ，ケアや支援を論じるときにニーズという概念をすべての起点とすることはできなくなっている。ニーズという概念の手前に，排除／包摂という論点がある。それを踏まえてからでなければ，ニーズをどう捉えるかという議論を始めることができないのである。

ニーズという以前に

　そして，排除／包摂という視点を取り入れたとき，ニーズ以前のもの，あるいはニーズとまで呼んでいいのかためらわれるものが，いくつも出てくる。たとえば，年越しカウントダウンに行きたいという知的障害者がいたとしよう。ひとりで行くのは難しく，移動支援を利用したい。だが，一般に多くの市町村では，移動支援の利用については昼間を原則としている。それでは年越しカウ

ントダウンには行けない。それでいいのか，といった問題である。

　年越しカウントダウンに行くのは，その人のニーズだろうか。「社会参加」といわれるのであればいかにもニーズだが，具体的に年越しカウントダウンといわれると，必ずしもニーズとはいえないと感じる人が少なくないかもしれない。それに参加できないことが，それほど大きな問題には思えないという人もいるだろう。

　だが，年越しカウントダウンに行くのはニーズかそうでないかという議論の仕方自体が，すでにズレているのではないか。にもかかわらず，ニーズという議論の仕方をしていると，この点が見過ごされがちである。ではその人にとって年越しカウントダウンが持つ意味とは，という議論が始まってしまうことが多い。大きな意味でも持っていないといけないかのようである。

　それに対して，排除／包摂から議論するなら，ニーズであるかどうかという議論とは異なるアプローチが可能である。問題は，私たちなら行けるだろう年越しカウントダウンに，なぜその人が行けないのか，ということになるからである。いってみれば，ニーズであるかどうかは，また別の問題だ，と考えることができるのである。年越しカウントダウンに行くことがその人にとってそんなに大事なことなのかどうかも，また別の問題である。問題は，私たちなら行けるだろうということであり，「本来」その人も行けていいはずなのに，という点にある。必要性の問題ではなく，可能性の問題になるのである。

　また，ニーズ以前のことも問題にできる。先に，不登校は確かに本人の選択として尊重されるべきだろうと述べ，また障害児の親が一般のクラスと特別支援学級とを選ぶことは法制度上当然のこととして可能だと述べた。ニーズという議論の仕方であれば，選べることが重要だ，というのにとどまってしまう。置かれた状況の中でその人が何を選ぶかという問題に集約されてしまうだろう。

　だが，選びたくて選んでいるわけではないことも多い。確かに選択はそれとして尊重されなくてはならず，しかもそれによって不利が生じないような仕組みをつくることも必要である。それでも，そもそも選ぶという環境そのものが問題にされなくていいのだろうか。「選ばされている」といったほうが正確なくらい，ある人たちには課せられないことが，一部の人たちに課せられている。この状況そのものを問題にすることは，ニーズ論の範疇を超えているだろう。

どうして一部の人たちに問われるニーズがあり，それ以外の人たちにはそのニーズが意識にさえのぼらないのか。その前提から問題視していくことが，排除／包摂の視点からすると可能になる。そもそも，障害児の親が「選ばされている」という感覚を持たないような学校のありようを先につくることが必要だ，という議論が可能になる。

　このことは，学校だけでなく，その後の暮らしでも繰り返し問題になることであり，また障害者だけのことではない。たとえば，多くの女性の学生たちは，就職活動において，男性の学生たちとは異なる水準から悩み，決断をしなくてはならない。いわゆる総合職的な仕事に就くのか，一般職的な仕事に就くのか。その前提として，どのような家庭を築きたいのか，結婚はしないのか。相手はどのような人が想定できるのか。それらを考えながらでなければ，志望する業種や企業すら決められないかもしれない。それは女性の学生たちが男性の学生たちより選択肢が多いといって済ませていいことなのだろうか。

┃包摂／排除を揺るがしていく┃

　そして，排除／包摂という視点を持ち込むと，解決を志向する際にもニーズ論とは少し異なる姿勢が可能になるし，必要になるという点も，確認しておきたい。

　ニーズという観点だけであれば，解決は「ニーズを満たす」ことである。もちろん，「ニーズが満たされる」という状態が何か，どこにニーズがあるのか，ということ自体が，定義する人によって変わってくるということは，これまでにも指摘されてきている。ただそれでも，「ニーズ」という言葉を用いればそれは同時に，「満たさなくてはならないもの」を意味し，解決は「ニーズを満たす」こととなる。

　それに対して，排除／包摂という視点を持ち込むと，解決を志向する姿勢は少し変わってくる。といっても，この章の冒頭で述べたように，一般的には排除の反対語は包摂であり，排除の解決は包摂となるはずだとみなされるだろう。だが，本章で述べてきたのは，事態はそれほど単純ではないということだった。第3節で述べたように，社会学で排除が議論される際には，包摂のありようこそが排除経験を生むということが繰り返し指摘されてきている。そして，第

5　包摂／排除と「生活の質」　● 155

④節の最後に述べたように，学校の中で子どもたちの関係に何がどう作用していたかを考えてみると，実は求められるのは強い意味での「包摂」ではないのではないかという疑問が浮かんでくる。

　むしろ，めざされるのは，いまある排除／包摂の枠組みが少し揺るがされ，これまで自明視されていた「多様性が極度に制限された」理解のありようが，少し別様なものへと開かれる瞬間を生むことなのかもしれない。強い意味での「包摂」が貫徹される必要は必ずしもない。それよりも，いまここで，相手に対する「理解」のありようが，別様なものになる可能性が生まれることのほうが，重要だと考えることもできる。

　もしそうだとすれば，排除の解決は，「ニーズを満たす」あるいは強い意味での「包摂」のように静態的で確たるものとして想定すべきものではないということになる。ある状態を達成すればいい，というよりも，現状の状態が少し揺るがされること，少し異なる「理解」が生まれる可能性が出てくること，いいかえれば「動き」が出てくることがそれ自体として重要だということになる。

　これは解決を志向する姿勢そのものが違うといってもいいだろう。「ニーズを満たす」あるいは強い意味での「包摂」をめざすのが，ある固定された解決があるという想定のもとに奮闘するようなものだとしたら，ここで考えてきたような排除の解決は，そうではない。いつか結論が出て話が終わるような解決というよりも，無限にある営みを繰り返すような解決である。逆にいうと，追求し続けることそのものに意味があるようなものであり，ある状態を実現できるかどうかだけが問題ではない（もちろん実現できたらいいのだろうが）。「ニーズを満たす」のが解決であるなら，ニーズが満たされない限り「解決」はいきわたらないし，満たされれば解決する。それに対して，問題を排除／包摂のありようだと立てたときには，解決はある時点で成し遂げられるというものではないことになるが，それは同時に，いまここでまた少し成し遂げられることに重要な意味があり，繰り返し試みられることそれ自体が有意義であるようなものとなる。

▎古典的排除が覆されつつあるからこそ▎

　そして，最後にひとつ触れておかなくてはならないのは，包摂／排除の問題

156 ● CHAPTER 5 　地域（1）

をこうして取り上げることができるのは，ある程度古典的な排除が覆されつつあるからだ，ということである。古典的排除においては，場からの完全な排除がなされており，障害児はコミュニケーションの中で「人（パーソン）」として扱われることはなかったかもしれない。そうした時代の中では，こうした包摂／排除の問題は，問題化すること自体が困難である。「就学免除」があたりまえだった時代には，障害があるということが持つ意味はもっと異なっていただろう。

　その意味では，本章で包摂が排除の解決ではないこと，包摂の仕方そのものが問題だということを指摘してきたといっても，古典的な排除を看過していいわけではない。確かに，特別支援学校や特別支援学級に入れられる子どもたちは増えており，その意味では排除／包摂が進みつつあるとはいえる。だが，「就学免除」の時代に戻ればいいというほど，単純な話ではない。「昔」を回顧するだけであればあまり意味がない。そうではなく，「昔」から学ぶことが重要である。古典的な排除が少しは覆されつつあり，そのプロセスを目の当たりにしているからこそ，私たちはまともに包摂／排除について問う手がかりを得ているのである。

　そう考えると，「発達障害」や「セクシュアル・マイノリティ」など，近年になって広く用いられるようになったラベルも，それ自体は悪いことではない。その特性について知られるようになることも，それ自体としては負の意味を持つとは限らないだろう。障害特性について語ることが，その人の包摂／排除に直結するとは限らない。問題は，特性について語ることが，本来多様でありうる可能性を極度に制限することにつながってしまうかどうかである。

　だから私たちは，古典的な排除に戻ることも放棄し，包摂／排除の一つひとつについて考えていくしかないのだろう。こうすれば排除が解決する，という近道はおそらく存在しない。いまここでなされている包摂／排除とは何か，それをそのつど考えていくことしかなく，そしてそれこそが排除に抗い続けるということなのではないか。

5　包摂／排除と「生活の質」 ● 157

SUMMARY

① 現代はより多くの人びとを包摂する社会となりつつあるが，包摂すれば排除は解決されるかといえばそうではなく，包摂の仕方にこそ排除が現れる。

② 公教育における障害児を包摂する歴史は，排除の進展と見ることも可能であり，「障害児」として「理解」を進めることが，その子どもと周辺で起きることに関する意味理解の多様性の極度な制限につながっていることも少なくない。

③ 教室の中でのさまざまな試行錯誤は，私たちに排除と包摂のダイナミズムについて多くを学ばせてくれる。教員や支援員の役割，「お世話係」への複雑な思い，おもちゃなどの位置づけ，大人が介入することの両義性など。

④ さらに，不登校について考えると，包摂／排除だけを問題にすることが有する限界もよく見えてくるのであり，本人の意思に基づく「参加」は包摂／排除とは別次元の問題であること，しかし包摂／排除を無視して「参加」だけを論じることがいかに暴力的かということも見えてくる。

⑤ 排除がすべて解決されているという社会関係や状況を想定することは難しく，また包摂が実質的に排除になっているからといって，より完全な排除状態に立ち返ればいいということでもない。一つひとつの関係について，排除／包摂を少しずつ考えていくしかない。

CHAPTER

第 **6** 章

地 域 (2)

ケア従事者と地域

INTRODUCTION

この章では引き続き「地域」をテーマとする。前章での排除／包摂の議論にときどき立ち戻りながら，具体的に地域で暮らすとはどのようなことなのか，暮らし方としてどのようなものがありうるのかを整理しながら，地域で暮らすのを支援するとはどういうことか，考えてみたい。

1 地域をどう考えればいいのか

それでは「ない」場としての地域

前章では，排除／包摂を，主に学校という場におけるやりとりを中心にして捉えかえした。本章では，学校とは異なる，大人たちの地域という場について考えてみよう。

学校という場とは異なり，ここには教員という圧倒的権力者はいない。もちろん，地域のボス的な存在がいたり，ケア従事者の介護・介助を必須とする人であればケア従事者がいたり，あるいは家族のいうことに逆らえなかったりと，権力関係はどこにでもある。だがその多くは，学校における教員ほどに制度的に優位にあるわけではない。

そして，ある場や活動に参加することが明確に強制されているわけではない。もちろん，たとえば「働く」ことや，衣食住を賄うことなど，一定程度やらざるをえないことはある。だがそれも，学校のように，集団で同じようにこなさなくてはならないわけではない。

つまりは，それなりに自由があり，それなりにバラバラなのである（少なくとも，ある程度都市型生活が一般的になっている地域では[1]）。学校と比べれば，地域というのはもっと幅広い。いろいろな場がありえて，いろいろな権力者が存在しうる。同じことをしなくてはならないときもあるが，そうでないときもある。

というより，「地域」は，学校や病院，入所施設では「ない」ということにこそ意味があるのかもしれない。第2章で，「生活」という言葉には，制度化されたものの向こう側にある，全体性や総合性が含意されている，環境＝エコシステムのようなものだ，と述べた。ケアや支援の生活モデル化という文脈に

note

1) ただし，地域によってこの点は大きく異なるだろう。「はじめに」で述べたように，本書が多く依拠する事例は，多摩市たこの木クラブをはじめとして，関東の大都市圏の郊外と呼ばれる地域での活動である。「地域」が持つリアリティは，文化的・歴史的背景や人口規模，大都市圏との距離などによって大きく異なるだろう。本書ではなるべく一般的な要素を抽出しようと試みてはいるが，第6章はとくに偏った内容になっているかもしれない。

160 ● CHAPTER 6 地域 (2)

おいては，「地域」という言葉もそのように使われてきたともいえる。従来のような病院や入所施設の外側，ある特殊な制度化された場ではなく，意味がひとつに閉じられない，多様な意味空間が同時に存在するような場という意味を込めて，「地域」という言葉が使われてきた。

ただ，そういっただけでは，ほとんどイメージがつかめなくなる。そのため，以下では，地域で暮らす具体的な形についていくつか例を挙げていこう。その際に，アメリカの社会学者であるレイ・オルデンバーグのいう「ファースト・プレイス」「セカンド・プレイス」「サード・プレイス」という区分を用いて整理してみよう（Oldenburg 1989＝2013: 17）。オルデンバーグは，家庭などの寝起きする場を「ファースト・プレイス」，学校や職場などの日中に定期的に通う場を「セカンド・プレイス」と呼び，それらと異なる，パブやバー，カフェなどのように，家庭や学校，職場とは異なる人たちと出会う場を「サード・プレイス」と呼んだ。この区分に合わせて，「地域」といわれるときに具体的にどのような場がありうるのか，それぞれいくつかの例を挙げていきたい。

ファースト・プレイス

寝起きする場であり，生活の拠点である「ファースト・プレイス」は，まずはいわゆる「自宅」である。この「自宅」の形態も，さまざまにありうる。

ひとつには，家族と同居している形態がありうるだろう。お年寄りや障害を持つ人たちは，なかなか独力で生活をまわしていくことが難しいことも多く，家族と同居していることは少なくない。この場合の「家族」は，たとえばお年寄りであれば配偶者や子ども，障害を持つ人たちであれば親やきょうだいであることが多い。

ただ，一般には，地域で暮らすというときには，家族だけにすべてのベースの支援を担わせる形は想定されていない。もちろん，本人の状態や思いとして，家族以外の人たちとかかわることが非常に難しいという場合もあるが，そうでない限り，地域でのケア・支援というときには，日中は別の場に通うなどして，セカンド・プレイスやサード・プレイスを持つことや，ファースト・プレイスにずっといるにしても，介護・介助を担う人が別途訪れることが前提となる。

家族と同居していても，家庭内での介護・介助を別途受けることは十分にあ

1 地域をどう考えればいいのか　●　161

りうる。現行の介護保険制度や障害者自立支援法は，家族と同居している場合には家族による介護・介助を前提とする形となっているが，実際には家族にできることには限界がある。たとえば24時間の介護が必要な人については，家族構成員がすべての介護を担っていたら，その家族構成員たちはほかの社会生活を営めなくなるし，身体的にも過剰な負担がかかる。また，たとえば父親と同居しているとして，成人した女性の入浴介助を父親にやれというのは無理がある。そうした際に，介護・介助を担う第三者が入るのは，必要不可欠だろう。

　また，介護・介助の家庭内責任は，一般に女性に多く負わされる傾向にあり，家族と同居しているからといって家族が介護・介助を担うべきだと前提するのは，実質的に男女差別の温存である。ジェンダー格差は，介護・介助を外部化するからといって解決されるわけではないが，少なくとも単なる温存とは異なる道を探ることにはつながる。

　そのほかに，グループホームという形態もある。これは，大規模な入所施設とは異なり，まちなかに少人数で暮らす形態である。近年では，高齢者にせよ障害者にせよ，こうした形を採用するケースが増えている。とくに知的障害者や精神障害者のグループホームは増加しており，知的障害者が地域で暮らすというときには，すなわちグループホームという暮らし方だ，といういい方すらされることもある。

　ただ，グループホームといっても，規模もさまざまであり（50人規模のグループホームもあれば，定員4人程度のところもある），入居している人たちがもともと関係のあった人たちのところもあれば，行政の割り振りでお互いに見も知らぬ人といきなり同居が始まるところもある。また，近隣の住民とのかかわりや，外出の頻度などもさまざまであり，介護・介助の実態もさまざまである。

　そして，一見するとグループホームと似たような形に見えるが，シェアハウスという形をとっていることもある。グループホームであれば，原則として運営する法人が住居を管理し，住人はそこに「入居」するという形をとる。だが，シェアハウスであれば，一般の人たちと同じく，ひとつの家や部屋を他の人とシェアするという形になる。

　また，介助つきの一人暮らしという形態もある。障害者運動が切り拓いてきた「自立生活」は，多くの場合が介助つきの一人暮らしである。重度の障害者

や高齢者がひとりでアパートなどに暮らし，そこに介助者が入れ替わり立ち代わり訪れ，必要な介護・介助やそのほかの支援を行うというものである。介護・介助者が訪れる時間の頻度や長さは人によって異なる。24 時間体制で張りつく場合もあれば，週に 1 回か 2 回訪れるだけという場合もある。長く滞在してもらったほうが安心する人もいれば，かえって不安定になる人もいる。また，本人は介護・介助者がいることが不快だったとしても，周囲としては心配で，介護・介助者の存在を許してもらうしかないというケースもあるだろう。

　なお，「自立生活」は，何も一人暮らしでなければ成立しないということではない。先に，もともと同居していた家族との生活の中に介護・介助者が入ることもあると述べたが，それだけではなく，新たにつくる家族との生活の中に介護・介助者が入ることもあるだろう。たとえば，重度障害を持つ人が結婚した場合，その介護・介助を配偶者がすべて担うのでは，配偶者は「配偶者」というより「介助者」になってしまう。そうではなく「配偶者」としてかかわれるようにするためには，介護・介助者が十分に配置されている必要がある。そうしたケースでは，新婚家庭の中に介護・介助者が交替で 24 時間張りついているという形も生まれる。

　生まれた子どもの育児を，介護・介助者が一定程度担うということも普通に見られることである。子どもは愛情をもって育てられればそれでいいのであって，直接に世話をするのが生物学的「母親」でなくてはならないわけではない。重度の障害を持つ人たちが自分たちの子どもを育てるケースも増えてきている（安積・尾濱 2017）。

セカンド・プレイス

　学校に通う年齢の人たちであれば，セカンド・プレイスはまず学校であることが多い。学校といってもいくつかあり，公立の学校もあれば，私立の学校もある。またそれだけではなく，さまざまな形で子どもたちが集う場がつくられている。フリースペースと名乗っていることもあれば，遊び場と呼ばれることもある。

---
note

2)　「自立生活」の多様性については，田中（2009）など。また，妻子のある人の家庭で介助するというあり方の一例としては，深田（2013）がわかりやすい。

1　地域をどう考えればいいのか　● 163

それに対して，成人すれば学校ではないところに通うのが一般的である。就労する人にとっては就労先がセカンド・プレイスとなるだろう。いわゆる「一般就労」以外にも，「働く場」としての性格を持っているところがある。このような「働く場」の出発点のひとつは，親たちが中心になってつくった，小規模作業所である。これは全国各地で親たちが，制度によらないところでいちからつくりだした，学齢期を超えた障害を持つ人たちの働く場であり，生きる場だった。それがのちに市町村の制度として盛り込まれるようになり，障害者総合支援法では就労継続支援 A 型や B 型，あるいは地域活動支援センターなどに位置づけられることが多い。

　「働く場」といっても，その内容は実にさまざまである。利用者にどのような人たちがいるかということからして，大きく違ってくる。一定の「能力」のある人しか利用者として採用しないところもあれば，そうしたことには構わないところもある。仕事の内容もさまざまで，パンづくりなど何かをつくるところもあれば，飲食店などを運営するところ，空き缶などを集めるところ，掃除などを引き受けるところ，それぞれである。

　また，重度の障害がある人が多い場合には，ある程度の介護・介助やサポートがなければ，その職場を維持できないことがある。その場合の介護・介助者たち（いわゆる「健常者スタッフ」）と，障害者や高齢者との関係も，さまざまである。一般的には，「健常者スタッフ」と「メンバーさん」との間に明確な区分があり，給与だけでなく仕事の内容や客の前に出られる頻度まで違うことが多い。

　それに対して，名古屋の「わっぱの会」をはじめとして，いわゆる「健常者スタッフ」と「障害者手帳を持つ人たち」とが，「同一時給」として仕事を分かち合うという試みも全国で取り組まれている。こうした試みでは，経済や能力という概念が問い直され，別様の形がめざされている（共同連 2012）。

　このように経済や能力という概念を問い直し，別様のあり方を模索しながら，社会的に排除された人たちの統合をめざす組織体を，労働統合型社会的企業（WISE）と呼ぶ（米澤 2011）。社会的に排除された人たちとして想定されているのは，いわゆる高齢者や障害者だけにとどまるものではなく，より広い意味で，就労に際して排除されやすい人たち一般が想定されていることもある。

それ以外にも，デイケアやデイサービスなども（介護保険制度でいうなら通所介護や通所リハビリテーション），利用者からすればセカンド・プレイスだろう。男性のお年寄りで，デイケアやデイサービスのことを「仕事に行く」と表現する人は少なくない。男性にとってのセカンド・プレイスが「仕事」という言葉で表現されているのだろう。これらの場は，利用者たちが日中を過ごすところとして位置づけられているが，同時に入浴などの生活をまわすうえで不可欠な介護・介助を受ける場ともなっている。

　第 **2** 章でふれた宅老所の多くもまた，セカンド・プレイスである。福岡で「宅老所よりあい」を開設した下村恵美子は，あるお年寄り（「よりあい」ができるきっかけとなった人物）に対して最初はホームヘルプを提供していたが，家に伺うだけでは利用者とケア従事者の関係が難しくなることから，外に出る機会をつくるものとして，「宅老所よりあい」をつくったという（下村 2001: 68-73）。ここに示されているように，セカンド・プレイスは，まさに「セカンド」であることにも大きな意味を持っているともいえるだろう（ただし，「よりあい」をはじめとした宅老所の多くは，通う人たちの病状が悪化するなど事態に変化が起きれば，その人たちの住む場にもなる。必ず「セカンド」が必要だということではない）。生活の中に複数の場があり，そこで出会う人たちやかかわる人たちが異なっていることは，生活を豊かにする。

　また，同じように集う場でも，利用者が「高齢者」「障害者」と縦割りになっておらず，もっと多様にいるケースもある。第 **2** 章で述べたようにいくつかの宅老所は，「共生ケア」と呼ばれる形をとっている。事業としては介護保険制度上のデイサービス事業として行われていても，要介護のお年寄り以外に，スタッフといっていいのか利用者といっていいのかわからないような人たちや，近所の人たちが，自由に入り込んでいるような形で運営されている。あるいは，子どもたちが自然と集まってくるような形をとっている場もあれば，託児所を兼ねているところもある。

　このような，利用者かスタッフかわからないような人や，近所の人たちが自由に入り込んでくるような空間では，「利用者」は「利用者」として存在するだけでなく，さまざまな側面を持つ個人として多様な関係を持つことになる。それは，「利用者」を「利用者」にすることで生じてしまう排除／包摂の意味

を少し変えていくという意味を持つだろう。

サード・プレイス

　最後に，オルデンバーグがサード・プレイスと呼んだような場である。こうした場を持っている人は，ケアや支援を必要としている人たちの中には，必ずしも多くはないかもしれない。地域で暮らしていたとしても，家と作業所の往復だけという障害者は少なくないし，高齢者も家とデイサービスの往復だけということは多い。

　ただそれでも，こうした場を何らかの形で持つ人もおり，その人たちにとってこうした場が持つ意味は決して小さなものではない。オルデンバーグが上記のような区分をしたのは，このサード・プレイスの意義を示すためである。オルデンバーグによれば，サード・プレイスによって，家庭や職場とは異なる人間関係が育まれていることで，その人たちの生活は豊かになり，また地域は活性化するという（Oldenburg 1989＝2013: 98-159）。

　たとえば阪神・淡路大震災の後の仮設住宅では，もともとの近隣関係とは無関係に抽選で入居が進められたため，転入当初，住民たちはお互いによく知らず，探り合うような関係にあった。そうした状況の中で，「孤独死」と呼ばれる，亡くなってから長期間経って発見されるケースが繰り返されるようになった。そうした状況下でボランティアたちが各地で取り組んだのは，「ふれあいカフェ」の設立である。仮設住宅に住む人たちが，安価な値段でコーヒーを飲めるような場所をつくり，そこから自然と人間関係が育まれていくよう，働きかけたのである（三井 2008）。

　サード・プレイスの例としては，たとえばコミュニティカフェや相談所などが挙げられるだろう。ここは，「利用者」というより「お客さん」という位置づけで迎え入れるところであり，いつ誰が訪れるか，とくに決まりはない。多くの場合は，子どもやその親，あるいはお年寄りなど，それなりにお客さんとして訪れる人たちの層が想定されてはいるが，あらかじめ規定しているのではなく，自由に訪れることが前提となっている。

　完全に参加が自由になっているということは，ある人が訪れることは，強制でも何でもなく，ほぼその人の意思に基づく参加だということになる。行きた

くなければ行かなければいいし，行きたくなれば行けばいい。そういう形が可能になっていることの意味は，決して小さくはないだろう。

そのほかにも，グループホームや介助つき一人暮らしなどの支援活動を行っている団体が，居酒屋（ある団体では断固「赤ちょうちん」と呼ばれていた）やカフェ，あるいは特定の曜日に団体事務所を開放して関係する人たちが三々五々訪れるような場を設けていることもある。たとえば，週に1～2回しか介護・介助者が派遣されていない一人暮らしの知的障害者男性が，晩ご飯は特定の居酒屋に通っているというケースもある。晩ご飯にそこに顔を見せることで，何かあればわかるし，健康も保てる。困ったときに相談することもできる。見守りとしての機能や，相談・コーディネートとしての機能も担っているのである。

また，近年急増した「子ども食堂」も，サード・プレイスとしての意味を持っているだろう。子どもたちにとっては，児童館や図書館も，こうした意味を持っているときがあるだろう。

┃ ちょっとしたかかわり

そしておそらく，私たちの想定する地域は，もっと緩やかでほとんどかかわりがないといってもいいようなものまで含めてのものである。

たとえば，いつものコンビニで買い物をするとき。たかがコンビニでの買い物で，店員と顔なじみというほどのことでもないかもしれない。それでもそこで，店員と客として，たとえ言葉すら交わさなくても，ある程度のコミュニケーションはする。そしていつものコンビニに並んだ棚を自由に歩く。たったこれだけのことであっても，私たちの生活の重要な一部であり，私たちがイメージする地域の一部だろう。ずっと家庭と特別支援学校との行き来だけで暮らしてきた重度障害のある人が，コンビニではじめて自分で買い物をするのに立ち会ったことがあるが，そのときの緊張した，しかしうれしそうな笑顔は忘れがたい。

そのほかにも，スーパーや，まちなかのレストランなどが地域を感じさせることもある。女性のお年寄りが，スーパーで介助者にサポートされながら買い物をするときの充実した顔が与えるインパクトは大きい。特別養護老人ホームに入居している人が，外出時にレストランで職員と食事をしたとき，以前の営

1 地域をどう考えればいいのか　● 167

業マンとして活躍していた頃をほうふつとさせるような様子で，職員は感銘を受けたと聞いたこともある。

このように，たとえばコンビニに行ったり，スーパーに行ったり，その辺を散歩したり，いつもの帰り道を遠回りして帰ったり，ということは，決して小さなことではない。むしろ，その人が病院や入所施設に暮らすのではなく，地域で暮らすということの意味や特徴として語られていることが珍しくない。何でもないちょっとしたかかわり，ちょっとした自由，ちょっとした開放感が，地域の象徴でもある。

こうしたことに示されているのは，現代の都市型社会において，私たちの暮らし方では，家庭や職場・学校などとは異なる他者とのかかわり方が可能になる場が，重要な意味を持っているということである。第3章で，生活の中には緩急があり，何もしないような緩んだ時間が必要でもあるのだと述べたが，それに近い。私たちは，ファースト・プレイスやセカンド・プレイスのように，明確ではっきりとした居場所や役割がある場だけでなく，それらから少し自由になる空間を必要としているのだろう。それが私たちにとっての生活や暮らしの豊かさにつながっている。

だとすると，いいかえれば，地域には，明確ではっきりとした所属先とは異なる，もっと緩やかなつながりがあることが重要なのだろう。もう少し別の表現を用いるなら，その人にとって主たる社会関係における包摂／排除のありようは確かに重要なのだが，そこだけが重要なわけではない。それ以外に，濃淡さまざまな緩やかな社会関係が複数存在することが，それとして意義を持っているのである。

 人それぞれ，なのだけど

人それぞれ／そのときどき，があたりまえ

これまで「地域で暮らす」ことを具体的に示そうとして，ファースト・プレイスやセカンド・プレイス，サード・プレイス，ちょっとしたかかわり，と分

け，それぞれの具体的なありようの例を挙げてきた。ただ，こうして挙げてみると，それぞれの場のありようやつくり方，あるいはその組み合わせはさまざまにありうることがよく見えてくる。

　といっても，もちろん，人によってサード・プレイスを求めたり緩やかなかかわりを求めたりするにあたって，その数や緩やかさには違いがあるだろう。趣味の人間関係を複数持って，アクティブに人間関係を構築していきたい人もいれば，自分が慣れているコンビニにときどき通えればそれでいいという人もいるだろう。複数であることが重要だといっても，その量や程度にはかなりの個人差がある。

　そう考えると，ひとつの暮らし方や生活のありようをもって地域で暮らす具体的な形なのだと捉えることが，いかに一面的な物言いかが見えてくるだろう。本来，どこでどのような暮らし方をするのかは，本当に人それぞれのはずである。ある暮らし方こそが「地域の暮らし」であり，他の暮らし方はそうではない，あるいはもう少し踏み込んでいうなら，ある暮らし方こそが「生活の質」が高くて，ほかの暮らし方は「生活の質」が低い，といった議論の仕方は，あまり適切な議論の仕方ではないように思える。

　たとえば，一人暮らしをしている，あるいは自宅で暮らしていると聞くと，いかにも地域での暮らしに見えるが，介助者が十分にいなければ，自宅にこもるだけの生活になっているかもしれない。介助者がいたとしても外出の機会がなければ，家の中で介助者と顔を突き合わせているだけの暮らしである。

　それでは近所づきあいをしていたり，外出していたりすればいいのかといえば，その頻度や中身は，本当に人によって異なるだろう。たとえば一人暮らしの大学生がどの程度近所づきあいをしているだろうか。おそらくほとんどの大学生が，同じアパートの住民の顔と名前も一致しないのではないだろうか。コンビニや喫茶店に頻繁に出かけたい人もいれば，そんなことより自宅でまったりと過ごしたい人もいる。近所づきあいや外出の程度など，人によってさまざまなのがあたりまえである。

　逆に，たとえば一般に，地域といえば病院や入所施設ではないところ，と捉えられているが，病院や入所施設だからといって地域ではない，といいきるのも奇妙な話である。病院でも入所施設でも，人びとの暮らしはあるし，人びと

2　人それぞれ，なのだけど　● 169

のかかわりはある。むしろ一人暮らしで家にこもっている人よりも，よほど他者とかかわりを持つ毎日だともいえる。病院や入所施設の管理の仕方によっては，よほど開放的で生き生きとした暮らしをしていることだってありうるだろう。

　ある暮らし方が「生活の質」が高い，あるいは地域の暮らしとはこのような暮らし方だ，といういい方は，現実に生きている私たちの多様性をあまりにも無視したいい方である。私たちはそれぞれさまざまな事情の中で，可能な限り，自分なりの暮らしを形づくっているのであり，そこに安易に質の上下や線引きをするのは，本来はおかしなことなのである。いってみれば，その発想自体が，第**5**章で述べたような，「意味理解の多様性を極度に制限」した発想だともいえる。

　さらにいうなら，同じ人の中でも変化があってあたりまえである。最初は一人暮らしが楽しかった人が，歳を重ね，生活に変化が生まれるとともに，誰か親しい人とともに暮らしたいと願うようになるかもしれない。その場所が，制度的にいえば，いわゆる病院だったり入所施設だったりすることがあってもおかしくはない。あるいは逆に，これまでは人と同居して暮らしてきた人が，少し他人と距離を取って暮らしたいと思うようになるかもしれない。若い頃であれば親とともに暮らしているのがあたりまえだった人も，歳を重ねればそうではないと思うようになるかもしれない。ずっと一緒に暮らしてきた仲間とも，袂を分かったほうがお互いにやっていけるというときだって来るかもしれない。

　あるいは相手によっても変わってくるだろう。近所づきあいが嫌いな人も，本当に近所づきあい一般が嫌いなのか，その「ご近所さん」が嫌いなのかは，自分でもなかなか判断がつかないところだろう。管理されるのがイヤで一人暮らしを望む人も，「この人ならいい」と思える相手がいるかもしれない。

　このように，地域というが，その具体的なありようは，本当に人それぞれ，そのときどきでそれぞれなのが，あたりまえなのである。ある暮らしの形をとっていれば／いなければ地域での暮らしだといえる／いえない，というようなものではなく，本当に人それぞれ，それもそのときどきで違っている。地域の暮らしとは，これこれだという形で表現できるものではない。本当は，その人によってさまざまなありようがあり，またそれが時間を経るにつれて変化する

こともあるのが普通である。

第1章で，地域包括ケアへの移行は，私たちが「生活の質」に価値を置くようになったから起きていると述べた。まさにそうであるからこそ，求められるのがいわゆる地域的と呼ばれるような暮らし方だとは限らない。「生活の質」は多様であり，何を良しとするかはさまざまである。人の生活や暮らしというのは，そういうものである。それぞれの暮らしがあってあたりまえなのである。

多様性と可変性を担保するために——かたくなさも必要

ただ，このように多様で可変的だと述べただけでは，話は終わらない。確かに，本人の暮らしや生活がどうあるべきかという視点で見れば，地域での暮らしは多様で可変的であり，どのような暮らし方をすると「生活の質」が高くなるのかは人それぞれ，そのつど違う，ということになる。だが，現状として，人それぞれ，そのつど違う暮らし方が，本当に選べているのかというと，そうではない。

そこにはいつも排除／包摂の問題がかかわっている。ある人たちには自宅での暮らしがなかなか困難で，入所施設や病院に入ることが当然視されている，という状況は確かにある。たとえば認知症が進んだお年寄りを，住み慣れた家から引き離し，遠方の入所施設に入れるということは，決して珍しいことではない。成人した知的障害のある人の4人に1人が入所施設で暮らしている。人それぞれ，そのつど違う暮らし方が選べているとはとてもいえない状況がある。

ファースト・プレイスのレベルだけの話ではない。ちょっとしたかかわりにおいても，排除／包摂の問題と，本人の多様性や可変性とは，不可分に結びついており，そう簡単に切り分けられるものではない。先に相手によっても違ってくると述べたが，排除されていると感じる「ご近所さん」とのつきあいは，たくないと思うのはあたりまえである。もう少し異なる「ご近所さん」であれば，もっとつきあいたいと思うかもしれない。外出したいと思うかどうかにも，排除／包摂の問題は深くかかわっている。ケアや支援を必要とする人たちの多くは，さまざまな社会的排除を経験してきており，それゆえに希望や願いそのものを限られた形でしか思い描かなくなっていることも多い。たとえば女性同士でデパートに行ってわいわいとウィンドウ・ショッピングを楽しむという経

2 人それぞれ，なのだけど ● 171

験をしたことがない人は，そもそもそんなことをしたいと思わないだろう。だが本当に気の合う人たちとそうすることができ，実際に楽しいと思ったのであれば，次にまたそうしたいと願うかもしれない。

　だからやはり，地域の暮らしが人それぞれでそのつど違う，といって済ませていいわけではない。いまの「それぞれ」「そのつど」の内容には，排除の跡が色濃く残っているかもしれないのである。そのため，常にいまの「それぞれ」「そのつど」が何によって形づくられてきたものなのかを問う必要がある。

　そしてこのことは，現状をただ見つめていたところで，わかるものではない。本人が「近所づきあいはしんどいからしたくない」というのなら確かにそうなのであり，その時点でそれが排除／包摂の結果だと第三者がいったところであまり意味がない。排除／包摂の結果だったといえるのは，常にその時点より後になってのことである。本人がそれまでとは異なる「ご近所さん」とかかわることで，「近所づきあいも悪くない」と思うようになったときにはじめて，本当は「近所づきあいはしんどいからしたくない」といっていたのは排除／包摂の結果だったのだ，といういい方が成立する。女性同士で遊びに行きたいという思いを持たないのが，そもそもそういうことが好きではないからなのか，単にそういう楽しみ方を知らないだけなのかは，実際に行ってみるという経験をしてからはじめて判断できることである。

　だから，ある人の「それぞれ」「そのつど」が，排除／包摂の結果でしかないのか，それともその人の個性なのかを探るためには，いったん現状の「それぞれ」「そのつど」とは異なる暮らし方や過ごし方を本人に提示し，経験してもらうという過程が必要になる。それがあってはじめて，「地域の暮らし」は多様で可変的なのだ，という表現が可能になる。

　そして，ケアや支援を必要とする人たちがどうしても追いやられがちな病院や入所施設という場が，一般的にいって，暮らし方の多様性と可変性を許容しない場であることも否定できないだろう。これらの場では，「集団生活」が課せられ，集団としてケアや支援を提供される傾向にある。そうであれば，「さまざまである」「そのつど異なる」ということはなかなか保障されない。確かに，病院や入所施設がその人なりの暮らしの場になることはありうるのだが，そういう人が何人かいるからといって，すべての人にとってそうだとはとても

172 ● CHAPTER **6** 地域（2）

いえない。当てはまらない人たちに対する許容度が高いかというと，決してそうではない。そう考えると，病院や入所施設が，ある人たちの暮らす場として想定されがちなわりに，その人たちの多様性や可変性が保てないことは，否定できないだろう。

　だからこそ，一般的に地域的といわれている形にこだわることには，やはり大きな意味があるのである。たとえば一人暮らしやシェアハウス，（介助つき）家族との同居，グループホームなどの暮らし方を広げることには，やはりそれとして意味がある。

　いいかえれば，多様性と可変性を本当の意味で保つためには，ケアや支援をする側が「それぞれだ」「そのつど違う」といっているだけでは足りないのである。ケアや支援をする側が，いったん多様性や可変性という前提を緩め，現状とは別様の暮らし方を提示する必要がある。たとえば病院や入所施設にいる人たち，あるいはそこに行くことが当然視されている人たちに，いわゆる地域で暮らす形態といわれるような，一人暮らしやシェアハウス，グループホームなどの暮らし方を，まず保障する。そのうえでこそ，本当の意味でその人たちは，自分なりの暮らし方，そのつどふさわしい生活のありようを見つけるスタート地点に立てる。このことが持つ意味と意義は，やはり否定しがたい。

　地域で暮らすことを強調する人たちはしばしば，入所施設や病院での暮らしを否定する。そのいい方は，本来人びとの暮らしがそれぞれでありそのつど異なることからすると，いささか一面的でかたくななようにも見えるかもしれない。だが，ケアや支援をする側がいったん一面的でかたくなな姿勢を持つくらいでなければ，現状としては排除／包摂を温存するだけになってしまい，本当の意味で利用者たちの暮らしや生活の多様性や可変性を保つことができないのである。

　そしてそれと同時に，ケア従事者が具体的にさまざまな提案をし，可能性を拡大していくことが重要になってくる。いま近所つきあいに熱心でないからといって，その人はそういう人なのだ，と片づけていいとは言い難い。外出に熱心でないからといって，インドア派なのだと決めつけていいかというと，状況によってはそう簡単には決めつけられない。別様の過ごし方，別様のつきあう相手，別様の楽しさや面白さ，そうしたものを提示し，経験してもらってこそ，

2　人それぞれ，なのだけど　● 173

その人のその人らしさやいまのその人の姿や思いが見えてくる。

　地域で暮らすことを重視してきた人たちは，利用者にせよ，ケア従事者にせよ，しばしば非常にアクティブで，実にいろいろな活動に手を出していることが多い。私も知的障害の人たちの集まりに何度も参加する中で，普段の私よりよほどアクティブで，予定がたくさんだと感じたことは何度もあった。ひとつには知的障害の人たちには本を読むなどの時間の過ごし方があまり好まれないということもあるが，おそらく理由はそれだけではない。周囲のケア従事者も，あるいは障害者自身も，別様の可能性を示していくことに一定の意義を見出しているからだろう。カラオケ大会も，遊園地に行くのも，行きたくない人は行かなければいい。ただ，「行きたくない」という判断ができるためには，まずそれが何なのか，ある程度は知らなくてはならない。そのためのアクティブさであり，活動の多様さなのである。

　つまり，利用者の暮らしの多様性と可変性を保つためには，ケア従事者の側には，一般的に地域的といわれるような，多様性と可変性を保ちやすい暮らし方の実現にかたくなにこだわることが必要になる。実際にその中から何がその利用者にとっての暮らし方や生活のありようとして選び取られていくかは，また別の問題であり，ケア従事者が思うような暮らしは選ばないかもしれない。そのことも含め，まずはある暮らし方，別様な可能性を示していく。地域で暮らすことを支援するうえでは，このようなかたくなさと積極的に別様な可能性を提示していくこととが，不可欠なのである。

利用者と周囲との関係にどうかかわるか

トラブルをどう考えるか

　地域で暮らすといっても，現実的には難しいように感じられるケースもあるだろう。その際もっともクリティカルな問題に感じられがちなのが，利用者と第三者の間で生じるトラブルである。ケアや支援を必要とする人たちの一部には，どうしても周囲の隣人たちや道行く通行人たちとの間で，あるいはセカン

ド・プレイスやサード・プレイスのように複数の人たちが集まるような場で，トラブルの中心になってしまいがちな人たちがいる。これは何も，障害の種類や軽重によるものとは限らない。そして，おそらくその人たちだから，ということでもない。周囲との組み合わせの問題であり，ある場やある人たちとの間ではトラブルが起きがちだけれども，ほかの場やほかの人たちとの間ではトラブルにならないこともあるだろう。このように状況によって，人によってさまざまなのだが，どうしてもトラブルが起きるときというのはある。

　トラブルが生じることは，一般的には，「良くない」ことだとみなされるだろう。周囲の隣人から苦情が出たときに，まったく無視していればいいということにはなかなかならないだろう。何らかの対応を考えていかなければ，本人の地域生活そのものが維持できなくなる可能性すらあるからである。複数の人たちが集まる場で，暴力沙汰が起きてしまえば，怖くて来られなくなる人も出てくるだろうし，場として維持することも難しくなるだろう。

　だが，トラブルをなくそう，トラブルが起きないようにしよう，という姿勢だけでは，地域で暮らすのを支援することは難しい。

　というのも，第1に，多くの人たちが集う場には，トラブルがつきものだからである。ある程度の時間を共有しているのであれば，いい人間関係というのは，トラブルを必ず含むものである。まったくトラブルが生じないのだとしたら，それはお互いの関係を深めない努力がかなり必死で（片方だけのときもあれば双方の努力によることもあるだろう）払われている可能性が高い。たとえば恐怖や暴力で支配された場であれば，トラブルはあまり生じないだろうが，それでいいのかといえば，とてもそうはいえないだろう。現代の小学校や中学校では子ども同士の派手な喧嘩が起きることは減っているというが，それは子どもたちがお互いに神経をすり減らして表面上の付き合いを取り繕っているからだともいわれる（土井 2008: 96-138）。トラブルが起きない状況というのは，メンバーに過酷な努力を求めるものになっているかもしれない。

　そして第2に，トラブルは必ず否定的な意味を持つとは限らないからである。もちろん不快な思いをする人も多いだろうし，ときに深刻な対立に発展することもある。だが，トラブルや衝突を経てお互いを知り，それこそ人間としての理解を深めていくこともある。

3　利用者と周囲との関係にどうかかわるか　● 175

むしろ，トラブルに際して誰がどうふるまうかという点こそが重要なのかもしれない。なぜならそれが，そこに居合わせた人たちの関係が今後どのようになっていくかをある程度方向づけてしまうからである。もちろん，居合わせた人たちの個性やその後の経緯は完全に把握しコントロールできるものではない。だが，方向づけはなされていく。

たとえば，大きな声で奇声と呼ばれるような声をあげている利用者がいたとしよう。その人に対してほかの利用者が腹を立てて手を挙げたとする。ケア従事者は往々にして，その場において一定の権威であり権力を持つ存在である。そのときに，ケア従事者が奇声をあげる利用者をただたしなめるのか，あるいは手を挙げた利用者をただたしなめるのか。あるいはその双方をするのか。はたまた，あえて黙って見ているのか。これらによって，利用者の関係，あるいは利用者とケア従事者の関係は，大きく方向づけられてしまう。

そのため，トラブルに際してケア従事者がどうふるまうかは，その場が利用者たちにとって包摂と参加の場になるか，包摂と同時に排除の場になるか，あるいは単なる排除の場になるかを，方向づける。第 **5** 章で取り上げたような，学校教育における教員と似ている。

そして，トラブルを避けるということもまた，すでにひとつの方向づけである。避けるべき事柄としてトラブルを捉えているとしたら，トラブルの中心にいることの多い人たちに対してすでに，あるメッセージを発しているに等しい。

そのため，「ともに生きる」試みの中では，トラブルはむやみと避ける対象というより，むしろ積極的に受け止められていることのほうが多い。もちろん，トラブルは「疲れる」。利用者にとっても大変なことであり，ケア従事者からしても厄介なことではある。それでもあえてトラブルを積極的に受けとめていく姿勢が「ともに生きる」試みの中で多く見られるのは，それ自体が排除に抗うことにつながっているからである。

▌「間に入る」のではなく ▌

では，トラブルが生じたとき，あるいは生じそうなときに，どのようなふるまいがありうるのか。これはもちろん，その状況やかかわる人たちの状態，個性，そしてケア従事者の個性や状態によってさまざまである。

たとえば，一般的に見て「不穏」に見える行動をする利用者に，通りかかった小さい子連れの母親が不審そうな顔をしたとき，介助者がどのようにふるまうか。これは本当に人によっても，状況によってもさまざまである。積極的に母親に挨拶する介助者もいるかもしれない（介助者の性別や年齢によってはこれが有効なときもあるだろう）。ただニコニコとしている介助者もいるかもしれない。あるいは，一歩下がって見ていて，何か起きそうになったときに出てくるという態度を示す介助者もいるかもしれない。その利用者が，その介助者がそばにいると感じるとホッとする人なのか，そうではない人なのかによっても異なり，利用者が小さな子どもに対してどのようにふるまったかによっても異なる。

　たとえば，コミュニティカフェにいろいろな人たちが集っているとしよう。仲良し女性集団が盛り上がっているときに，中に入れず高圧的な態度を繰り返す男性がいたときに，その場を運営している人がどうふるまうか。これもまた，さまざまだろう。女性集団のそれまでの様子によっても違ってくるし，男性がどの程度かかわってきた人かによっても違ってくる。また，運営する側の年齢や性別によってもかなり違ってくるだろう。

　対応の仕方はあまりに多様であまりに個別的であり，何が良くて何が悪いというリストをつくることは不可能である。

　ただ，一般的にいって，「ともに生きる」ことを試みてきた人たちには，トラブルに際してあまり「間に入る」ということはしない傾向がある。別の言い方をすると，「仲裁に入る」あるいは「伝達役になる」，地域の人たちを「啓蒙する」，利用者の「代役になる」といったことはあまりしない。そうではなく，自らが第三の主体としてその場にかかわろうとすることが多いように思う。

　おそらくそれは，「間に入る」ことをめざしてしまうと，利用者とその相手との間で生じるかもしれないさまざまな可能性を封じてしまうからだろう。第**5**章で示した，学校の中での障害児とそうではないとされる子どもたちとの関係を思い出してみてほしい。障害児に徹底してかかわり，それ以外の子どもたちが障害児をからかったりいじったりしようとすると叱る教員がいたが，子どもたちからするとその障害児のことをほとんど覚えていないという経験につながっていた。「間に入る」ことは，その先が生まれる可能性を封じてしまうことがある。

3　利用者と周囲との関係にどうかかわるか　● 177

「ともに生きる」ことをめざしてきた人たちがよく用いるのは，もっと自然に任せるような形である。たとえば子どもたちの集まる場をつくってきた人たちは，「子どもたちは自分たちで解決していく力を持っている」と強調するし，お年寄りが集まるコミュニティカフェを運営する人は「お年寄りってのは長生きしているだけあって，自分たちで何とかできるんです」と強調する。

こうした表現は，言葉だけでとると，自然に任せていれば問題などひとつも起きないかのようである。ただ，実際には，言葉から感じられるほどには，任せきりではないのだと思われる。ここでひとつ，私が実際に見た事例を挙げよう。

何年か前，たこの木クラブの事務所兼たまり場で，和室に三々五々障害を持つ人やそうでない人たちが集まっているときに，5歳の男の子が訪れたことがある。その子は，その場にいた重症心身障害の成人男性を見て，「こわい！」「気持ち悪い！」と叫んでその部屋から逃げ出し，台所に引っ込んだ。車椅子に座って，口を開けてよだれをたらし，言葉を発さないその人の姿に，そうした人を見慣れない子どもは驚いてしまったようである。だが，その場にいたスタッフや他の障害者の介助者たちは，その子に対して叱ることはなかった。一般に，障害者に対して「こわい！」「気持ち悪い！」などと叫ぶ子どもは，大人に「そんなことを言うものじゃない」と叱られがちだが，むしろ「怖くてあたりまえだよ」「見慣れないもんね」といわれるだけだった。

台所に引っ込んだ子どもは，しかし，徐々にみんながいる和室のほうへにじり寄っていった。そして気づくとその人の車椅子のすぐそばに座っている。しまいには，誰に何をいわれたわけでもないのに，「汚いなあ」といいながら，その人の口をタオルで拭くなど，自分からかかわるようになっていた。

この間，ほかの大人たちはその子に対しては何もしていない。だから，この過程をただ言葉で表すなら，「子どもは，いったん逃げはしても，じきに自分からかかわるようになる」というしかないだろう。だが実際には，この場には，子どもがそうやって自分からかかわるようになるだけの素地があった。

それは，その重症心身障害の男性が，その場の中心にいたことである。その場にいた大人たちは，たとえ言葉を発さなくても，明らかにその人がそこにいること，会話に直接は参加できなくとも，会話の輪の中にいることを前提としていた。そこでワイワイ楽しそうに話しているのだから，子どもだって興味を

持つだろう。その子どもがその人にかかわるようになったのは，場の設定から
してみれば，ある意味あたりまえなのである。

このように，言葉だけではなかなかつかみ取れない，その場の空気や人びと
の姿勢のようなものがある。「ともに生きる」ことをめざしてきた人たちは，
「間に入る」のではなく，まず自分自身が「ともに生きる」姿勢を示し，場の
空気を換える。その姿勢に，そしてそこで生み出される場の空気に，周囲がと
きに動かされていくのである。必ずしも，そのケア従事者たちが意図するとお
りに他者が動かされるということではないのだが，それでも結果的にはやはり
明らかに関与してしまっているような，そうした形でかかわっていることが多い。

もちろん，状況や状態によって，実際のふるまいはさまざまだろう。かかわ
る人たちによってもさまざまである。ただいずれにしても，単に「間に入る」
のではなく，むしろケア従事者自身が利用者を排除しないでいることによって，
そして周囲の人たちのことも排除しないでいることによって，利用者と周囲の
関係にかかわっていく。そうしたかかわり方が，「ともに生きる」ことをめざ
した人たちの間では培われてきているように思われる。

▌思わぬものが生まれる ▌

周囲と利用者が，それまでとは異なる形でかかわりを持っていくようになる
と，そのことはケア従事者にとっても大きな意味を持つことがある。ケア従事
者と利用者の間で生じていた課題やトラブルに対して，思わぬ方向からの解決
を導き出すことがあるからである。

ここで，第**3**章でふれたような，利用者とケア従事者の間に生じる感情的
な衝突やすれ違いについて考えてみよう。ベースの支援においては，利用者と
ケア従事者の間にはさまざまな意味での「失敗」が繰り返し経験されており，
日常に埋め込まれた支援であるがゆえに，利用者とケア従事者の間には，些細
なことから感情的な衝突やすれ違いが生じやすい。

たとえば，利用者が何を考えているのか，ケア従事者にはさっぱりわからな
くて，イライラしたり，怖かったりすることもあるかもしれない。認知症の人
や知的障害・精神障害の人のふるまいの意味がわからず，そしてそのふるまい
に不快感を覚えてしまい，困ってしまうときはある。あるいは，理解しようと

3　利用者と周囲との関係にどうかかわるか　● 179

頑張るのだが，そして相手もそれに応えようとしてくれるのだが，それでもどうしてもディスコミュニケーションだけが積み重なるときもある。「そういうときもある」というより，それが普通であたりまえの状態だといっていいかもしれない。そして，ケア従事者と利用者という二者関係だけでは，どうしても煮詰まるばかりになる。

　そうしたとき，何らかの形でほかにつながることは，コミュニケーションに新しい風を吹き込む。新たな関係や新たな場に利用者とともに訪ねることで，その人の知らなかった一面を見させられることもある。新たな人が訪れることで，いつもの人たちのこれまでに見えなかった一面が開発されることもある。新たな人たちを知ることによって，ケア従事者のほうが刺激を受けることもある。たとえば子どもと高齢者がともにすごすような共生ケアの現場では，子どもたちが利用者とかかわることで，利用者がケア従事者だけであれば見せないような姿を見せることが，しばしば指摘されている。また子どもたちのふるまいから，ケア従事者がケアや支援のやり方や利用者の理解という点で多くを学ぶことも多いという。

　ほかにつながることがいまここの関係に新たな風を吹き込むことは，確かにある。これはあらかじめわかっていることというより，いつも思ってもみなかった形で生じる変化である。だから，事前にどのような変化が生じるかを予測できるわけではない。そのため，利用者と第三者とをつなげるという行為そのものは，結果の見えた試みというより，いわば先の見えない試みである。それでもそれが確かに変化を生むことはあり，少なくともその可能性を内包しているのであれば，単なる時間つぶしではない。将来的に意味あるものとなりうるという意味では，決して無意味な試みではないのである。

広げたり閉じたり

　かといって，利用者をより多様な人たちと結びつけ，利用者の人間関係をとにかく広げていけばいい，というほど単純でもない。

　まず，先に述べたように，どの程度まで人づきあいをしたいかは，利用者によってさまざまであり，また時期によっても異なるからである。もともとあまり人が多いところが好きではないという人もいるし，普段はワイワイやるのが

180 ● CHAPTER **6** 地域（2）

好きな人であっても，最近はあまり調子が良くないので多くの人とはかかわりたくない，というときもあるだろう。第3章で生活には緩急があると述べたが，それと同じく，人づきあいにも緩急があるのがあたりまえである。

それにおそらく，ケア従事者の個性や状況もかかわってくるだろう。先に述べたように，利用者と第三者がかかわるとき，ケア従事者はただ傍観していられるとは限らない。むしろ第三者はケア従事者のふるまいを無意識にせよ意識的にせよ見ていることが多い。ケア従事者がどうふるまうかによって利用者と第三者の関係が結果的に（あくまでも結果的にというだけで，ケア従事者の意思どおりということではないが）左右されることもある。だとしたら，ケア従事者が外交的で元気なときは積極的に利用者の人間関係を広げることもできるかもしれないが，そうでなければそう簡単ではなくなるだろう。

だから，日常の中では，利用者の人間関係を広げていくような動きだけでなく，他方で一時的に閉じていったり，うちにこもったりする機会や時間も当然ながら多く含まれる。むしろ，それらもあってこそ，広げるということも可能になる。

その意味では，「地域で暮らす」ということを支援するのは，一方向だけに向かうことではなく，常に揺り戻しや反動を含めての試みである。別様の可能性を提示することは確かに必要なのだが，毎日がそれでは疲れてしまう。かといって，別様の可能性をまったく提示しないままであれば，排除／包摂の結果にすぎないかもしれない暮らしが固定化されてしまうかもしれない。広げてみたり，閉じてみたり，その繰り返しが，「地域で暮らす」ということを支援する営みになっていくのである。

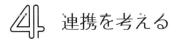
4 連携を考える

地域での連携

では次に，ケア従事者と利用者の関係から，ケア従事者同士の関係に目を移してみよう。一般に，地域でのケア提供に際して，重要な鍵になるのは，連携

だといわれる。ある人の暮らしにかかわるケア従事者は多様に存在しうる。医師や訪問看護師が病状や疾患管理について詳しいのに対して，日頃訪ねるヘルパーが日常の家事や家庭の状況を把握しており，セカンド・プレイスとして通っている場の人たちが日々のその人の活動や思いについて触れる機会が多いかもしれない。

　多様な人たちがかかわること自体は，必ずしも悪いことではないだろう。先に述べたように，多様な人たちがかかわっていることは，本人に対して提示されうる別様の暮らしや生活のありようなどのヴァージョンや機会が自然と増えるということも意味する。本人が本当の意味で自分なりの暮らしをつくっていくうえで，さまざまな立場の人たちがそれぞれにかかわることには大きな意義がある。

　ただ，それぞれの立場の人は，自分がかかわる限りでの利用者の姿しか見ることができない。たとえば医師は，医師の前でおとなしくいうことを聞く患者としてのその人の姿しか見ていないことが多く，家で暴君のようにふるまうところや，友達と気安く話しているところ，あるいは職場でキリッとして働いているところもなかなか見られない。

　そうなると，その立場の限られた姿だけからの判断では見えないものが出てくる。たとえば第3章で，生活は日々の変化の連続だとも述べたが，このことは，同居したり介助したりした人でなければなかなか見えにくいものである。あるいは生活に緩急が必要だと述べたが，ある切り取られた利用者の像だけからでは，その人が生活全体の中でどのように緩急をつけているか，ひそかに疲れをためてしまっていないかなどは，なかなか見えてこない。

　そのため，それぞれのかかわるケア従事者がお互いに情報を交換することは，利用者その人の生活全体を想像させるうえで，重要な意味を持つ。少なくともそれによって，自分がかかわる「前」とかかわった「後」に，自分がかかわっている間に見せている利用者の姿とは異なる姿がありうることに対して，一定の想像力を培うことが可能になる。

　そのため，多くの現場で，多職種や多機関が情報を共有する機会が設けられている。実際に支援会議の場で顔を合わせて話をするような仕組みを設けているところもあれば，電話連絡等以上には踏み込まない場合もある。どのような

182 ● CHAPTER 6　地域（2）

人が参加するのかも，地域によって，やり方によって，さまざまだろう。私が知る知的障害者の支援会議には，ヘルパー派遣事業所やショートステイ先や家族だけでなく，本人，そして近所の人（本人の亡き母親と仲が良かった人で，いまも本人とつきあいがある）など，多様な人たちがかかわっていた（近所の人や私のような，とくに制度的な関係や資格もない人間がかかわる支援会議は，一般的に見て稀なほうだろう）。

これらの連携の場では，明言されているにせよ，そうでないにせよ，キーパーソンとなる人がそれとなく決まっていることが多い。というよりむしろ，それが決まらないと連携のための呼びかけ自体が困難なことが多いようである。キーパーソンは，さまざまな立場で生まれうる。たとえばヘルパーのコーディネーターがキーパーソンとなっていることもあれば，セカンド・プレイスのケア従事者がキーパーソンになっていることもあり，医師がそれを担っていることもある。あるいはキーパーソンに相当する人が複数いて，とくに一人に定まらないときもあるだろう。状況やそこにかかわる人びと，その地域の歴史的背景などによって，本当にさまざまである。

そこで何をどう話し合うのかもさまざまである。定期的に（月1回など）集まって，日常の本当に細かいところから話し合うような連携もあれば，大きな病気をしたときに入院治療した前後など，特殊な状況においてのみ話し合いを持つような連携もあるだろう。あるいは，就職するなどの一定の時期に数年間にわたって，一時的ではあるがそれなりに長期の連携を試みることもあるだろう。これもまた，人と状況，あるいはその地域やケア従事者たちの状況によって，さまざまである。

連携の困難

ただ，「地域」という場は，連携が非常に難しい場でもある。たとえ同じ病院などの施設内であっても，多職種が連携するのはなかなか容易なことではない。医師と看護職は医療者という点では同じだが，背景とする専門的知識も異なり，また育ってきた環境や病院内での立ち位置も異なる。そのため，ずっとチーム医療が課題とされてきており，実際カンファレンスの場が増やされているが，現在も多くの課題が残されているようである。それでも病院という場で

4 連携を考える ● 183

なら，地域に比べれば，比較的容易に，多職種や多機関が情報共有や連携を進められるともいえる。なぜなら法人は同じであり，守秘義務についてもある程度了解されており，少なくとも医療職という大枠では同じ土壌に立っているからである。

それに対して地域では，所属する法人も異なり，いわゆる医療職だけでなく，福祉職もいるし，それ以外の職種もいる。所属する法人によって，仕事に対する考え方や，業務外のことに対する捉え方が大きく異なっていることは少なくなく，まずその点からあまりにも多様である。さらにいえば，医療職と福祉職では，職業的キャリアの積み方，資格と仕事の結びつき方など，さまざまな点でかなりの相違がある。また福祉職といっても，障害者福祉にかかわる人たちと貧困問題にかかわる人たちでは，前提が大きく異なることが多い。それに，障害者運動や貧困問題に取り組む社会運動を担ってきた人たちと，行政や政治団体と深くかかわってきた人たちとでは，行動様式すら異なってくる。

そのため，地域でケア従事者たちが「足並みをそろえる」のは，至難の業である。まずお互いの言語体系が違うという前提から入ったほうが，コミュニケーションがまだ真っ当に進むくらいである。同じ表現や言葉を用いていても，かなり異なることをお互いに意味しているかもしれないのである。

そもそも文化的レベルで違うとすらいいたくなることもある。たとえば，一般に病院での勤務経験が長い医療者はテキパキとした話し方をするし，要領を得ない話し方をあまり好まない傾向にある。それは地域で活動してきた福祉職からすると，ときに高圧的に見えたり，取りつく島もなく見えたりする。これは往々にして個人の特性と思われていたり，お互いに対する評価の結果と思われていたりするが，実際にはかなりの部分が言語体系やふるまいなど，文化的違いでしかない。こうした文化的な違い，いいかえればカルチャー・ギャップは，実にしばしば過剰に意味を読み込まれ，本来ならふるまいの違いとして笑って了解できるものが，集団としての非難の応酬になることもある。

そのため，情報共有やかかわり方の統一など，連携で一般に必要だといわれることも，実はかなり困難である。情報を共有したり，かかわり方を統一したりしたとしても，実際にはかかわる人たちによってかなりのズレが起きていることがある。

たとえばある知的障害の男性利用者が最近になって人に暴力をふるうように
なったという事例があったとしよう。そのことについて情報を共有しようとし
ても，ケア従事者がどのようにその利用者の生活にかかわっているかによって，
「情報」の意味が変わってくる。利用者の日常にかかわってきた男性介助者で
あれば，その「暴力」の前後について思いを馳せ，利用者に生じているイライ
ラやその背景にある周囲の人たちのふるまいについて考えるための手がかりに
なるかもしれない。だが，あまり利用者と日常的にかかわっておらず，日中と
もに過ごすだけの作業所の女性スタッフの中には，事件が起きたと聞くと，
「暴力」ということだけをクローズアップして受け取り，恐怖を募らせるかも
しれない。かかりつけ医が聴いたときには，まず「暴力」を抑えるための薬を
処方するかどうかの問題として翻訳されてしまうかもしれない。

　また，ある女性利用者の尿漏れが激しく，にもかかわらずあまりトイレに行
こうとしないというとき，かかわり方の統一として，食事の前後にトイレに誘
う，2時間おきにトイレに誘うなど，指針を共有したとしよう。だが，介助者
にもさまざまな年齢の人がおり，本人とかかわってきた歴史もさまざまである。
長らくかかわってきた年配の人がトイレに誘うのであれば，本人も従うかもし
れない。だが，自分よりずっと年が若くあまりかかわりもなかった人にトイレ
に誘われても，本人はとても受け入れがたいかもしれない。そうしたときに結
果だけ見て，若い介助者がちゃんとトイレに連れて行かないからいけないのだ
といっても，ほとんど意味がない。それによって若い介助者がトイレに誘うこ
とに注力してしまえば，本人は毎日トイレのことばかり考える生活になってし
まう。

　結局，情報の共有といっても，あるいはかかわり方の統一といっても，ケア
従事者のさまざまな背景や立場によって，実際に何が情報として採用され，ど
のようなかかわり方の意味を持つかは，さまざまなのである。このようなズレ
が存在することを前提として考えなければ，情報の共有やかかわり方の統一な
ど，連携で謳われる事柄は，絵に描いた餅でしかなくなり，むしろ本人への支
援にはつながらなくなることがある。

　おそらく，このようなズレの存在に気づけるよう，まずケア従事者たち自身
が，お互いによく知っていく機会を持つことが必要なのだろう。ズレがあるこ

4　連携を考える　● 185

とはあたりまえであり誰が悪いわけでもない。まずケア従事者たちがお互いを知ることによって，お互いの言葉が意味するもの，お互いのケアや支援の際の癖ややり方などが，だんだん把握できてくる。それによってはじめて，情報共有やかかわり方の統一も現実的に意味のある課題になってくる。

「ともに生きる」ことをめざしてきた人たちの現場に少しかかわりを持つと，ケア従事者同士にかなり緊密な連携体制が自然発生的に生まれていることに気づかされる。そうした場合，ケア従事者たちの連携は，制度化された立場や地位による連携では必ずしもない。「あの人だから」「この人だから」という，かなり個人的な顔の見える関係でつくられる連携である。地域での連携は，制度化された立場や地位でなされるというより，お互いを知っている関係でこそなされるものだということが，端的に示されているのかもしれない。

第3章で，ベースの支援においては，利用者とケア従事者がなじみのある関係になること，かかわる時間を重ねていくことは，それ自体がすでに「能力」の一部になりうると述べた。おそらく，ケア従事者間の関係においても同様のことがいえる。お互いがなじみを持つようになることが，それ自体として，連携する力を強めていく。単なる情報の交換や指示−受諾などの関係を超えて，お互いの背景や思いを知ることが，連携に向けた早道なのだろう。

⑤　「地域」の向こうにあるもの

⫸ 行政や社会規範

最後に触れておきたいのは，地域の向こうには何があるか，ということである。この章の冒頭で，ケアや支援という文脈では，地域という言葉は病院や入所施設では「ない」ものとして使われてきた，と述べた。このように述べると地域は何ものでも「ない」場であり，さまざまな制約から自由な場のようにも読めるが，もちろんそうではない。むしろ，病院や入所施設よりも直接的に，制度的な条件からさまざまな制約を受けているかもしれない。

なかでも，地域での暮らしを支援するという立場からしたとき，重要になってくるのは，行政や法制度による制約と，社会規範による影響である。実は，第3章で述べたような，感情的な衝突や行き違いの背景，あるいは「失敗」

の背景には，さまざまな制度の問題が隠れていることが多い。ケア従事者と利用者の間で起きていることなのだが，本当は両者だけの問題ではないのである。

▎法制度と行政による裁量▎

ひとつは，介護保険法や障害者自立支援法などの法制度と，それに関連した行政による裁量や決定事項である。

たとえば，ある女性の介護として買い物が認められたとき，その女性自身が使うシャンプーは買ってよくても，夫が使うシャンプーの購入は介護保険の枠内では認められない，ということがあったりする。そうなると，夫が使うシャンプーの購入はやめてくれとケア従事者はいわざるをえなくなる。だが，女性本人からすれば，自分が家事の主たる担い手というプライドもあり，また自分のシャンプーを買えるのに，家族のものは買ってはならないというのは，それまでの生活スタイルからしても異様なことである。そのため，女性は苛立ちを覚え，ケア従事者との間で感情的な衝突やすれ違いが生じたとしよう。この場合，どう考えても悪いのは女性でもなければケア従事者でもないだろう。夫が使うシャンプーの購入は認めないという，当の利用者の生活実感からすればかけ離れたルールをつくった側の問題である。

実は，こうしたことは枚挙にいとまがない。授業で宅老所について話しているとき，この宅老所ではドアに鍵をかけていないようだと一言触れただけだったのだが，あとから学生に詰問されたことがある。その学生は，知的障害者のグループホーム（定員6名）での一人夜勤をバイトとして勤めているそうなのだが，ドアに鍵をかけるのは悪いことなのかと詰め寄ってきた。その学生が働いている夜の時間帯は，ひとりの入居者に話しかけられて応えているうちに，他の入居者が勝手に外に出ようとする，といったことは日常茶飯事なのだそうである。そうしたことを毎晩何とかコントロールしようとしているうちに，疲れ切ってきた，それなのにドアに鍵をかけてはいけないのかというのである。この場合も，悪いのは学生でもなければ，入居者たちでもないだろう。また，若い学生に夜勤を任せる事業所でもなければ，それを認めてしまう制度でもないだろう。そもそも，6人も暮らしているところで，たった1人ですべてを采配するのが容易なことでないのはあたりまえである（たとえ年齢を重ねていても，

5　「地域」の向こうにあるもの　● 187

専門的知識や技術を持っていたとしても)。せめてもう1人，一緒に取り組む人がいれば，それだけでずいぶん事態は改善されるはずである。2人夜勤を雇えない制度の問題なのではないか。

　ケアや支援の現場に生じているさまざまな問題の多くは，実はこうした背景ゆえに起きている。それが，ケア従事者と利用者の問題にすり替えられていることが少なくない。だとしたら，ケア従事者と利用者だけがそのことに苦しむのは，本来は不当である。まず法制度や行政の個別の判断を変えなければならないはずである。

┃ 社 会 規 範 ┃

　そして，制度という表現は，もうひとつには，社会規範のレベルでのものも指す。法制度で明文化されているわけではないが，私たちの多くがあたりまえのように思っているルールや規範である。

　ケアや支援の現場でとくに問題となりやすいのは，女性のケア責任だろう。たとえば子どもの世話をするのは第一義的に母親でなくてはならないという社会規範は根強い。「イクメン」という言葉がブームになったり，「社会が育てる」という表現がよく見られるようになったりしているとはいっても，まだまだ根強く，逆に近年強まっていると思えることもある。なぜなら，夫に育児参加させることも，ほかの人にうまく依頼することもまた，母親の責務の一部であるかのようにいわれることも少なくないからである。

　たとえば知的障害のある成人男性に対して，母親が本来なすべきことは，どの程度だと考えるのか。成人しているのだから，身の回りの世話は全般的にほかのケア従事者に託して当然だと私は思うが，そうさせてこなかった周囲の人たちがおり，母親がやるのが当然だとみなす社会規範がある。現に，たとえセカンド・プレイスなどで母親と離れる時間があったとしても，何かが起きればすぐに母親に連絡が行くことが一般的であり，母親に徹底して「母親」役を押しつける構造がある。たとえそこから一部自由にさせようとするケア従事者がいても，母親自身が，ずっと押しつけられてきた「母親」役から逃れるのが困難になっていることもある。障害者福祉にかかわる現場では，障害児の「母親」とその周囲の人たちとの感情的衝突や行き違いが口にされることが多いが，

188 ● CHAPTER **6** 地域 (2)

それは「母親」たちが悪いわけではない。生活の隅々までいきわたっている，女性（とくに母親）にケア責任を押しつける社会規範の問題である。

　また，男女の性規範が色濃く影響しているように見えることも多い。女性のケア従事者が男性の利用者から触られたり，セクシュアルなふるまいを見せつけられたりすることは珍しくない。それをうまく「かわす」ことも，職務のうちととられているところもあり，「かわす」ことができないケア従事者が非難されることもある。だが，セクハラを「かわす」のが職務のうちといわれるのは，明らかに労働者としての権利の侵害である。そのため，こうしたことに関しては，感情的な衝突や行き違いが，利用者との間ではもちろん，その解釈をめぐってケア従事者の間でも生じやすい。

　ただ，こうしたケースの背景には，この社会における男女の性規範が複雑に絡み合っている。なぜ男性の利用者はそこで触るのか，セクシュアルなふるまいを見せつけるのか。一般的に男性は性的に能動的であるとされ，ステキだと思う女性がいたときには積極的に行動していいものだとみなされている。ただし，一般の男性は，気をひいてみたり，ちょっとアプローチしてみたり，それで相手の反応を見て，拒否的にふるまわれたのであれば引っ込めてごまかしてみたり，さまざまなテクニックを無意識に使う。そのテクニックが，知的障害や認知症の人には使いこなせず，直接的に行動に出てしまっているのかもしれない。

　そしてそれを「セクハラ」と感じる側は，何によってそう感じるのか。一般に女性に対して用いられるテクニックが用いられないことは，女性の側からすると非常に乱暴で無礼なふるまいとして感じられることが多い。単に触られたくないときに触られる覚えはないし，見たくもないセクシュアルなふるまいを見させられるのは苦痛であるという以上に，そのように扱われるということそのものに，性的に貶められたと感じて強烈な不快感が生じる。実際，多くの性暴力の加害者たちはそのように相手を貶めるということに欲望を見出して性暴力を行うともいわれている。そのため，女性たちは「セクハラ」と感じ，被害を受けたと感じる。

　いいかえれば，男性利用者にも，女性ケア従事者にも，それぞれ社会において支配的な性規範が働いており，しかも両者の間にはかなりのズレがあり，そ

5　「地域」の向こうにあるもの　● 189

れゆえに感じ取られる「セクハラ」案件である。このことを踏まえれば，単に「かわす」べき問題として捉えるのも，一方的に「セクハラ」と断じるだけでも，見えなくなるものが出てくることが見えてくるだろう。悪いのは男性利用者ではあるのだろうが，それだけを責めても構図は見えてこないし，逆に女性ケア従事者を責めるのは筋違いである。両者を取り巻く性規範のねじれこそが問題なのである。

「いまここで何が起きているのか」を読み解く

　別のいい方をすれば，地域で具体的なケアや支援を担うのがケア従事者だったとしても，ケアや支援にかかわるのはケア従事者だけではない。近隣の住民だけでもない。その向こう側に，行政と社会規範があり，それらもまた，広い意味でのケアや支援の担い手である。

　現状を生み出しているのは，ケア従事者だけではない。むしろ，現状として日本のケアや支援の労働市場が疑似市場であることを考えれば，行政が果たす役割は非常に大きい。そして，いまの利用者とケア従事者の関係や置かれている状況がつくりだされているのは，いまの社会に残存するいくつもの価値が交差するがゆえでもある。ケア従事者と利用者を取り巻く状況を解きほぐしていくなら，繰り返し行政や社会の関与と影響が見えてくる。

　だとしたら，それらも今後の可能性を広げるための主体として数えられる。阻害要因は推進要因にもなれるからである。とくに，行政が果たす役割は大きい。生活モデルに基づいてケアシステムを構築していこうとするなら，行政はその重要な主体のひとつである。行政機関には，ベースの支援そのものを担うことは困難だろう。そうした細やかな日常に埋め込まれた支援を担えるのは，具体的な「人」であり，行政機関や法制度ができるわけではない。実際にケアや支援を担うのは個々の人であり，ケア従事者たちである。だが，その人たちの労働条件や環境をつくりだすうえで，行政が果たす役割はかなり大きい。法制度はもちろん，実際の運用面での工夫も重要である。たとえば年末年始のカウントダウンに行くための移動支援を認めるかどうか（夜9時以降の移動支援は認めないという市区町村は少なくないようである），障害を持つ本人の介護だけでなく，その人の子どもが保育園に通うときの送迎を認めるかどうか（「子どもの送

迎自体は良いが，送った後の復路と迎えに行く前の往路は支給しない」というアクロバティックな「判断」を下した自治体の例も聞いたことがある），こうした細部が現場に与える影響は決して小さなものではない。

　もうひとつの制度である社会規範については，それ自体を変革の主体として考えることは難しい。たとえば子どもの世話は母親がすべきだという価値観は今日でも日本社会に根強くはびこっているが，この規範に「変われ」といったところでそう簡単に変わるわけではない。もちろん時間をかけて少しずつ変化してきたことはたくさんあるが，揺り戻しやバックラッシュ（反動）もある。人によって受け止め方，社会規範を自明視する度合いもさまざまで，これをすぐに変えるということを具体的に想像するのは難しい。

　ただ，いまここで対峙している当事者たちの間で，自分たちを縛っている社会規範を問い直すことは可能である。たとえば，子どもの世話もろくにできないのに，また妊娠したという女性を前にして，「何をしているのか」とイライラしてしまったとしたら，そのイライラの背景には何があるのかを考えてみることはできる。子どもの世話は母親がすべきという強固な社会規範に私たちも縛られているということの現れではないのか。また，妊娠したいと積極的に思っているわけではないのに妊娠してしまうという事態に，自身の性行為をコントロールできていない，それだけ男性が支配的になってしまっているという，この社会の中の男女の性愛規範の存在を感じ取り，だからこそイライラしてしまうのかもしれない。私たち自身がどう囚われているのか，それを探ること自体は可能である。

　もちろん，自分たちを縛っている社会規範の存在を明らかにしたところで，明日から自由になれるわけではないし，自分の物の見方や考え方をころりと変えられるわけでもない。ただ，自分たちがいかに囚われているのかを知ることは，知らないよりはほんの少しだけ，私たちを自由にする。そのわずかな自由が，ときどきイライラしながらも，それでもその人につきあい続け，日々をともにしていくことを可能にする。

　地域は，いわゆる地域住民だけの世界ではない。地域で包括的なケアを提供するというとき，地域住民やケア従事者だけを想定しているのは，あまりにも偏った見方である。そこにはもっとさまざまな主体がかかわっている。そのこ

とを踏まえるなら，地域のケア主体は，それらも含めて構想されることになるだろう。

SUMMARY

① 地域で暮らす具体的な形は，ファースト・プレイス，セカンド・プレイス，サード・プレイス，それ以外のささやかなつながりや時間など，それぞれのありようも多様にありえるし，さらにそれが複合的に重なっていることが生活の豊かさにつながりやすいが，その程度やどこに比重があるかなども，人によってあるいは時期によって，実に多様でありえる。要は，地域で暮らすありようは，人それぞれであり，また変わりうるものである。

② ただ，多様性や可変性が確保されやすい場というのはありえるのであり，ケアを必要とする人の多くがそこから排除されている。その意味では一般に地域といわれる暮らしの形態を確保することには大きな意味がある。

③ また，多様性や可変性を保持するためには，前提として本人が別様の暮らし方がありうること，自分にも可能だということを知っていなくてはならず，そのため支援する側にはそうした可能性を示すことが必要になる。

④ 利用者がケア従事者以外の人たちとつながっていくのをサポートするうえで，トラブルに際してそれを回避し解決しようとするより，ケア従事者自身の姿勢を見せることで周囲を巻き込んでいくという手法のほうが有効かもしれない。

⑤ 多様な人たちが利用者とかかわることを前提とすると，ケア従事者間の連携は不可欠だが，地域でのそれは病院や入所施設内のそれと比しても困難であり，まずケア従事者同士が個人として知り合っていくことが有効なようである。

⑥ ケア従事者や近隣住民だけでなく，行政や社会規範もいわば地域の一部であり，これらがケア従事者と利用者をどう取り囲み影響を与えているかを解きほぐすことが重要である。

CHAPTER

第 **7** 章

新たなケアと支援のしくみをつくるために

INTRODUCTION

　最後の章では，ここまで述べてきた論点を整理する。ケア従事者について，専門職のケアだけでなくベースの支援も重要だということ，ニーズ論だけでなく排除／包摂論も必要だということ，そしてこの両者がどう結びついているのかについて述べていくこととしたい。

1 2つの論点

本書で述べてきたこと

　ここで，本書で述べてきたことを簡単に振り返ろう。本書は，ケアや支援が，私たちの価値がこれまでの疾患中心のモデルから生活モデルへと転換する中で，新たな仕組みづくりを迫られていることを踏まえ，そこで考えるべき論点をいくつか挙げてきた。ケアシステム，ケア従事者，ケアの質，地域など，今後考えていかなくてはならない論点を挙げ，それぞれについて，今日まで草の根で重ねられてきた支援の実践を踏まえ，ポイントとなる点や重視する必要がある事柄などを整理した。ケアや支援の現場によって状況はかなり異なるのだが，その中でもなるべく一般的にいえることを抽出してきたつもりである。

　そして，とくに注目してきたのは，次の2点である。

ベースの支援と専門職のケア

　第1に，ケア従事者として従来は，利用者のニーズを判断できるとされる専門職が主に想定されてきたが，これからは専門職も変化しなくてはならないと同時に，専門職の「前」と「後」を考えると，日常生活そのものに根差したベースの支援が必要になるという点だった。第2章から第4章は主にこの論点にかかわっており，第6章でも少し触れている。

　専門職のこれからの姿としては，上田敏が描いたインフォームド・コオペレーションを念頭に置き，一方的にニーズを定義するのではなく，利用者とともに目標を定め，そこに向けて協働する像を描き，それを専門職のケアと呼んだ。これは，上田が想定していたリハビリテーション医などのように，利用者の置かれている状況に一時的に介入し，特定のトピックに限定して事態の改善を図るようなかかわり方である。

　それに対し，本書では，より日常の中で支えていく人たちが必要だとして，それをベースの支援と呼んだ。第3章では，ベースの支援を担うということ

がもたらすものについて，ベースの支援の担い手と利用者の関係，担い手が身に付けがちな行動様式などを，ベースの支援の内実や意味に立ち戻りながら論じている。また，第4章では，ケアの質評価にかかわる難題を整理し，ベースの支援が専門職のケアと同じような質管理では立ち行かないことを示した。

　たとえば，専門職のケアでは事前に十分な制度的教育を施すことが重視されるが，ベースの支援でそればかり重視してしまうと，ベースの支援で必要な，利用者に馴染んでもらうという機会や時間が軽視されてしまう。キャリアアップの道も，専門職のケアに倣うだけでは，ベースの支援の現場で蓄えられる力とは乖離してしまう。また，専門職のケアでは目標を利用者とともに立て，それに向けてともに努力することが重要だが，ベースの支援ではあまり目標をしっかりと立てても意味を持たないことが多く，ガンガン努力しているばかりだと生活がまわらなくなることもある。むしろ予想外に起きるさまざまな事態に備え，「いい（加減な）」塩梅を保っていくほうが合理的に見えることもある。そして，感情的な対立が生じやすいのは専門職のケアでもベースの支援でも同じなのだが，専門職のケアが感情を管理する方向へ向かいがちなのに対して，ベースの支援では，感情を管理することが重要であると同時に，それだけを重視すると失われるものも多く，むしろ適度に生の感情を出していけるような環境づくりを考えることのほうが有効に思えることも多い。

　専門職のケアも，ベースの支援も，人びとの「生活の質」に価値を置き，全人的ケアをめざすという意味では，同じである。どちらが上でどちらが下ということではなく，どちらも必要で重要なものであり，これからのケアや支援の仕組みをつくっていくうえで，欠かせないものである。両者それぞれを担う人材を育成し，それぞれの担い手たちが思うように働ける労働環境を整備していくことが必要である。

　ベースの支援はインフォーマルな人間関係に近いように見えることも多いが，仕事の性質としてそのように見える傾向を持つためである。だからといって，ベースの支援の担い手たちに労働環境の整備が必要ないということにはならない。むしろ，その性質を十全に生かすためにも，ベースの支援を担う人たちの労働環境の整備は急務だろう。

　ベースの支援に相当するものを担う人たちの労働環境の整備を訴える声はず

っと根強くあるのだが，その多くが，ベースの支援を専門職と重ねることによって（あるいは専門職化することによって），労働環境の整備を達成しようとしてきた。たとえば介護職については，事前教育の内容が長期化・高度化し，その後のキャリアアップの仕組みの整備に力がそそがれてきた。そのこと自体にはもちろん一定の意義があるだろう。ただ，ベースの支援は，何も専門職と重ねなくても，それ自体として重要性や意義を訴えられるはずである。専門職のケアとは性格がいささか異なることからすると，無理に重ねるよりは，それ自体としての重要性や意義を訴え，それに応じた仕組みをつくっていくことのほうが必要なのではないだろうか。仕事に従事しながらの教育を現場が施せるだけの仕組みをつくり，また担う責任の重さに応じた報酬を受け取り，病気や家族のケアなどで十分に働けなくなったときのための保障を整備することは，急務だろう。

ニーズ論と排除／包摂論

　第2に取り上げてきたのは，今後のケアや支援を考えるうえでは，従来のようにニーズという概念を基盤にしたアプローチでは不足であり，排除／包摂という論点を考慮に入れなくてはならないという点だった。第1章で触れたのち，第5章で主題的に論じ，第6章でも多く触れた論点である。

　社会保障制度は，人びとが有するニーズに応えるものという前提でつくられてきたが，何がニーズと捉えられるかということには，人びとを私たちがどのようにカテゴライズし，誰を私たちの一部と捉え，また誰を私たちの一部でありつつも一線を画した人たちと捉えるかが深くかかわっている。そのようなカテゴライズのありようが，ニーズを定義する前提を大きく変える。いわば，ニーズ以前に，景色を変えるようなものである。

　「生活の質」を主題とするなら，ここまで足を踏み込んで考えていく必要がある。疾患の治癒が主たる目標であるなら，医学的な視点は揺るがず，「景色が変わる」可能性を考える必要はあまりないだろう。だが，「生活の質」は実に多様でありうる。そして，その多様性の前提には，そもそも人びとをどうカテゴライズするか，包摂とともに排除するか，ということが深くかかわっている。どのような多様性を思い描けるかという前提にかかわるものとして，排除

／包摂の問題を避けて通ることはできない。

　ただ，包摂が同時に排除となりうる，ということが象徴的に示しているように，「排除をしない」集団や場というのは想定しにくい。人びとをどうカテゴライズするか，ということは，常に論争的である。排除／包摂という視点を導入すると，「ニーズを満たす」と同じように単純に「良さ」を追求できなくなる。これは，「生活の質」を高めるということが，「疾患の治癒」のようには「良さ」を追求できないのと同じである。「生活の質」は，多様だというだけでなく，第 3 章で触れたように，とことんまで高めるということは原理的にありえないものでもある。包摂が排除になりうるのだから，排除もまた，完全に解決するということが原理的に困難なものである。そのため，排除の解決は，行きつ戻りつを重ねるような営みになるだろう。

　だが翻って考えてみると，だからこそ，排除／包摂の視点を入れることは重要だともいえるかもしれない。「生活の質」のありようは多様で誰かが特権的に定義できるものではない。だとしたら，ある人の「生活の質」を高めるためには何をしなくてはならないかという問いは，本当にそれでいいのか，という問いを常にともなうようなものであったほうがいい。そのほうが，いわば，複雑さを複雑さのままに問える。少なくとも，間違った答えに安住することを避けることはできるだろう。

 ベースの支援と排除／包摂

　では，この 2 つの論点はどのように関連しているのだろうか。本文中でも折に触れて少しずつ言及してはいるが，ここで改めて整理しておこう。ベースの支援と排除／包摂に触れる前に，まず専門職のケアと排除／包摂の関係について整理しておきたい。

排除／包摂と専門職のケア

　専門職のケアにおいても，排除／包摂という視点を取り入れることは決定的に重要な意味を持つ。たとえば第 1 章や第 2 章で取り上げた上田敏が，本人

が「参加」できない障壁となっている側（たとえば教員復帰を妨げる教育委員会，学校に復学するのを妨げる学校側など）に対して，積極的にアプローチしていたことを想起しよう。医師にとっての直接的な業務は治療的行為（上田の場合でいうならリハビリテーション医学の適用）だが，それを超えて，文書を書いたり，電話で説明したり，上田はさまざまに活動していた。そしておそらく，医師という立場ゆえに，上田の発言は一定の重みを持って受け取られ，患者の「参加」実現に大きく寄与していただろう。専門職の発言は，一般に重みを持って受け取られる傾向にある。専門職だからこそできることはたくさんある。

　また，直接的にアプローチするという水準だけでなく，もっと日常的な業務の中でも，排除／包摂という視点を持つことは非常に大きな意味を持つだろう。たとえば，ある人が身体的あるいは知的・精神的に障害を抱えるようになったとき，かかわるさまざまな専門職の人たちが，その人に対してどのような姿勢を示すかは，本人にとってもその家族にとっても大きな意味を持っているだろう。障害を抱えるようになったことを，単にその人が欠陥を有するようになったとみなすか，その人がもし社会活動に参加できなくなったとしてもその人の問題というより社会の問題とみなすかは，些細な場面でも違ってくるだろう。

　いやむしろ，排除／包摂という視点に注目してこそ，専門職のケアはその威力を発揮する場を広げられるのかもしれない。ニーズに応えるという発想だけであるなら，ニーズの定義ができそうな医療者や社会福祉の専門職たちだけが活躍することになりそうだが，実際にはそうではない。排除／包摂という視点でいうなら，ニーズの所在と解決・対応方法はもっと多様に考えられる。

　たとえばある人が，ドタバタとうるさい音を立てたり，奇声をあげたりすることが多いのであれば，その人を抑えるというのもひとつの方法だが，周囲がそれを気にしなくなるように仕向けるのもひとつの方法である。そのためには，壁を厚くしたり，床に緩衝材を敷き詰めたり，といった手段も有効だろう。一軒家に住むことを考えるのもひとつの手段である。建築の専門家，不動産屋，リフォーム業者など，新たに活躍できる専門職が複数考えられる。あるいは，顔を合わせた間柄なら気にならなくなりがちなことに注目して，本人と周囲の人たちがかかわる機会を積極的に持つというやり方もあるだろう。近隣の人たちが定期的に一堂に会する機会としては，防災訓練が挙げられる。防災にかか

わる人たちは，そうした機会をつくることのできる重要な専門職だとも考えられる。

　専門職のケアが生活の質を重視するケアシステムをつくっていくうえで重要な鍵のひとつとなることは確かであり，排除／包摂という論点を持ち込むことは，専門職がまさに専門職としての力を発揮するうえでも重要な意味を持つのである。

巻き込まれるベースの支援の担い手

　それに対して，ベースの支援は日常生活に埋め込まれているがゆえに，意味合いが少し異なってくる。排除／包摂が重要なのは専門職のケアと同じなのだが，その意味が少し異なるのである。

　排除／包摂がなされるのは日常生活の中でのことが多い。そのため，ベースの支援の担い手は，いわば，排除／包摂の現場そのものにしばしば立ち会っている。いや，もう少し正確にいうなら，ベースの支援の担い手はしばしば排除／包摂に巻き込まれている。

　排除／包摂は1対1の関係でなされるものではない。排除／包摂する人がされる人を排除／包摂しようとするまさにそのとき，そこに居合わせる第三者がどうふるまうかによって，排除／包摂がそれとして確定するかどうかが決まる。第三者が暗黙のうちに賛同したり，あるいは黙って傍観したりすることによって，排除／包摂はそれとして確定する。第三者が最初からまったく従わず，すぐに異議を申し立てたときには，排除／包摂の試みは失効する。このように，その場に居合わせる第三者がどうふるまうかが重要であり，傍観者としてふるまったとしてもそのこと自体がすでに意味を持つ（佐藤 2005: 64-71）。その意味でベースの支援の担い手は透明人間ではいられない。加担するか，抗うか，あるいは加担するつもりで抗っていたり，抗うつもりで加担していたり，いずれにしてもすでに巻き込まれているいることが多い。

　たとえば，障害のある人とともにまちなかを歩いていると，周囲の人たちから変な目線を向けられたり，入った店で排除的な態度を示されたりすることがたまにある。公共交通機関を使う際に配慮を求めたら，妙なことをいわれてしまう，といったことも珍しくない。

あるとき，ある障害者団体と一緒に飛行機で研修旅行に行くことになった。空港でチェックインしようとしたら，車椅子ユーザーのひとりが航空会社の職員と揉め始めた。詳細は省くが，職員がその人に通路側の座席に座るなというのである。その人は身体の状態から通路側に座ることが望ましいため，その座席をすでに予約していたのだが，替えろというのである。あまりに不当で無意味な要求に思えて，あっけにとられてしまったのを覚えている。結局，しばらく言い合った後に，希望どおりの座席に座ることが可能になった。

　そのとき印象的だったのは，介助者たち（ほかにも障害者がいたため，介助者も複数いた）の態度がさまざまだったことである。航空会社の職員に対して激怒している人もいれば，本人が交渉しているそばで黙って座っている人もおり，素知らぬ顔でほかの障害者と話している人もいる。そしてそれらの態度や姿勢は，それ自体が航空会社の職員へのメッセージだった。激怒している人はもちろん，黙って座っている人も，座っている姿勢，目線などから，一定のメッセージを職員に伝えていた。素知らぬ顔でほかの障害者と話している人もまた，そのような態度を保つことによって，職員に対して，同時に障害者に対して，一定のメッセージを伝えている。職員のふるまいに従う必要などない，排除に屈するつもりはまったくないという思いが伝わってきた。そのとき一緒だったのは障害者の運動団体であり，障害者も介助者も，排除に直面するのはあまり珍しいことではなく，徹底して抗うことが身についていたのだろう。

　このように，排除／包摂の現場に居合わせると，その姿勢だけですでに巻き込まれてしまう。逆に，何もそのつもりはなかったのに，結果的に排除に加担してしまうようなケースもあるだろう。あるとき私は，知的障害の人と一緒に行動していたのだが，その人がふいに店に入って商品を壊してしまった。同じようなことはそれまでにも何度かあり，それまでに出会ってきた店員は，慌てふためいて止めたり，「買ってからにしよう」と説得したりする私を見て，本人に対して「そうだよ買ったらいいんだよ」といってくれることが多かった。だがその日の店員は違っていて，「金を払えばいいって問題じゃないんだよ」と吐き捨てるようにいった。私は真っ赤になってしまい，ペコペコと謝りながら店を出たのだが，あとから考えると，もっと違う態度があったはずではないかと思う。まともにいいかえしてしまっては今後の本人の生活が立ち行かなく

なってしまうかもしれないが，少なくとも私はそのとき，その場に商品を壊した本人がいることを意識できていなかった。本人がどう感じて，どう思っていたのか，という視点をまったく失っており，ただ自分の失敗を謝っていただけだった。結果的には，私もまたあのとき，あの人への排除に加担していたのではないかと思う。

　ベースの支援では，こうしたことが繰り返し生じる。複数の利用者がいればその内部だけでも排除／包摂は生じるし，ほかの人とかかわる機会があればなおさらである。暮らしの中で現れる排除／包摂の場面はそこかしこでベースの支援の担い手を巻き込んでいく。家の中でなされる介助や介護であっても，本質的には同じである。たとえば利用者との意思疎通がうまくいかなかったときに，そのことをどう捉えるか（本人が変なことをした，と捉えるのと，自分が理解しきれなかった，と捉えるのとでは，態度がずいぶん違ってくるだろう）。家の中で起きたトラブルをどう理解するか。これらもまた，ベースの支援の担い手が排除／包摂に巻き込まれる局面でもある。

　介護や介助だけの問題ではない。相談・コーディネートでも，本人が問題を抱えているらしいと感づいたときに，どのようにアプローチするかということは，実にしばしば，排除／包摂に加担するかどうかにつながってしまう。本人の話に耳を傾けるそのやり方もまた，排除／包摂に密接にかかわる。コーディネートするときにはなおさらである。見守りでも，何もしないで見ているだけの時間に，どのようなふるまいをするかということが，排除／包摂に加担したり，抗ったりという意味を持ってしまう。

　このように，ベースの支援は，排除／包摂のなされるその最中で提供されるものであるだけに，担い手はそれに否応なく巻き込まれる。担い手は，透明人間ではない。姿かたちを持つだけに，いやでもかかわってしまうのである。

　先に述べたように，専門職のケアもまた，排除／包摂という問題を避けては通れない。ただ，専門職のケアが提供される場面は，たとえ自宅だったとしても，日常そのものとは少し異なる，特殊な時空間である。そのため，専門職の多くは自身が排除／差別に巻き込まれているという感覚を，あまり持っていないだろう（もちろん，人によるだろうが）。それに比べると，ベースの支援の担い手は，もっと巻き込まれてしまう。

2　ベースの支援と排除／包摂　● 201

巻き込まれ方は本当にさまざまである。意識的に抗う人もいるだろう。障害者運動にかかわってきた人たちの多くは，意識的に抗っており，その人なりのやり方で態度に出す。それに対して，むしろ積極的に加担する人もいるだろう。利用者の態度やふるまいを「恥ずかしいもの」としてなるべく隠そうとしたり，ほかの人たちと触れる機会を最小化しようとしたり，さまざまにありうるだろう。その場その状況によっては，そうすることのほうが，全体として利用者本人を排除させないことにつながると判断されることもあるかもしれない。また，先に挙げた私の例のように，本人としてはそのつもりはなかったのだが，結果的に加担してしまうというケースもあるだろうし，その逆に結果的に抗ってしまったというケースもあるだろう。

　このように，巻き込まれてしまうというところが，ベースの支援と専門職のケアとの違いだろう。少なくともベースの支援の担い手たちには，巻き込まれてしまっているという実感が少なからずあるように思われる。

　第3章で，ベースの支援の担い手は，「見たくなかった自分を見る」という経験を重ねていることが多いと述べた。そのこととこの点は通じている。ベースの支援の担い手にとってみれば，ある意味で排除に加担してしまったという経験は，あまり珍しいものではない。抗ったつもりがそうでなかったなど，ベースの支援の担い手には，「自分の手は汚れている」という感覚があることが多い。そして，多くの担い手たちは，排除／包摂の問題に鋭敏な人であればあるほど，実は「自分は利用者を排除しておらず，同じ人間だと思っているのだ」とはあまり多言・明言しない。そうできていない，そうしきれなかった瞬間が存在していたことを知っているからなのだと思う。その言葉の重みを知ると同時に，常に実行することの難しさを知るがゆえのことだといってもいいだろう。

巻き込まれているがゆえに

　そして，ベースの支援の担い手たちにとって，排除／包摂に巻き込まれているということが持つ意味は，多様でありうる。

　ひとつには，排除に抗うという営みのまさに最前線に躍り出るという意味も持つだろう。先に挙げた障害者団体の介助者たちの姿勢は，排除に抗うという

営みを，日常生活の中で実践していたともいえる。上田敏のような医師だからこそできることがあったのとは別に，日々の介護や介助を担う人だからこそできることもある。たとえば近隣の住民が，介護・介助者に好印象を持つがゆえに，利用者にも好印象を持つ，といったケースは少なくない。専門職にできることとベースの支援の担い手にできることは性格が異なるのであり，どちらが上でどちらが下ということではない。

　また逆に，簡単に排除／包摂に加担してしまうこともあるだろう。第**4**章で述べたように，ベースの支援は虐待に容易に転化しうる。排除／包摂の現場に巻き込まれ続ける中で，むしろ加担する方向に向かうこともあるだろう。

　そして，実際の行動がどうであるかということと別に，感情面や本人の心情に与える影響もさまざまである。

　一方で，利用者に対して「私たちと同じ」という感情を強めることもある。日々を共有することは，一方で違いを意識させることもあるが，他方で共通性を強く意識させることもある。あるいは，共通性など意識せずとも，存在があたりまえになることで，そのケア従事者の世界において利用者の存在が確かに構成要素になることもある。

　そうした場合には，利用者のニーズすら違って見えてくることがある。これまで「ともに生きる」ことを試みてきた人たちは，多くの新たなサービス提供の形やニーズの形を示してきた。利用者や自分たちをどのようにカテゴライズし，何に価値を置いて分類するかによって，ニーズの形も違って見えてくるし，サービスの形も違って見えてくる。

　だが他方で，利用者に対して排除的な感情を強めるということもありうるだろう。介護や介助を担う人たちの一部には，担う前よりも利用者に対して排除的な気持ちを持つようになる人たちもいる。第**5**章で挙げた，障害児が同じ学級にいたという人たちがときに示すように，「あの人たちと私は確かに違う」という思いを強めてしまうことは，残念ながらある。実際のふるまいとして排除／包摂に直接的に加担せずとも，担い手本人の中で，そのような気持ちが膨れ上がっていくことはある。

　その背景には，支援の現場がどのような仕組みになっていて，利用者とケア従事者がどのように出会ってしまうのかということが深くかかわっているだろ

2　ベースの支援と排除／包摂　● 203

う。といっても,「排除の感情を強める人が出てくるような現場は悪い現場だ」といいたいわけではない。私から見て,非常によく頑張っていると思えるところでも,そこで働く人たちが徐々に排除的な感情を強めてしまうという事例がいくつもあったからである。単純に場がどうであるかということとまた少し別に,その人の個性,あるいは場との組み合わせや相性,またはどうしてもそういう時期がある,ということなのかもしれない。

排除／包摂の現場に居合わせて巻き込まれるという経験を繰り返すことは,その人に自分自身の立ち位置を問うものとなる。そして,利用者との間にも一定の共通性はあるが,排除／包摂する側と自分にも一定の共通性はある。その中で毎回どちらかを選び取らされるような経験を重ねていくのだから,どのような形に馴染んでいくかはさまざまにありうる。たとえば利用者に対して恋人が排除的な発言をしたときに,同調せずにいられるのか。利用者が自分に対して「セクハラ」的なことをしてきたときに,排除的な感情を持たずにいられるのか。どちらもそう簡単なことではない。

さらにいえば,排除的な感情を抱くことが,すなわち望ましくないことだと簡単にいえるかというと,そう単純でもない。包摂のありようこそが排除だという点に立ち戻れば,ある種の排除的に思えるような感情表出や態度が,実は別の見方をすればひとつの包摂の仕方だということもありうる。それに,矛盾した思いを同時に抱えるのは,人間にとって普通の姿である。それを認められる人は,利用者の葛藤や矛盾も認められる人になるかもしれない。

ここまで述べたことをまとめよう。ベースの支援は排除／包摂にまさに巻き込まれやすい。そのことは利点でもあり,ベースの支援だからこそ見えるニーズもあるだろう。ただ,いつでも利点だといっていられるわけではなく,ベースの支援が排除する側に加担するときもある。それが悪いといいきってもいられないほど,ベースの支援のかかわりは広くて深い。要は,巻き込まれやすいということが持つ意味は常に両義的なのである。

それだけにベースの支援を考えるうえでは,排除／包摂という視点は欠かせない。この視点なしには,ベースの支援の担い手が何に悩み苦しむのか,十分には見えてこないだろう。ベースの支援の担い手たちは,ニーズに応えればいいというほど単純な状況に身を置いていないし,自らをサービス提供者として

のみ位置づけていられるほど，わかりやすい立場に安住していられるわけではない。そのしんどさや，そしておそらくそのすごさは，排除／包摂という論点を取り入れてこそ，見えてくる。

だから，本書ではこの2つの論点を中心に論じてきた。ケア従事者を専門職のケアだけで構想していたのでは限界があり，ベースの支援の価値と意義をそれとして評価し，担い手たちの育成と今後も勤め続けられるだけの労働環境を整備しなくてはならない。それも，過度に専門職のありようを真似るのではなく，ベースの支援らしい形を模索していく必要があるだろう。

それと同時に，排除／包摂という，生活の中で浮かび上がる，本人の意思以前に存在する社会のありようについて，私たちは考えていかなくてはならない。ニーズがあるから応えるというだけでは，今後のケアや支援の仕組みを構想していくことは難しい。排除／包摂という，それ自体は本質的には解決困難だけれども，それでも少しでも改善をめざしていくべき課題を，ケアや支援の仕組みづくりに導入していくことが必要である。

私たちの生活を少しでも良くしていくこと。暮らしを支えていくこと。日常がまさに日常としてまわっていくのをサポートしていくこと。私たちはこれらに価値を置いた社会に移行してきている。この価値に基づいたケアや支援の仕組みを構築していこう。それは何も，一部の施政者や官僚，専門家だけの仕事ではない。

生活や暮らし，日常については，専門家はいない。他方で，私たちは全員がそれについての専門家でもある。ならば，その質を高めていくためのケアや支援の仕組みづくりについて，私たちも参加することができるはずである。本書はそのための材料を提供しようとしてきた。

この先，私たちの社会におけるケアや支援の仕組みをどう構築していくか，あなたにも一緒に考えてほしい。

ブックガイド

① 猪飼周平，2010，『病院の世紀の理論』有斐閣

　　学術書であり，医療制度に関する基本的な知識がないとなかなか内容が理解できないかもしれないが，それでもやはり今後の基本書のひとつになると思われるので，挙げておきたい。第6章ばかりが引用される傾向にあるが，実はもっとも秀逸なのは，20世紀の病院や医師のシステムを解きほぐした第1章である。同時に，日本では数少ない，専門職論のひとつでもある。

② 田代志門，2016，『死にゆく過程を生きる──終末期がん患者の経験の社会学』世界思想社

　　仙台で先駆的に始められた在宅ホスピスでの調査研究をもとに，この数十年の間に終末期について医療がどのように扱い方を変えてきたのか，そして実際の死にゆく過程の中で本人たちがどのような思いを抱いているのか，社会学からアプローチした本である。学術書ではあるが，比較的読みやすい。「お迎え」現象の分析など，一見するとあまり「科学的」な研究になりにくそうな対象に，可能な限り科学的にアプローチしていく中から，死にゆく人たちやその周囲の人たちの思いが浮かび上がってくる。

③ 浦河べてるの家，2002，『べてるの家の「非」援助論』医学書院

　　本文中では取り上げられなかった，浦河べてるの家の本を紹介しておきたい。浦河べてるの家は，1984年に設立された，北海道浦河町にある，精神障害の人たちの地域活動拠点である。たとえばそれまでなら薬物によって抑えるべきだとみなされていた幻聴に，「幻聴さん」と敬称をつけ，その存在を皆で共有していくことによって，生き方や暮らしを変えていくなど，これまでにない活動を展開してきた。本も以下のとおり多数ある。斉藤道雄『悩む力──べてるの家の人びと』（みすず書房，2002年），四宮鉄男『とても普通の人たち ベリー・オーディナリー・ピープル』（北海道新聞社，2002年），横川和夫『降りていく生き方──「べてるの家」が歩む，もうひとつの道』（太郎次郎社，2003年）。近年では本人たちが自分の病気と対処を分析する当事者研究に関する本が多く出ている。「治療」より「生活の質」を重視するとはどのようなことか，これらを読むことで少し見えてくるだろう。

④ 深田耕一郎，2013，『福祉と贈与──全身性障害者・新田勲と介助者たち』生活書院

　　本書第**2**章の内容とも深くかかわるが，日本の障害者運動の旗手のひとりだった新田勲の思想と，介助者たちが新田との間で育んできた関係について，実際に介助者のひとりでもあった社会学者が描いた本である。実際の介護の様子，障害者運動の歴

● 207

史などが，その場の空気とともに感じられるような一冊である。

⑤ 三好春樹，2016，『介護のススメ！──希望と創造の老人ケア入門』ちくまプリマ一新書

　三好春樹の本は本当にたくさん出ていて，どの本を読んでもいいと思うが，とくに最近出た新書をここではご紹介したい。読んだ学生から聞いた感想が，「介護は大変だ大変だと思っていたけど，介護される側のことを考えたことがなかったことに気づかされた」「なんだか楽しそうだと思うようになった」だったが，この表現に魅力が凝縮されていると思う。未読の方は，ぜひ手にとってみてほしい。すぐ読めるし。

⑥ 下村恵美子，2001，『九八歳の妊娠──宅老所よりあい物語』雲母書房

　宅老所の本として，まずは福岡のよりあいについて，始まった経緯やその後についてつくった本人が書いたもの。何はともあれ，ほかであれば「問題老人」といわれていたであろう女性が，亡くなる少し前に，著者に自分の妊娠について打ち明け，歳が歳なので（98歳）産むまでは頑張るが育て上げるについては著者に託したい，というところが圧巻である。よりあいについては，村瀬孝生『おばあちゃんが，ぼけた！』（よりみちパン！セ，2018年），鹿子裕文『へろへろ──雑誌『ヨレヨレ』と「宅老所よりあい」の人々』（ナナクロ社，2015年）もおすすめしたい。

⑦ 惣万佳代子，2002，『笑顔の大家族このゆびとーまれ──富山型デイサービスの日々』水書坊

　元祖「富山型デイサービス」について，始めた本人が書いたもの。始まった経緯が面白く，何も「共生型にしよう」という構えた姿勢から始めたのではなく，ただそこで必要となったことをやっていった過程なのだということがよくわかる。富山型デイサービスについては阪井由佳子『親子じゃないけど家族です──私が始めたデイケアハウス』（雲母書房，2002年）もおすすめしたい。

⑧ 伊藤英樹，2008，『奇跡の宅老所「井戸端げんき」物語』講談社

　ほかの宅老所の本に比べて，いささか若い世代に相当する著者が，自分自身の生き方を探ることと，さまざまな人たちがともに生きる場をつくりだすこととを重ねていくプロセスが描かれている。いわゆる「福祉」に関心がない人にとっても，いろいろなことから少し外れながら生きていくということが，まるごと受けとめられていくような読後感を得るだろう。

⑨ 北島行徳，1997，『無敵のハンディキャップ──障害者が「プロレスラー」になった日』文春文庫

　ケアや支援という文脈とはハッキリいって何も関係がない。だが，「ともに生きる」

ことをめざしていった人たちの感覚を少しでも知ろうとするに際して，この本はかなり役立つように思う。知る人ぞ知る，「ドッグレッグス」という，障害者プロレスを立ち上げた本人が書いた本である。障害者プロレスと俗にいわれているが，実際には健常者と障害者がガチで戦うこともある。同じ著者の『ラブ＆フリーク――ハンディキャップに心惹かれて』（文藝春秋，2000年），『弾むリング――四角い「舞台」がどうしても必要な人たち』（文藝春秋，2002年），映画『DOGLEGS』（Heath Cozens 監督，2015年アメリカ）も併せてどうぞ。

⑩ 角岡伸彦，2010，『カニは横に歩く――自立障害者たちの半世紀』講談社
　　関西の障害者運動について，自身もかかわってきた著者がまとめたもの。これを読むと，障害者運動が一方で障害者の人権を訴えるものであり，他方で障害者の介助をどう確保するかというものでもあったが，それ以前にまず，障害があろうがなかろうが，ともに生きようとする運動でもあったことがよく伝わってくる。とにかく読み物として面白く，読んでいるうちに障害者運動というより人が生きるということ，あるいは訴えるということについて考えさせられていくので，広くおすすめしたい。

⑪ 細馬宏通，2016，『介護するからだ』医学書院
　　人間行動科学者が，あるグループホームでのワーカーたちのふるまいを観察し分析している本。当人たちからすればほとんど無意識に近いような，あたりまえのように思われているふるまいの数々が，いかに相互に緊密につながった行為の連鎖かを示していて，実に面白い。同書を読むと，介護・介助の経験者は自分が現場で何をしているのかがよく見えてくるだろうし，未経験者は介護・介助とは何かが少し想像できるだろう。

⑫ 寺本晃久・末永弘・岩橋誠治・岡部耕典，2008，『良い支援？――知的障害／自閉の人たちの自立生活と支援』生活書院
　　それまでは自立生活といえば身体障害者によるそれがほとんどだったのに対して，知的障害や自閉の人たちの自立生活という新たな像を示した一冊。とくに末永の書いた箇所では，「遅刻しない介助者にいい介助者はいない」，何かトラブルが起きたり利用者がモノを壊してしまったりというときには「利用者の責任も100％，介助者の責任も100％」など，ケアの質について一般的にいわれている価値とは逆転した価値が示されている。従来型のケアや支援の発想しか持たない人たちが読むと，発想の転換を迫られるだろう。同著者たちによる続編，『ズレてる支援！――知的障害／自閉の人たちの自立生活と重度訪問介護の対象拡大』（生活書院，2015年）もどうぞ。

ブックガイド　● 209

⑬ 柴田靖子，2016，『ビバ！ インクルージョン──わたしが療育・特別支援教育の伝道師にならなかったワケ』現代書館

　お子さん 2 人が生まれつきの水頭症だった著者が，療育・特別支援教育を受けた上の子と，そうならなかった下の子とをみていく中から，著者なりに子どもたちが育つということ，そこにかかわる教育や療育のあり方について考えた本である。障害を持つ子どもに対する包摂／排除について考えさせられるだけでなく，子どもという，大人とは異なる身体や脳を持つ存在が育つという過程について，生き生きと描かれていて，子育てエッセイとしてもとても面白い。

⑭ ピープルファースト東久留米編，2007，『知的障害者が入所施設ではなく地域で暮らすための本──当事者と支援者のためのマニュアル』生活書院

　成人した知的障害の人たちが，入所施設ではなく地域で暮らすといっても，具体的にイメージができないという人は多い。それが具体的にどのようなことか，本当に基礎的なノウハウから書かれている本である。読んでみてさらに知りたくなったら，今度は実際に訪ねてみよう。

⑮ 中村美亜，2008，『クィア・セクソロジー ──性の思いこみを解きほぐす』インパクト出版会

　本当はケアや支援について考える際には，ジェンダーやセクシュアリティ，あるいはセクソロジーについては避けて通れないのだが，本書ではとてもそこまで手が回らなかった（第 6 章の最後で少し触れた程度である）。だが，とてもとても重要なテーマであることだけは確かであり，この点をきちんと考えなければ，ケア従事者の感情労働の中身についてもよく理解できないと思う。せめて手がかりとして，本書を挙げておきたい。セックスについて，あるいは性についての思いこみを少しずつ解きほぐし，私のこととして，そしてあの人のこととして考えさせてくれる良書である。併せて，すぎむらなおみ・えすけん『はなそうよ！恋とエッチ──みつけよう！ からだときもち』（生活書院，2014 年）もおすすめしたい。子どもが読めるようにつくられた本なのだが，大人がまず読むべきだと思う。

⑯ 「支援」編集委員会編，2011，『支援 vol. 1』～2018，『支援 vol. 8』生活書院

　私自身も編集委員に加わっている年 1 回発行の雑誌（書籍扱いなので，タイトルに vol. 1 などの数字が入る）。手前みそで恐縮だが，本当にいい雑誌だと思うので本気で宣伝する。ケアや支援について「○○をすればいい」といったハウツーものというより，利用者の暮らしや支援者の生活に目を向け，シノゴノいいつつジタバタと考えていくことをめざしている。毎号特集が組まれているが，たとえば 1 号は「『個別ニーズ』を超えて」，2 号は「当事者はどこにいる？」など，ニーズ定義の多様性など本書で論じたことも多く取り上げられている。また，6 号から始まった特集 2 は，さま

ざまな人たちが自分の暮らしや生活での工夫や感じ方・受け取り方などを語る（たとえば6号は「くう，ねる，だす」，8号は「みる，きく，はなす」）もので，暮らしや生活について改めて考えさせられる。号が進むにつれて分厚くなっているという噂もあり，内容が充実していることは保障するが，お値段据え置き1500円（税込1620円）という出版社の心意気。ぜひ手に取ってみてほしい。

あとがき

　こんなに「書くのがつらい」という思いをしたのは久しぶりだった。最初に執筆についてお話をいただいて以来，個人的な事情もあって5年もお待たせしてしまったのだけれども，その過程でずっと，やけに「書くのがつらい」と感じていた。私は書きだすのにはそんなに時間がかからないタイプなのだが（その代わり延々と書き直す），今回に限っては書きだすこと自体がどうしてもできず，やっと書いてみても今度は全部使えないと思い，いちから書き直す，という作業が続いた。永遠に終わらないかと思っていたけれど，とにかく（中身の質はいざ知らず）形にするところまでこぎ着けられた。だがまだ本当にこれでいいのかという思いが尽きない。

　おそらくここまで「書くのがつらい」と感じたのは，私がここで挙げているさまざまな論点には，その一つひとつに，具体的なあの人やこの人（利用者だったり，ケア従事者だったりする）の顔が思い浮かんでいるからなのだと思う。本当は，一人ひとりの人の思いや悩み，葛藤は，その人ごとで大きく異なるさまざまな背景や事情，そしてその中を生き抜くその人固有のものである。それらをあえて一般化し，抽象化するのは，もちろん研究を志す者の仕事なのだと思うけれども，それでもやはりいささか乱暴な作業でもある。まして，お年寄りと若い障害者とでは状況も大きく異なり，いわゆる「障害」や「病気」といったカテゴリーからはこぼれ落ちる人たち，貧困や暴力などにさらされている人たちでもまた状況は大きく異なる。そして，そのケアや支援に従事する人たちにもそれぞれの思いや事情，かかわり方がある。にもかかわらずそれらをまとめて論じようとしたのだから，どうしたって無理がある。あの人やこの人にこの表現が合うのか，いやでも別のあの人を思うとどうだろうか……と考え始めると，どうにも言葉が出てこなくなっていた。

　いま振り返っても，やはりいささか乱暴な議論になっているとは思う。それでも，いまはあえて乱暴でもいいからまとめなくてはならないと思った。ケアや支援の転換期にあるいま，新しいケアの仕組みを考える基礎をつくるためには，無理があっても一般化・抽象化を試みる必要があると思った。ケアの担い

● 213

手を専門職とだけ想定しているのは無理があるし（繰り返すが，ベースの支援の専門性が低いといいたいのでもなければ，労働条件を整える必要がないといいたいのでもない。むしろその逆である），排除／包摂という問題を絡めて考えなければ今後のケアや支援を考えていくことはできない。それを示すためには，一般化・抽象化することが必要だと考えたのである。その判断が正しかったのか，その試みが何とか意味あるものに結実したのかは，読者の皆さんのご判断にお任せするしかない。

　本書を執筆するにあたって，そのアイデアや発想は，多摩市たこの木クラブをはじめとした，知的障害のある人たちの地域生活を支援する団体やグループ，それらを介して知り合った知的障害のある本人たちやその家族，介助者として働く人たち（あるいはそれ以外の形でかかわりを持つ人たち）とのかかわりから生まれてきた。たこの木クラブとのかかわりはもうすでに10年ほどになるが，私も支援活動に一部かかわらせていただきつつ，他方で研究としてどうまとめるかを試行錯誤してきた。私がいろいろ話をしてきた人の中には，すでにそれらの現場を離れた人たちも含まれているが，その人たちの批判的な目線や思いもまた，本書を書くにあたっては重要な参照点のひとつだった。またそれ以外にも，『支援 vol. 1』（ブックガイド参照）から『支援 vol.8』の「支援の現場から」で紹介した人や団体などをはじめ，お年寄りや困窮家庭への支援にかかわる人たちなどの活動も参考にしている。この場を借りてお世話になった方々に心からの御礼を申し上げたい。

　また，本書を形にしていくうえでは，Field-net 研，〈自己・表象〉研などでさまざまなコメントをいただき，とても助けられた。さらに，白瀬由美香さん（一橋大学）にはアイデアの段階から何度も相談させていただき，伊藤智樹さん（富山大学），山下幸子さん（淑徳大学）には草稿段階で目を通していただくなど，大変お世話になった。心から御礼申し上げたい。

　そして，編集者の松井智恵子さん（実は大学の同期でもある）には，いつも励ましていただいた。何とか出版にこぎ着けられたのは，松井さんの粘り強い励ましによるところが大きい。

最後に私事で恐縮だが，本書は，2017 年 8 月 10 日に逝去した平方律子さん
と，同年 10 月 5 日に逝去した萩野清香さんに捧げたい。本書のアイデアの多
くが，お二人と過ごした時間から生まれている。みんなでよく「女子会」と称
してご飯を食べに行ったよね。またいつか，一緒に「りっちゃんダンス」を踊
りたいよ。

　　2018 年 10 月

　　　　　　　　　　　　　　　　　　　　　　　　　三 井 さ よ

文　献

天田城介，2004，『老い衰えゆく自己の／と自由——高齢者ケアの社会的実践論・当事者論』
　　ハーベスト社

天野正子，1996，『生活者とはだれか——自律的市民像の系譜』中公新書

荒井裕樹，2017，『差別されてる自覚はあるか——横田弘と「青い芝」行動綱領』現代書館

安積遊歩・尾濱由里子，2017，『障害のある私たちの地域で出産，地域で子育て——11 の家族
　　の物語』生活書院

Bradshow, Jonathan, 1972, "The Taxoromy of Social Need," in G. McLachlan（ed.）, *Problems
　　and Progress in Medical Care: Essays on Current Research, 7th Series*, Oxford Universi-
　　ty Press, pp. 70–82.

Cohen, Uriel & Gerald D. Weisman, 1991, *Holding on to Home: Designing Environments for
　　People with Dementia*, Johns Hopkins University Press.（＝1995，岡田威海監訳『老人性
　　痴呆症のための環境デザイン——症状緩和と介護をたすける生活空間づくりの指針と手
　　法』彰国社）

出口泰靖，2016，『あなたを「認知症」と呼ぶ前に——〈かわし合う〉私とあなたのフィール
　　ドワーク』生活書院

土井隆義，2008，『友だち地獄——「空気を読む」世代のサバイバル』ちくま新書

Etzioni, Amitai, 1964, *Modern Organizations*, Prentice-Hall.（＝1967，渡瀬浩訳『現代組織論』
　　至誠堂）

Fraser, Nancy, 1989, *Unruly Practices: Power, Discourse and Gender in Contemporary Social
　　Theory*, Polity Press.

深田耕一郎，2013，『福祉と贈与——全身性障害者・新田勲と介助者たち』生活書院

福原宏幸，2007，「社会的排除／包摂論の現在と展望——パラダイム・『言説』をめぐる議論を
　　中心に」福原宏幸編『社会的排除／包摂と社会政策』法律文化社，11-39.

古川清治，2003，『原則統合をもとめて——「北海道・障害児普通学級入級訴訟」を再考する』
　　千書房

Groce, Nolla E., 1985, *Everyone Here Spoke Sign Language: Heredity Deafness on Martha's
　　Vineyard*.（＝1991，佐野正信訳『みんなが手話で話した島』築地書館）

郡司篤晃，2015，『安全という幻想——エイズ騒動から学ぶ』聖学院大学出版会

浜田きよ子，2008，『排泄ケアが暮らしを変える——百人百様の老いを支えて』ミネルヴァ書
　　房

林田俊弘，2016，『鼻めがねという暴力——どうすれば認知症の人への虐待を止められるか』
　　harunosora

廣川和花，2011，『近代日本のハンセン病問題と地域社会』大阪大学出版会

Hochschild, Arlie, 1983, *The Managed Heart: Commercialization of Human Feeling*, Universi-
　　ty of California Press.（＝2000，石川准・室伏亜希訳『管理される心——感情が商品にな
　　るとき』世界思想社）

星加良司，2007，『障害とは何か——ディスアビリティの社会理論に向けて』生活書院

細馬宏通，2016，『介護するからだ』医学書院

Hughes, Everett Cherrington, 1956, *Men and Their Work*, Free Press.

猪飼周平，2010，『病院の世紀の理論』有斐閣

———，2016a，「ケアの社会政策の理論的前提」『社会保障研究』第 1 巻第 1 号，38-56.

———，2016b，「逆算的リアリズムからの生活保障」『生活経済政策』第 234 号，5-10.

———，2017，「地域包括ケア政策の総括から共生社会へ」『月刊保険診療』第 72 巻第 6 号，34-39.

石川准，2004，『見えないものと見えるもの——社交とアシストの障害学』医学書院

石村善助，1969，『現代のプロフェッション』至誠堂

伊藤英樹，2008，『奇跡の宅老所「井戸端げんき」物語』講談社

伊藤美智予・近藤克則，2012，「ケアの質評価の到達点と課題——特別養護老人ホームにおける評価を中心に」『季刊・社会保障研究』48 巻 2 号，120-132.

岩田正美，2007，『現代の貧困——ワーキング・プア／ホームレス／生活保護』ちくま新書

角岡伸彦，2010，『カニは横に歩く——自立障害者たちの半世紀』講談社

上岡陽江・大嶋栄子，2010，『その後の不自由——「嵐」のあとを生きる人たち』医学書院

鹿子裕史，2015，『へろへろ——雑誌『ヨレヨレ』と宅老所よりあいの人々』ナナロク社

貴戸理恵・常野雄次郎，2012，『不登校，選んだわけじゃないんだぜ！（増補）』（よりみちパン！セ）イースト・プレス

北村和夫，2015，『オートポイエーシスとしての近代学校——その構造と作動パタン』世織書房

北村小夜，1987，『一緒がいいならなぜ分けた——特殊学級の中から』現代書館

小松秀樹，2004，『慈恵医大青戸病院事件——医療の構造と実践的倫理』日本経済評論社

倉石一郎，2009，『包摂と排除の教育学——戦後日本社会とマイノリティへの視座』生活書院

共同連編，2012，『日本発共生・共働の社会的企業——経済の民主主義と公平な分配を求めて』現代書館

Luhmann, Niklas, 2005, "Inklusion und Exklusion," *Soziologische Aufklaerung* 6, VS Verlag.（＝2007，村上淳一訳「インクルージョンとエクスクルージョン」『ポストヒューマンの人間論』東京大学出版会），203-230.

前田拓也，2009，『介助現場の社会学——身体障害者の自立生活と介助者のリアリティ』生活書院

三井さよ，2006，「看護職における感情労働」『大原社会問題研究所雑誌』第 567 号，14-26.

———，2008，「被災者の固有性の尊重とボランティアの〈問い直し〉——阪神高齢者・障害者支援ネットワークの持続」似田貝香門編『自立支援の実践知——阪神・淡路大震災と共同・市民社会』東信堂，77-129.

———，2011，「決定と介入のわりきれなさ——多摩地域における知的障害者支援の現場から」『現代社会理論研究』第 5 号，3-15.

三浦文夫，1985，『社会福祉政策研究——社会福祉経営論ノート』全国社会福祉協議会

村瀬孝生，2006，『ぼけてもいいよ——「第 2 宅老所よりあい」から』西日本新聞社

218

中西正司，2014，『自立生活運動史——社会変革の戦略と戦術』現代書館

西川勝，2007，『ためらいの看護——臨床日誌から』岩波書店

新田勲，2009，『足文字は叫ぶ！——全身性重度障害者のいのちの保障を』現代書館

岡原正幸，1995，「コンフリクトへの自由——介助関係の模索」安積純子・尾中文哉・岡原正幸・立岩真也『生の技法——家と施設を出て暮らす障害者の社会学（増補改訂版）』藤原書店，121-146．

奥地圭子，1991，『東京シューレ物語——学校の外で生きる子どもたち』教育史料出版会

Oldenburg, Ray, 1989, *The Great Good Place: Cafes, Coffee Shops, Bookstores, Bars, Hair Salons, and Other Hangouts at the Heart of a Community*, Marlow & Company.（＝2013，忠平美幸訳『サード・プレイス——コミュニティの核になる「とびきり居心地よい場所」』みすず書房）

Oliver, Michael, 1990, *The Politics of Disablement: A Sociological Approach*, Palgrave Macmillan.（＝2006，三島亜紀子・山岸倫子・山森亮・横須賀俊司訳『障害の政治——イギリス障害学の原点』明石書店

小澤勲，2003，『痴呆を生きるということ』岩波新書

———，2005，『認知症とは何か』岩波新書

Parsons, Talcott, 1951, *The Social System*, Free Press.（＝1974，佐藤勉訳『社会体系論』青木書店）

齋藤曉子，2015，『ホームヘルプサービスのリアリティ——高齢者とヘルパーそれぞれの視点から』生活書院

阪井由佳子，2002，『親子じゃないけど家族です——私が始めたデイケアハウス』雲母書房

榊原賢二郎，2016，『社会的包摂と身体——障害者差別禁止法制度の障害定義と異別処遇を巡って』生活書院

崎山治男，2005，『「心の時代」と自己——感情社会学の視座』勁草書房

佐藤俊樹，2008，『意味とシステム——ルーマンをめぐる理論社会学的探究』勁草書房

佐藤陽一，2017，「学校の中の介助を考える」『障害児を普通学校へ全国連絡会会報』2017年6月355号巻頭文

佐藤裕，2005，『差別論——偏見理論批判』明石書店

盛山和夫，2000，『権力』東京大学出版会

下村恵美子，2001，『九八歳の妊娠——宅老所よりあい物語』雲母書房

篠原睦治，1986，『「障害児の教育権」思想批判——関係の創造か，発達の保障か』現代書館

Smith, Pam, 1992, *The Emotional Labour of Nursing: Its Impact on Interpersonal Relations, Management and Educational Environment*, Macmillan.（＝2000，武井麻子・前田泰樹監訳『感情労働としての看護』ゆみる出版）

惣万佳代子，2002，『笑顔の大家族このゆびとーまれ——「富山型」デイサービスの日々』水書坊

Strauss, Anselm, L. et al., 1984, *Chronic Illness and the Quality of Life*, Second Edition, The C. V. Mosby Co.（＝1987，南裕子・木下康仁・野嶋佐由美訳『慢性疾患を生きる——ケアとクオリティ・ライフの接点』医学書院）

杉本学，1999，「ジンメル『社会学』における〈排除〉という主題——『余所者』を中心に」『年報社会学論集』12号，211-222.

水津嘉克，1996a，「社会的相互作用における排除」『社会学評論』第47巻3号，335-349.

水津嘉克，1996b，「象徴的排除と同調的排除——相互作用場面における『排除』維持の一側面」『ソシオロゴス』第20号，128-140.

鈴木文治，2010，『排除する学校——特別支援学校の児童生徒の急増が意味するもの』明石書店

田部井康夫，1994，『18坪のパラダイス——デイセンターみさと奮闘記』筒井書房

高橋幸男，2006，『輝くいのちを抱きしめて——「小山のおうち」の認知症ケア』日本放送出版協会

武川正吾，2001，『福祉社会——社会政策とその考え方』有斐閣アルマ

武井麻子，2001，『感情と看護——人とのかかわりを職業とすることの意味』医学書院

瀧本信吉，2008，『元気な亀さん物語——幼児から高齢者まで共生ケアの源流』筒井書房

多胡光宗監修・幼老統合ケア研究会編，2006，『少子高齢化も安心！——「高齢者福祉」と「子育て」をつなぐケアの実践と相乗効果』黎明書房

田中恵美子，2009，『障害者の「自立生活」と生活の資源——多様で個別なその世界』生活書院

立岩真也，2014，『自閉症連続体の時代』みすず書房

寺本晃久・末永弘・岡部耕典・岩橋誠治，2008，『良い支援？——知的障害／自閉の人たちの自立生活とその支援』生活書院

寺本晃久・岡部耕典・末永弘・岩橋誠治，2015，『ズレてる支援！——知的障害／自閉の人たちの自立生活と重度訪問介護の対象拡大』生活書院

外山義，1990，『クリッパンの老人たち——スウェーデンの高齢者ケア』ドメス出版

———，2003，『自宅でない在宅——高齢者の生活空間論』医学書院

上田敏，1983，『リハビリテーションを考える——障害者の全人間的復権』青木書店

———，1992，『リハビリテーション医学の世界』三輪書店

———，2001，『科学としてのリハビリテーション医学』医学書院

———，2013，『リハビリテーションの歩み——その源流とこれから』医学書院

渡部淳，1973，『知能公害』現代書館

渡會知子，2006，「相互作用過程における『排除』と『包摂』——N・ルーマンの『パーソン』概念との関係から」『社会学評論』第57巻3号，600-14.

横田弘，2015，『障害者殺しの思想（増補新装版）』現代書館

横田弘・立岩真也・臼井正樹，2016，『われらは愛と正義を否定する——脳性マヒ者横田弘と「青い芝」』生活書院

横塚晃一，1975⇒2007，『母よ，殺すな！』生活書院

米澤旦，2011，『労働統合型社会的企業の可能性——障害者雇用における社会的包摂へのアプローチ』ミネルヴァ書房

Young, Jock, 1999, *The Exclusive Society: Social Exclusion, Crime and Difference in Late Modernity*, Sage.（＝2007，青木秀男・伊藤泰郎・岸政彦・村澤真保呂訳『排除型社会——後

期近代における犯罪・雇用・差異』洛北出版)

全国自立生活センター協議会編，2001，『自立生活運動と障害文化——当事者からの福祉論』全国自立生活センター協議会

Zussman, Robert, 1992, *Intensive Care: Medical Ethics and Medical Profession*, The University of Chicago Press.

索　引

● アルファベット

ADL（日常生活動作）　8
OJT　102
QOL　→生活の質

● あ　行

青い芝の会　44-46, 124
猪飼周平　4-7, 13
医学モデル　8
医　師　32, 34, 55, 58, 71, 97, 183
石村善助　71
一般就労　164
移動支援　22, 23, 40, 153, 190
意味的排除　124-126
意味理解の多様性の極度な制限　138, 144,
　　170
インクルーシブ教育　132, 134, 139, 142
インフォーマルな（人間）関係　54, 63, 89-
　　92, 195
インフォームド・コオペレーション　34,
　　36, 194
インフォームド・コンセント　11, 34
上田敏　8-10, 15, 34, 35, 63, 72, 194, 197,
　　203
小澤勲　48
オルデンバーグ，R　161, 166

● か　行

介護・介助　3, 40, 45, 52, 65-67, 80, 81, 201
介護プロフェッショナルキャリア段位制度
　　102
介護保険制度　3, 40, 98, 162, 165
介護保険法　92, 187
介助つきの一人暮らし　162, 167
家事援助　40, 58, 59
学　校　130, 131, 146-148, 155, 163
活　動　9, 10
看護職　80, 183
感情管理（感情のコントロール）　84, 86-
　　88, 195
感情労働　79, 80, 85
疑似市場　190
虐　待　52, 109-111, 203
キュア　3
共生共育　132-135, 140, 141, 145, 146, 149,
　　150, 153
共生ケア　48, 165, 180
倉石一郎　131
グループホーム　47, 143, 162, 167, 173, 187
車椅子ユーザー　14, 21, 23
ケ　ア　26-29
　　──の質　96, 112
　　──の失敗　81, 82, 96, 100, 104, 110, 117
　　──の弾性　106
ケアシステム　190
ケア従事者　i, 3, 5, 69, 176, 181, 182, 185,
　　186, 190
権　力　109-111, 116
合理的配慮　21
交流学習　133-135
高齢者虐待防止法　122
国際障害者年　131
国際生活機能分類（ICF）　9
孤独死　166
子ども食堂　167
コミュニケーション　125-127, 137, 138,
　　157, 180
コミュニケーション支援　40

● 223

コミュニティカフェ　48, 143, 166, 177, 178
コンビニ　167, 168

● さ 行

サード・プレイス　161, 166, 169, 175
サービス業　16
サリドマイド事件　124
参　加　9-11, 14, 16, 26, 28, 35, 146, 147,
　　198
　　社会的活動への──　24
シェアハウス　162, 173
支　援　4, 26-29
ジェンダー格差　162
支援費制度　3, 51
視覚障害　22
自己決定　11, 12, 35
施設入所　2
事前教育　100, 117
疾患の治癒　4, 5, 8, 19, 26, 99, 197
下村恵美子　47, 165
社会運動　184
社会関係　10, 11, 17, 18, 74, 168
社会規範　188, 190, 191
社会的入院　122
社会的排除　→排除
社会福祉基礎構造改革　2, 51, 90, 98, 103
社会保障制度　2, 22, 24, 26, 33, 196
社会モデル　15, 16
就学運動　135, 144
就学前健康診断　134
就学免除　122, 131, 134, 157
集団ケア　46
重度障害者　45
出生前診断　45
準市場　92
障害学　15
障害者運動　16, 44-46, 49, 124, 162, 202
障害者虐待防止法　122
障害者差別解消法　21
障害者自立支援　162, 187

障害者総合支援法　3, 92, 164
障害理解教育　136, 138
小規模作業所　105, 164
消費者主義　103, 104, 117
自立生活　46, 162, 163
自立生活運動　87, 103
自立生活センター　45, 103
心身機能　9, 10
身体介護　40
水津嘉克　129, 139
スイッチング・コスト　103
杉本学　128
生　活　33
生活の質　5-8, 10, 13-15, 19, 26-28, 33, 36,
　　39, 75-77, 99, 106, 147, 169-171, 195-197,
　　199
生活モデル　18, 24, 25, 35, 99, 190
生活モデル化　i, 5, 13, 26
　　──に即したケアシステム　92
性規範　189, 190
精神病院　122
盛山和夫　109
セカンド・オピニオン　103
セカンド・プレイス　161, 163-165, 174,
　　182, 188
セクシュアル・マイノリティ　157
セクハラ　189
専門職　v, 32-38, 58, 63, 71, 97, 194
　　──のケア　35, 39, 55, 64, 72, 113, 195,
　　197, 199
専門職化　97
専門職団体　32, 98
専門職倫理　98
相談・コーディネート　41, 42, 51-53, 65,
　　68, 80, 81, 167, 201
相談支援事業　51

● た 行

第三次産業化　16
第三者による（ケアの）質評価制度　98,

99

宅老所　47, 165, 187

たこの木クラブ　ⅱ, ⅲ, 44, 45, 178

地　域　5, 143, 160, 161, 167-170, 183, 184,
　186, 190, 191

　──で暮らす　181

　──での連携　181

地域活動支援センター　164

地域包括ケア　ⅰ, 2, 35, 36, 171

地域包括ケア化　ⅰ, 6, 7

チーム医療　183

通所介護　165

通所リハビリテーション　165

デイケア　105, 165

デイサービス　143, 165

統合教育　153

特別支援学級（特殊学級）　132, 133, 148,
　157

特別支援学校　28, 132-135, 148, 157

特別支援教育　136

特別なニーズ教育に関する世界会議　132

特別養護老人ホーム　105, 107

ともに生きる　90, 176-179, 186, 203

トラブル　175, 177

● な 行

内部告発制度　109

西川勝　106, 107

ニーズ（必要）　17-20, 22, 23-26, 28, 29,
　151, 153-156, 197, 198, 203

ニーズ解釈　20

日常性のディレンマ　116

ニード

　広義の──　151, 152

入所施設　111, 122, 123, 160, 171, 172

● は 行

排　除（社会的排除）　ⅰ, 14, 16-18, 54, 112,
　123, 124, 127-129, 171

　古典的な──　122, 126, 157

　社会からの──　15

　同調的──　139

　非積極的──　129

　──の蓄積　18, 147

排除／包摂　ⅳ, 16, 20, 26-29, 153, 155-157,
　171, 172, 174, 196, 197, 199, 201-205

パーソンズ, T　10

発達保障　132-136, 145, 146

バッチング・ケア　106

バリアフリー化　16

半専門職　32

ピア・レビュー　104, 105, 117

ヒューズ, E・C　97

病人役割　10

ファースト・プレイス　161, 171

福祉国家　19

普通学級　150

不適切な対応　109, 110

不登校　24, 145, 148, 154

プライバシー　89

ブラッドショウ, J　20

フレイザー, N　20

ベースの支援　ⅴ, 39, 42, 44, 46, 49, 51-53,
　55, 56, 58, 63, 69-71, 75, 81, 91, 115, 179,
　186, 190, 194-196, 199, 201-205

　──の質　118

弁護士　32, 34, 55, 58, 71, 97, 98

包括的なケア　191

包　摂　123, 124, 127, 129, 143, 146

包摂的排除　129

ホックシールド, A　79

ホームヘルプ　58

● ま 行

マイナスのプロフェッション　71

マイノリティ　25

三浦文夫　19, 151, 153

見守り　43, 52, 53, 68, 80, 82, 167

三好春樹　46, 47

メンバーシップ　133, 135-137, 139, 140
目標志向的アプローチ　72
問題行動　43

● や 行

有償ボランティア　48
ユニットケア　107
養護学校　131, 132, 134
養護学校義務化　131, 134
横塚晃一　124, 125

● ら 行

リハビリテーション　8, 9

リハビリテーション医学　8, 14, 34
利用者　55, 64-69, 74, 81, 82, 87, 105, 111,
　　119, 120, 164, 165, 177, 179-182, 187-190,
　　205, 206
　　――の暮らしの多様性と可変性　174
ルーマン，N　124, 127, 144
連携　185
労働統合型社会的企業（WISE）　164

● わ 行

我が事・丸ごと　6
ワーカーズ・コレクティブ　48
渡會知子　124, 127, 129, 138, 144

◆著者紹介

三井さよ

2003年　東京大学人文社会系研究科博士課程修了（博士〔社会学〕）

現在　法政大学 社会学部 教授

主要著作

『ケアの社会学──臨床現場との対話』勁草書房，2004年

『看護とケア──心揺り動かされる仕事とは』角川学芸出版，2010年

（「支援」編集委員会編）『支援 vol. 1』2011年～『支援 vol. 8』2018年，生活書院　など

はじめてのケア論

A Guide to Studies in Care

2018年11月30日　初版第1刷発行

著　者　三井さよ

発行者　江草貞治

発行所　株式会社　有斐閣

郵便番号 101-0051
東京都千代田区神田神保町 2-17
電話(03)3264-1315〔編集〕
　　(03)3265-6811〔営業〕
http://www.yuhikaku.co.jp/

印刷・株式会社理想社／製本・牧製本印刷株式会社

© 2018, Sayo Mitsui. Printed in Japan.

落丁・乱丁本はお取替えいたします。

★定価はカバーに表示してあります。

ISBN 978-4-641-15060-7

JCOPY　本書の無断複写（コピー）は、著作権法上での例外を除き、禁じられています。複写される場合は、そのつど事前に、(社) 出版者著作権管理機構（電話03-3513-6969, FAX03-3513-6979, e-mail:info@jcopy.or.jp）の許諾を得てください。